Konrad Paul Liessmann
Günther Anders

Günther Anders (1902–1992) war der vielleicht bedeutendste Philosoph der modernen technischen Zivilisation. Schon frühzeitig versuchte er sich dem Phänomen einer vollständig technisierten Welt zu stellen, wobei ihn vor allem das Verhältnis des Menschen zur von ihm selbst geschaffenen Technik interessierte. Anders diagnostizierte ein fundamentales «prometheisches» Gefälle zwischen dem unvollkommenen Menschen und seiner immer perfekter werdenden Technik, das ihn zu seiner vieldiskutierten These von der «Antiquiertheit des Menschen» führte.

Alles andere als antiquiert ist hingegen die Philosophie von Günther Anders. Seine bahnbrechenden Analysen des Fernsehens erweisen erst im Zeitalter von Reality-TV und Fake News ihre eigentliche Relevanz und verblüffende Erklärungskraft, sein unerschütterlicher Kampf gegen totalitäre Systeme und die atomare Bedrohung ist gerade in einer Zeit hochaktuell, die offenbar vergessen hat, daß noch immer Tausende Atomsprengköpfe neben unzähligen B- und C-Waffen lagern, seine radikalen Reflexionen zu Auschwitz und Hiroshima können schon wieder als brisanter und provozierender Kommentar zur gegenwärtigen Erinnerungskultur gelesen werden, seine Überlegungen zum Roboterzeitalter sind für die Digitalisierungsdebatten der Gegenwart unverzichtbar.

Konrad Paul Liessmann, geb. 1953, ist Professor für Philosophie an der Universität Wien.

Konrad Paul Liessmann
Günther Anders

Philosophieren im Zeitalter
der technologischen Revolutionen

C.H.Beck

2. Auflage. 2019
Unveränderter Nachdruck

© Verlag C.H. Beck oHG, München 2002
Satz: Fotosatz Amann, Memmingen
Druck und Bindung: Beltz Bad Langensalza GmbH, Bad Langensalza
Umschlaggestaltung: malsyteufel, Willich
Umschlagbild: Günther Anders, Archiv Verlag C.H.Beck
Gedruckt auf säurefreiem, alterungsbeständigem Papier
(hergestellt aus chlorfrei gebleichtem Zellstoff)
Printed in Germany
ISBN 978 3 406 74318 4

www.chbeck.de

Inhalt

Vorwort

Der störrische Philosoph

Hundert Jahre nach seiner Geburt, zehn Jahre nach seinem Tod ist es still geworden um Günther Anders. Der scharfsinnige Philosoph, streitbare Publizist und unbeugsame Moralist, der sich einmal gewünscht hatte, «nicht als Verfasser von unverbindlichen, mehr oder minder unüblichen Betrachtungen von mehr oder minder genau geschliffenen Glossen klassifiziert zu werden, vielmehr als Vertreter von Kampfthesen, der es mindestens verdienen würde, attackiert zu werden» (Ketzereien, S. 5), scheint seine Zeit gehabt zu haben und nur noch bei jenen Interesse zu erregen, die sich an einer Geschichte des politischen Denkens im 20. Jahrhundert oder an den Frühformen der Technik- und Medienphilosophie abarbeiten. Historisierung und Akademisierung wären allerdings das letzte gewesen, was sich Anders für sein Werk erwartet hätte. Und dies aus guten Gründen. Als ich Günther Anders im Sommer des Jahres 1982 anläßlich seines bevorstehenden 80. Geburtstages zum ersten Mal besuchte, beschloß er unser langes Gespräch mit einem Seufzer: «Wer zu früh kommt, kommt auch nicht zur rechten Zeit.» Daß er Zeit seines Lebens ein Unzeitgemäßer gewesen war, war ihm wohl stets bewußt gewesen. Und wer ihn kannte, wußte, daß er darunter auch litt. Allerdings: er empfand sich als unzeitgemäß, weil er sich seiner Zeit voraus wähnte. Der prognostischen Kraft seiner Analysen und Deutungen der technischen Lebenswelt des modernen Menschen traute er zu, Phänomene und Tendenzen, Gefahren und Abgründe erfaßt zu haben, die den Zeitgenossen verborgen waren und vielleicht noch lange verborgen blieben. Traute man dieser Selbsteinschätzung, müßte man sagen: Allmählich wird es Zeit, daß die Zeit von Günther Anders kommt.

Günther Anders war, auf eigentümliche Weise, an diesen verzögerten Rezeptionsformen nicht unschuldig. Unter der Voraussetzung, daß seine Reflexionen und Beobachtungen in der Tat den Nerv eines Zeitalters trafen, waren sie nämlich inakzeptabel – und sind es vielleicht noch immer. Die Philosophie von Günther Anders stellte die Lebensform jedes Lesers radikal in Frage. Sie ließ sich deshalb auch nicht – oder nur sehr schwer – zu einem kulturkritischen Emblem verkürzen, das man sich wenigstens eine Zeitlang, als Mode, hätte anstecken können. Die Unerbittlichkeit seines Denkens, das mit einer in ihrer Direktheit unvergleichlichen Sprache einhergeht, bedurfte letztlich weder raffinierter Interpretationen, noch stellte sich damit ein Jargon ein, mit dem man in Feuilletons je hätte reüssieren können. Damit sprengt sein Denken aber das Reservat, das man Philosophie in der Regel zugedacht hat. Seine Texte und seine politischen Interventionen stellten scharfe, rücksichtslose, manchmal vielleicht sogar ungehobelte Eingriffe in das gesamtgesellschaftliche Gefüge dar. Seine Kritik der technologischen Zivilisation traf tatsächlich den Nerv einer Entwicklung, die gegenwärtig einem neuen Höhepunkt zusteuert. Und dazu kommt noch etwas, was nicht nur die Zeitgenossen, sondern auch und gerade den heutigen Leser verstören muß: Anders verachtete den Optimismus, in welcher Form auch immer. Seine Philosophie kannte keinen Ort und keine Instanz, die eine bessere Welt versprach: das Proletariat nicht und nicht die Intellektuellen, die Frauenbewegung nicht und nicht die Friedensbewegung, die Natur nicht und nicht die Dritte Welt; auch kein Utopia; und ein technisches Paradies schon gar nicht. Die prinzipielle *Heimatlosigkeit*, die Anders' Leben und seine Philosophie, namentlich seine Anthropologie, kennzeichnet, hatte und hat etwas Anstößiges an sich. Was Anders vielleicht zu einem *Ketzer* der Moderne schlechthin machte, war seine Mißachtung deren innersten Prinzips, dem sich bislang noch ihre größten Kritiker verpflichtet fühlten: des Glaubens an den Fortschritt, der Hoffnung auf die Zukunft. Und daß er seine Hoffnungslosigkeit dennoch mit rigiden, auch den persönlichen Bereich umfassenden *moralischen* Ansprüchen verband, daß er im Umgang mit Menschen ebenso kompromißlos war wie im Umgang mit Theorien, machte seine Philosophie, aber auch seine Person für viele nur schwer erträglich.

Vielleicht war Günther Anders einer der wenigen Philosophen, die deshalb zu den wichtigen Denkern des 20. Jahrhunderts gezählt werden können, weil sie tatsächlich versuchten, nach dem Wort von Hegel, ihre Zeit in Gedanken zu fassen. Wenn irgendwo seit Jahrzehnten nachzulesen ist, wie es um uns bestellt ist, dann bei Günther Anders. Dabei war Günther Anders, obwohl verschiedenen philosophischen Schulen und Strömungen auf unterschiedlichste Weise nahestehend, keiner derselben schlicht beizuordnen. Phänomenologie und Marxismus, auch Existentialontologie waren für ihn von großer Bedeutung, ebenso wie die Tradition des deutschen Idealismus, vor allem Hegel und Kant; Georg Simmel war für ihn vielleicht wichtiger als lange vermutet, und manch eine stilistische Spur führt auch zu dem selten genannten Nietzsche. Dennoch muß seine Philosophie des letzten Zeitalters, sein «Philosophieren in der Endzeit»[1] sowohl was die Methode als auch was die Ergebnisse betrifft, als durchaus eigenständig, nahezu als exterritorial bezeichnet werden. Diese Exterritorialität verdankte sich allerdings in hohem Maße einem Begriff von Philosophie, der ganz bewußt unakademisch sein wollte. Anders ging es nicht um Gelehrsamkeit, sondern um den Versuch, Wirklichkeit, Lebensverhältnisse, gesellschaftliche Entwicklungen, technologische Innovationen in ihrer Bedeutsamkeit zu begreifen. Das allerdings bedeutete für ihn vorerst, nichts zu akzeptieren, was als angebliche Notwendigkeit oder als Unausweichlichkeit den Menschen eingeredet wurde. Nichts war ihm fragwürdiger als das vermeintlich Plausible, das Selbstverständliche.

Über die Grundlagen seines Philosophierens geben einige seiner *Philosophischen Stenogramme* eine verblüffende Auskunft. Ein Aphorismus ist überschrieben mit «Fähigkeit zur Unfähigkeit» und lautet: «Die Chance des Philosophen besteht in seiner Unfähigkeit, das Wort ‹selbstverständlich› zu verstehen. Seine

Tugend in der Fähigkeit, diese Unfähigkeit allen Anfechtungen des Alltags zum Trotz durchzuhalten.» (Philosophische Stenogramme, S. 124) Die alte sokratische Maxime der Philosophie, nichts ungeprüft zu lassen, galt für Günther Anders in hohem Maße. Es gibt nichts, das sich von selbst versteht. Alles Verstehen ist Resultat von Denken, Handeln, Geschichte, Einflüssen, Suggestionen, Einbildungen, Informationen, aber nichts ist von selbst verständlich. Daß alle Philosophie – nach einem berühmten Wort des Aristoteles – mit dem Staunen beginne, gewinnt bei Anders einen provozierenden Unterton. Denn dieses Staunen ist nicht eines aus Verwunderung, sondern zunehmend eines, das aus dem Entsetzen erwächst über das, was alltäglich und doch zutiefst befremdlich ist. Diese Verweigerung des Selbstverständlichen macht den Philosophen grundsätzlich zu einer störrischen Figur: «An seinen Defekten sollt ihr ihn erkennen: nicht durch das, was er versteht, unterscheidet sich der Philosophierende vom Nichtphilosophierenden, sondern durch das, was er absolut nicht verstehen kann.» (Philosophische Stenogramme, S. 123) Gerade seine Philosophie der Technik hat, wie Anders nicht ohne Selbstironie betonte, eine spezifische technisch-naturwissenschaftliche *Unbildung* zur Voraussetzung – eine Unbildung allerdings, die aus diesem Nichtverstehen einen unverstellten, kritischen Blick auf die Phänomene gewinnt, der dem betriebsblinden Fachmann in der Regel ebenso verwehrt bleibt wie dem Freak, der das Technische kultisch verehrt.

Anders schrieb nicht für gelehrte Kollegen, sondern für die Menschen, die er bedroht wähnte. Seine Philosophie wollte unmittelbar eingreifen. In einer seiner ersten Veröffentlichungen aus dem Jahre 1924 findet sich der erstaunliche Satz: «Wir wollen gleichzeitig theoretisch, das heißt sehend, und in actu, d.h. im Schwunge, gleichzeitig philosophisch und aktuell sein.»[2] Günther Anders ist im Grunde dieser Maxime stets treu geblieben. Immer wieder reflektierte er deshalb die Frage, in welcher Sprache er sich an die Menschen wenden könne. Zwischen der Skylla des esoterischen akademischen Jargons und der Charybdis populärer Verflachung suchte er nach einem Stil, einer Terminologie und einer Ausdrucksweise, die es ihm gestattete, die Probleme, um die es ihm ging, präzise, aber verständlich zu formulieren. Daß dies nicht immer einfach ist, wußte Anders. Das Problem des Philosophen, so formulierte er einmal, bestehe darin, daß er, weil ihm keine eigene Sprache zur Verfügung stehe, auf die unzulängliche, mißverständliche, ungenaue und oft mißbrauchte Alltagssprache angewiesen sei: «[Die Alltagssprache] ist, obwohl unser Erzfeind, doch auch unser einziges und unentrinnbares Medium. Die Aufgabe, der wir täglich gerecht zu werden versuchen müssen, gleicht also wirklich der des Münchhausen. Denn wie dieser haben wir uns am eigenen Zopf aus dem Graben zu ziehen. Aber eine andere Methode ist nicht vorrätig. – Technisch bedeutet das: wir haben zu erlernen, die Sprache in einem solchen Maße zu beherrschen, daß wir in ihr über sie hinaus gehen können. Das ist leicht gesagt, aber wirklich gelingen kann das niemals.» (Philosophische Stenogramme, S. 126) Anders bemühte sich, eine «Direktheit des Tons zu finden, der sich von der verdorbenen Alltagssprache ebenso fernhält wie von der erhöhten Fachsprache». (Über philosophische Diktion, S. 13 f.) Seine Position skizzierte er einmal mit folgenden, martialisch klingenden Worten: «Ich befinde mich in der Schußlinie der Kritik beider Fronten: Zwischen dem Feuer der Menschen, die nicht Philosophen, und dem der Philosophen, die in gewissem Sinne nicht mehr ‹Menschen› sind. Die Einen schießen auf mich, wenn die Problemstellung unglaubwürdig klingt; die Anderen, wenn ich den Präzisionsmaßstäben, die sie in ihrer esoterischen Arbeit ausgebildet haben, nicht entspreche. Zwischen diesen beiden Linien stehe ich also, von beiden treffbar. – Ob das wohl als Chance formuliert werden darf? Also bedeuten könnte, beide Linien kann auch ich treffen?» (Über philosophische Diktion, S. 20) Günther Anders hat diese Chance durchaus genutzt, und er wird einmal wohl auch als einer der letzten großen individuellen Stilisten der Philosophie des 20. Jahrhunderts gelten – nicht weil es ihm um Stil als Selbstzweck, um die Ästhetisierung der philosophischen Terminologie ging, sondern um einen Ton, der ohne falsche Kompromisse einer Sache *und* dem Leser angemessen ist.

11

In Summe kann Günther Anders wohl als einer der bedeutendsten Philosophen der modernen technischen Zivilisation gelten – gerade weil er sich, ohne in einen vormodernen Romantizismus zu verfallen, deren Diktat nicht beugen wollte. Früher als andere Zunftgenossen versuchte er, sich dem Phänomen einer vollständig technisierten Welt zu stellen, wobei ihn vor allem das Verhältnis des Menschen zur von ihm selbst geschaffenen Technik interessierte. Anders diagnostizierte ein fundamentales «prometheisches» Gefälle zwischen dem unvollkommenen Menschen und seiner immer perfekter werdenden Technik, das ihn zu seiner vieldiskutierten These von der «Antiquiertheit des Menschen» führte, die wenig von ihrer Brisanz eingebüßt hat. Seine Analysen des Fernsehens etwa erweisen erst im Zeitalter von Reality-TV und CNN-Nachrichten ihre eigentliche Relevanz und verblüffende Erklärungskraft, sein unerschütterlicher Kampf gegen totalitäre Systeme und die atomare Bedrohung ist gerade in einer Zeit hochaktuell, die offenbar gerne vergißt, daß noch immer Tausende Atomsprengköpfe neben unzähligen B- und C-Waffen lagern, seine radikalen Reflexionen zu Auschwitz und Hiroshima können heute schon wieder als provozierender Kommentar zur gegenwärtigen Erinnerungskultur gelesen werden und seine Überlegungen zum Verhältnis von Moral und Technik könnten der bio- und genethischen Diskussion der Gegenwart einige entscheidende Impulse geben. Günther Anders ist aber auch als Tagebuchschreiber, Kulturkritiker und Essayist wiederzuentdecken, als Verfasser von scharfzüngigen Kommentaren, die kaum etwas von ihrer diagnostischen Schärfe eingebüßt haben, als unduldsamer Autor von Polemiken, an deren stilistischer Brillanz man sich auch dann delektieren kann, wenn man ihre Auffassungen nicht teilt. Und erst in letzter Zeit wird – durch die sukzessive Herausgabe seines philosophischen Frühwerkes – deutlich, daß schon der junge Günther Anders nicht nur eine bestürzend zeitgemäße und originelle negative Anthropologie skizziert hatte, sondern auch einer der ersten und hellsichtigsten Kritiker der Philosophie Martin Heideggers und ihrer Implikationen gewesen war.

Ich habe Günther Anders in den letzten zehn Jahren seines Lebens immer wieder getroffen, mit ihm diskutiert und dabei auch die Gelegenheit gehabt, seinen scharfen Intellekt, seine präzise Sprache und seine bis zuletzt unbeugsame Haltung aus der Nähe kennenzulernen. Aus dieser Begegnung und der damit verbundenen Beschäftigung mit seinem Werk entstand eine Einführung in seine Philosophie, die 1988 in erster und 1993 in einer erweiterten Auflage erschien.[3] Was die Darstellung der Grundzüge des Denkens von Günther Anders betrifft, konnte ich mich bei der Abfassung des vorliegenden Buches auf die zentralen Kapitel dieser mittlerweile vergriffenen Einführung stützen. Nicht nur aus der Distanz der Jahre, die manches doch in einem anderen Licht erscheinen läßt, sondern vor allem auch in Hinblick auf die ungebrochene Aktualität der Philosophie von Günther Anders im Lichte der gegenwärtigen technologischen Revolutionen wurden diese Kapitel allerdings an vielen Stellen umgearbeitet, neu akzentuiert und erweitert. Um die Lesbarkeit des Buches nicht über Gebühr zu erschweren, wurden die Hinweise auf die Sekundärliteratur zu Günther Anders und auf die Debatten, die Anders mit seinen Thesen seinerzeit ausgelöst hatte, auf das notwendige Minimum beschränkt. Im Zentrum sollte die Darstellung eines Denkens stehen, das stets unmittelbar ernst genommen werden wollte.

Ich danke dem Verlag C.H. Beck, der mit dem Werk von Günther Anders untrennbar verbunden ist, und seinem geduldigen Lektor Raimund Bezold für die Bereitschaft, die nun vorliegende Neufassung meiner Monographie über Günther Anders anläßlich des 100. Geburtstages und 10. Todestages des großen Philosophen und Moralisten zu veröffentlichen. Günther Anders zu gedenken kann nicht nur bedeuten, sich der Ergebnisse oder Methoden einer Philosophie zu vergewissern. Es muß auch bedeuten, seine Philosophie an unserer Zeit und unsere Zeit an seiner Philosophie zu messen. Dazu einen Beitrag zu leisten war die Intention dieser Arbeit.

Wien, im Januar 2002   Konrad Paul Liessmann

Ein Leben – ein Jahrhundert

Das Leben des Philosophen Günther Anders deckt sich nahezu mit dem vielleicht bislang grausamsten Jahrhundert der Menschheitsgeschichte. Am Beginn des von dem englischen Historiker Eric Hobsbawm sogenannten «kurzen» 20. Jahrhunderts,[1] bei Ausbruch der Russischen Revolution, war Günther Anders fünfzehn Jahre alt und Mitglied einer paramilitärischen Einheit an der Westfront; und das Ende dieses Jahrhunderts, den Zusammenbruch des Kommunismus in Osteuropa im Jahre 1989, kommentierte der Philosoph, wenn auch von schwerer Krankheit gezeichnet, mit wachem Verstand. In doppeltem Sinn ist die Vita von Günther Anders von den Ereignissen dieser Epoche nicht zu trennen: sie prägen sein Leben, und indem sie sein Leben prägen, werden sie zum Ausgangspunkt und Gegenstand seines Denkens. Die Konturen des Lebens von Günther Anders wenn auch nur flüchtig nachzuzeichnen – eine umfassende Biographie steht immer noch aus[2] – bedeutet deshalb, jene Impulse zu vermerken, ohne die seine Philosophie nicht denkbar gewesen wäre. Anders hat sich selbst immer als «Gelegenheitsphilosoph» bezeichnet – und das bedeutete, daß er dann philosophierte, wenn sich eine Gelegenheit bot oder aufdrängte. Seine Reflexionen entzündeten sich nicht an den Texten der Tradition oder an den Debatten der philosophischen Sekundärliteratur, sondern an den Erfahrungen eines von Verfolgung, Krieg, Emigration, sozialen Umbrüchen und technologischen Innovationen gekennzeichneten Alltags. Zahlreiche in Tagebüchern festgehaltene Aufzeichnungen sind deshalb bei ihm auch kaum von seinem philosophischen Werk zu trennen, das selbst wiederum kein Hehl aus den unmittelbaren Anlässen der philosophischen Arbeit macht, ohne damit den Anspruch auf Verbindlichkeit und Gültigkeit aufzugeben.

Günther Anders wurde am 12. Juli 1902 in Breslau als Sohn

des bekannten Psychologenehepaars Clara und William Stern geboren. Sein Vater hatte eine Philosophie des *Personalismus* entworfen, er gilt als Begründer der differentiellen Psychologie und hat den Begriff *Intelligenzquotient* geprägt. Die *Psychologie der frühen Kindheit* von William und Clara Stern gilt bis heute als Standardwerk. Das darin verarbeitete Material beruhte fast ausschließlich auf Beobachtung der eigenen Kinder – Hilde, Günther und Eva: «Jede Bewegung, jede neu gesprochene Silbe wurde in einem der für jedes Kind angelegten schwarzen Bücher festgehalten. Das geschah meistens vor den Kindern verborgen, manchmal aber saß die Mutter unauffällig vor den Kindern um mitzustenographieren ... Die Kinder wurden mithin in allen Lebenslagen beobachtet, nichts sollte den Eltern entgehen. Die Kinder waren nicht nur Kinder, sie waren Studienobjekte, Gegenstände, durch die zahlreichen Publikationen der Eltern freigegeben für die wissenschaftliche Auswertung.»[3]

Günther dürfte erst im Laufe der Pubertät erfahren haben, daß seine Eltern über seine Entwicklung peinlich genau Buch geführt und diese Aufzeichnungen auch veröffentlicht hatten. Auch wenn sich William und Clara Stern strikt gegen eine psychoanalytische, an der sexuellen Entwicklung orientierte Deutung der frühen Kindheit wehrten, enthält die *Psychologie der frühen Kindheit* natürlich genug intime Details, die Günther und seinen Schwestern später unangenehm gewesen sein könnten. Möglich, daß das Bestreben von Günther, sich von seinem Vaternamen zu distanzieren und sich einen «eigenen Namen» zu machen, in dieser wissenschaftlichen Instrumentalisierung seiner Kindheit durch den Vater eine ihrer Wurzeln hat,[4] auch wenn Günther Anders selbst zumindest offiziell seine Eltern in Ehren gehalten hat und im 1952 geschriebenen und mit Stern-Anders unterzeichneten «Geleitwort» zu den späteren Auflagen der *Psychologie der frühen Kindheit* ausdrücklich betonte, daß die Beobachtungen des Wissenschaftlerehepaars an den eigenen Kindern «niemals etwas anderes (gewesen waren) als ein Teil der ‹Achtung›, die die Eltern (ihren) Kindern entgegenbrachten».[5] Immer, so Anders, seien den Eltern die Kinder und die Beziehung zu diesen wichtiger gewesen als das psychologische Resultat.

Obwohl als Kind also selbst Objekt der forschenden Neugier des Vaters, bleibt Anders diesem dennoch ein Leben lang verbunden – auch wenn dieses Verhältnis alles andere als konfliktfrei gewesen ist. In einer später anläßlich eines Besuches von Breslau im Jahre 1966 erinnerten Kindheitsszene, deren Eindringlichkeit man sich kaum entziehen kann, wird dem Kind, das unter dem Klavier sitzt, der Vater, der Schuberts Erlkönig singt, zur Antizipation und zum Inbegriff von Hilflosigkeit, Schrecken, Tod, damit aber auch von Menschlichkeit: «Und dort oben im zweiten Stock muß sie hängen, die Szene, als er, Vater, mit rauher Stimme [...] *mein Vater, mein Vater!* rief, panische Hilferufe, *mein Vater, mein Vater, jetzt faßt er mich an!*, man stelle es sich vor: Vater, der voller Angst nach Vater ruft...» (Besuch im Hades, S. 127). Für das entsetzte Kind bricht in dieser Szene mehr als das Vaterbild zusammen: «damals nämlich, da er *selbst* nach einem Vater schrie, [hat er] mein Vertrauen in ihn als den Gottvater zerstört», und «von Stund an [ist er] für mich nur noch *auch ein Mensch* gewesen». (Besuch im Hades, S. 128)

Es ist der Vater, der ihm dann auch zum Paradigma des assimilierten Juden wird, der für diese Anpassungsleistung mit dem Verlust politischer Reflexionsfähigkeit bitter zu bezahlen hatte: «Vaters Kritiklosigkeit», schrieb Günther Anders später, «namentlich sein naiver Patriotismus, geht mir durch den Kopf. Wie ist dieser Mangel an Urteil mit seiner Intelligenz, und wie seine politische Ängstlichkeit mit seiner sonstigen Integrität zu vereinbaren?» Und spätestens zu diesem Zeitpunkt schob sich wohl ein Moment der Fremdheit zwischen Vater und Sohn: «nach den Erfahrungen, die wir gemacht haben, ist er als Typ kaum mehr verstehbar». (Besuch im Hades, S. 165) Daß William Stern, der sich zwar nie hatte taufen lassen, aber auch keine Verbindungen zur jüdischen Tradition pflegte, seine Karriere an deutschen Universitäten dem liberalen Staat zu verdanken glaubte, schlug ihn, in den Augen des Sohnes, mit politischer

Blindheit, die nicht ohne Auswirkungen auf die Erziehung des Kindes blieb: «Nicht im Traume wäre es ihm eingefallen, mich, den er sonst ja zu einem *Menschen* zu bilden versuchte, gegen die militaristische Atmosphäre der Schule oder gegen die kriegslüsterne Jahrhundertausstellung argwöhnisch zu machen.» (Besuch im Hades, S. 166) 1942, anläßlich seines 40. Geburtstages, schrieb Günther Anders das Gedicht «Vor dem Spiegel», das sein Verhältnis zu dem Vater reflektierte:

So ähnlich, Vater, sahst du aus.
Man trug dich mit Musik heraus.
Ist gar nicht solange her.
Dein Lebenstisch war gut gedeckt
mit Arbeit, Freude und Respekt.
Ja, Vater, du warst schon wer.

Jawohl, mein Vater, du warst klug.
An einer Frau hattst du genug,
die hattst du täglich lieb.
Und jedes zweite Jahr lag frisch
ein neues Buch auf deinem Tisch.
Du warst kein Tagedieb.

[...]
der Liebe hast du zwar genügt,
jedoch der Wahrheit kaum.

Du trautest blindlings der Kultur.
Im Übel sahst du Irrtum nur.
Der Fortschritt war gewiß.
Fern lag dir jede Schlechtigkeit.
Doch war für dich Gerechtigkeit
stets gleich mit Kompromiß.

[...]
Als schließlich das Gewitter brach,

17

zerschlug der erste Schlag dein Dach,
hätt' beinah dich gefällt.
Hättst du doch damals dich ermannt,
und ohne falsche Scheu bekannt:
ich diente der falschen Welt.

[...]
Ja, Vater, das ist ausgeträumt.
Solch Leben hab ich nun versäumt.
Mein Vierzigstes begann.
Doch denke nicht, daß ich bereu.
Auch ich blieb meiner Sache treu:
und die fängt morgen erst an.

(Tagebücher und Gedichte, S. 282 f.)

Der Heranwachsende beschäftigt sich fast ausschließlich mit Musik und Malerei. 1915 übersiedelt die Familie nach Hamburg, zwei Jahre später muß der 15jährige Schüler mit einem paramilitärischen Verband nach Frankreich und wird zu einer entscheidenden Erfahrung gezwungen: «Dort wurde ich bereits von meinen Klassenkameraden, ich war der einzige Jude in der Klasse, ich kann beinahe sagen, gefoltert».[6] Daß es nicht auf die Religion ankommt, damit einem sein Jude-Sein schmerzhaft bewußt gemacht wird – diese Einsicht bestimmte dann auch das spezifische *Judentum* des Atheisten Anders: eine Solidarität mit den Verfolgten, die noch spürbar ist in seinen Reflexionen über das Schicksal der Edith Stein, jener Edith Stein, die ebenso Schülerin seines Vaters gewesen war wie seines späteren Lehrers Husserl, und der es nichts genutzt hatte, Thomistin, Katholikin, sogar Karmeliterin zu werden: «Denn nicht anders als die niemals Getauften ist auch sie [...] in Rauch aufgegangen.» Daß man dieses «anachronistische», «bejammernswerte und überspannte Judenmädchen», das gerade in demjenigen Augenblick sich «restlos zu assimilieren hoffte, in dem das Zeitalter der Assimilation sein Ende gefunden hatte», dann zu kanonisieren gedachte, hatte Anders schon damals, 1966, nur als

18

«wohlfeil erworbenes Alibi» jener Kirche interpretieren können, die den Tod von Millionen Juden «ohne Protest» hinge-
nommen hatte (Besuch im Hades, S. 22 ff.). Und sich selbst
hatte Anders als einen der «Letzten in einer Reihe von deutschen Juden» bezeichnet, die «Deutschland als ihre Heimat,
die Heimat, die deutsche Sprache als *die* Sprache, die deutsche
Musik als *die* Musik» angesehen hatten – bis die Nazis dieser
deutsch-jüdischen Symbiose ein Ende machten: «Nach uns
kommt keiner mehr, der sich als deutscher Jude bezeichnen
und fühlen oder gar in die deutsche Geschichte eingehen
wird.» (Mein Judentum, S. 240) Nicht durch eine religiöse
Tradition, sondern als Verfolgter, als Heimatloser, als Gerade-
noch-Davongekommener hat Anders dann auch sein Judentum
erfahren und bestimmt (Mein Judentum, S. 249).

Doch zurück zur Chronologie. Nach dem Ersten Weltkrieg
studierte Anders bei Cassirer und Panofsky Philosophie und
Kunstgeschichte, später in Freiburg Philosophie bei Husserl
und Heidegger. Bei Husserl promovierte er dann auch 1923
über *Die Rolle der Situationskategorie bei den ‹Logischen Sätzen›*, eine Arbeit, mit der er sich allerdings schon vorsichtig von
der Phänomenologie Husserls zu distanzieren beginnt. Ein
Angebot Husserls zur Zusammenarbeit lehnte Anders ab, er
wechselt nach Marburg zu Heidegger. In Heideggers Marbur-
ger Seminar lernte Anders 1925 auch Hannah Arendt kennen,
die er vier Jahre später in Berlin wiedersehen und bald darauf
heiraten wird. Während Anders wohl aufrichtig an der brillan-
ten jungen Philosophin interessiert gewesen war, hatte Arendt
in dieser Ehe wohl vor allem die Enttäuschungen ihrer Liebe zu
Martin Heidegger zu vergessen versucht. Ausgerechnet gegenüber Heideggers Frau Elfriede hatte Arendt später bekannt,
daß sie damals aus Marburg fortgegangen sei, «fest entschlossen, nie mehr einen Mann zu lieben», und sie habe dann geheiratet, «irgendwie ganz gleich wen, ohne zu lieben».[7]

Anders arbeitete als Kulturjournalist in Berlin und Paris, wurde dann kurzzeitig Assistent von Max Scheler und publizierte
1928 seine erste philosophische Schrift: *Über das Haben*. Eine

akademische Karriere schien denkbar, und er faßte eine Habilitation zu Fragen der Musikphilosophie ins Auge. Die bis heute unveröffentlichten *Philosophischen Untersuchungen über musikalische Situationen* versuchten eine Philosophie der Musik zu entwerfen, die weder von der objektivierten Formensprache der Musik noch von ihrer subjektiven Emotionalität ausgehen, sondern an der musikalischen «Situation» phänomenologisch ansetzen wollte, also an dem Moment, in dem Musik erklingt und gehört wird. Diese Habilitationspläne konnten jedoch nicht realisiert werden – nach Anders' eigener Darstellung, weil «die politische Atmosphäre bereits scharf zu werden begann» und Paul Tillich ihm geraten hatte abzuwarten, bis der Nazi-Spuk vorbei sei, aber auch, weil er durch die Bekanntschaft mit Adorno eingesehen habe, daß dieser ihn auf dem Gebiet der Musik «turmhoch» überrage. (Günther Anders antwortet, S. 171) Tatsächlich dürfte die Habilitation wohl gegen den Willen Anders' am Einspruch Adornos gescheitert sein. Wie aus dem unveröffentlichten Briefwechsel zwischen Anders und Adorno hervorgeht, hat Adorno durchaus zugegeben, die Arbeit abgelehnt zu haben, weil er ihre musikalische Basis als zu schmal empfunden habe; in einem Brief aus dem Jahre 1963 hat Anders nachträglich Adorno recht gegeben: «Was Musikphilosophie betrifft, so würde ich heute übrigens Ihren Monopolanspruch als völlig rechtmäßig anerkennen (so wie meinen für Bildinterpretation).»[8]

Der heraufdämmernde Faschismus zerschlägt diese Pläne, der junge Philosoph beginnt beim *Börsen-Courier* – auf Vermittlung von Bert Brecht – als «Knabe für alles» zu schreiben, bis der damalige «Kulturpapst» im *Börsen-Courier*, Herbert Ihering, angeblich einmal meinte, es könnten nicht die Hälfte aller Artikel mit Günther Stern unterzeichnet sein – «Dann nennen Sie mich noch irgendwie anders», schlug der Angesprochene vor –, und begann unter dem Namen zu publizieren, unter dem er auch bekannt geworden ist: Günther Anders (Günter Anders antwortet, S. 90). Diese von Günther Anders selbst immer wieder kolportierte Form seiner Namensänderung ist mittlerweile kritisch gedeutet worden, vor allem, weil Recherchen ergeben haben, daß Anders beileibe nicht so viele Artikel für den *Börsen-Courier* geschrieben hat, wie diese Anekdote vermuten läßt.[9] Auszuschließen ist sicher die These, daß Anders durch seine Namensänderung seine jüdische Herkunft verbergen und sich «aufnorden» wollte. (Mein Judentum, S. 234) Die Vermutung, daß sich hinter der Namensänderung, wie oben angemerkt, der Versuch verbergen könnte, sich aus dem Bann des Vaters zu befreien, kann dagegen einige Plausibilität für sich beanspruchen. Noch in Texten der Exilzeit spielt der Gedanke, sich einen eigenen Namen machen zu müssen, für Anders eine große Rolle.[10] In einem Gedicht aus dieser Zeit heißt es, fast überdeutlich: «Sternfiguren, die noch Namen brauchen». (Tagebücher und Gedichte, S. 372) Der gewagten Deutung der Namensgebung «Anders» als unvollständiges Anagramm für «Arendt»[11] hat Anders allerdings noch zu Lebzeiten heftig widersprochen.

Im Nationalsozialismus sah Günther Anders eine Gefahr, die er, schon damals mit einem anscheinend untrüglichen Sinn für gesellschaftliche Entwicklungen und Tendenzen behaftet, frühzeitig, ja, wie so oft, auch früher als andere erkannte. 1928 liest er *Mein Kampf*, wofür er von seinen Freunden, die Hitler «idiotischerweise nur den ‹Anstreicher› nannten», durch den «Kakao» gezogen wird. Er hingegen nimmt dieses «gemeine, haßfreudige, zum Hassen aufreizende, achtelgebildete, feierliche, rhetorisch mitreißende [...] unbestreitbar höchst intelligente Buch» zutiefst zur Kenntnis und weiß, «dieser Mann sagt, was er meint, und er meint, was er sagt. Und er sagt es so vulgär, daß er für Vulgäre unwiderstehlich sein wird und selbst Nicht-Vulgäre vulgär machen und mitreißen wird». Und auf die Frage, ob es denn in seinem Leben etwas gebe, das er heute noch bereue, nicht getan zu haben, antwortete Günther Anders dann auch einmal: Ja, daß er Hitler damals nicht getötet habe. (Ketzereien, S. 334 f.)

In den Jahren 1930 bis 1932 arbeitet Anders an dem antifaschistischen Roman *Die molussische Katakombe,* der weder in Deutschland noch in Frankreich erscheinen konnte. Dieser

Roman wird erst 1992, sechzig Jahre nach seiner Entstehung und kurz vor dem Tode des Autors, erstmals publiziert. 1933 emigriert Anders nach Paris, hält Kontakt zu verschiedenen Emigranten, vor allem zu seinem Verwandten Walter Benjamin, schreibt politische Gedichte und publiziert seine in den Grundzügen Ende der zwanziger Jahre entworfene negative Anthropologie, die einen nicht unwesentlichen Einfluß auf den jungen Jean-Paul Sartre haben wird. Und in einem Vortrag, Keimzelle seines späteren, umstrittenen Buches über Franz Kafka, wandte sich Anders schon damals gegen die gerade beginnende intellektuelle Kafka-Mode. Im Jahre 1936 trennten sich Anders und Hannah Arendt; sie werden sich nur noch selten begegnen. Während Hannah Arendt ihren Kontakt zu dem einstigen Geliebten Martin Heidegger, trotz dessen Verstricktheit in den Nationalsozialismus, nach dem 2. Weltkrieg wieder aufnahm, blieb der zu ihrem ersten Ehemann höchst sporadisch. Nach dem Krieg trafen sie sich nur noch ein einziges Mal, am 23. Mai 1961 in München, und danach schrieb Hannah Arendt an Heinrich Blücher, ihren zweiten Ehemann: «Er [i.e. Günther Anders, KPL] sieht sehr verändert aus, nicht einmal soviel älter, obwohl er strohweiß geworden ist, als irgendwie indefinable, runtergekommen, mit völlig verkrüppelten Händen, sehr dünn, sehr fahrig. Er denkt an nichts als seinen Ruhm, völlig unbekümmert, leicht verrückt, vor allem ganz und gar wie seine Mutter, außer aller Realität lebend, alles mit einem Klischee bezeichnend, ungestört in einem château d'Espagne, dem eigentlich nichts Wirkliches entspricht. [...] Mir scheint, die schlichte Wahrheit ist, daß er vis-à-vis de rien steht, es aber nicht realisiert. [...] Kurz, er ist verhext...»[12] Günther Anders hingegen hat, soweit mir bekannt, stets mit Hochachtung von Hannah Arendt gesprochen, auch wenn sich ihre philosophischen Ansichten seit langem getrennt hatten.[13]

Von Paris floh Anders weiter in die USA, wo er die verschiedensten «odd jobs» annehmen mußte, Fabriks- und Gelegenheitsarbeiten; er hält aber auch Lektorate über Ästhetik. Er unterhält Beziehungen zu Brecht, Herbert Marcuse, Thomas

Mann und Adorno. Doch auch im Exil bleibt Anders der Außenseiter. Weder ist er so renommiert noch finanziell so abgesichert wie manche seiner Kollegen, die mitunter durchaus herablassend auf den eigenwilligen Dichter und Philosophen reagieren.[14] In den USA verfaßte Anders – neben Gedichten, Tagebuchnotizen, kulturkritischen Essays und einem Text über Kafka – ein umfangreiches Manuskript zu Heidegger und der Geschichte des Nihilismus, das erst 2001 im Rahmen einer Edition der Schriften von Anders *Über Heidegger* publiziert wurde. Aus dem Kontext dieser Arbeiten hat Anders selbst zwei Aufsätze publiziert, die seine Kritik an Heidegger in verdichteter Form enthalten.[15] Anders, der sich offenbar intensiver mit Heidegger beschäftigt hatte, als lange vermutet worden war, und der zeitweilig sicherlich in einem wenn auch kritischen Nahverhältnis zu Heidegger gestanden hatte – was ihm auch wenig Sympathien von seiten Adornos oder Horkheimers eingetragen hatte –,[16] warf Heidegger darin eine «Scheinkonkretheit» vor, die eine Thematisierung des Daseins und der Existenz des Menschen nur vorspiegele: «Heideggers ‹Sein zum Tode› ist trotz seines makaberen Klangs ein neuer Pseudo-Radikalismus, letztlich sogar eine Art Eskapismus. Den Tod fürchtend, flieht er in die Scheinfreiheit des ‹Sterbenkönnens› (*potestas moriendi*) als ‹eigenster Möglichkeit›. Was für eine jämmerliche, was für eine verzweifelte Form von Freiheit, in Richtung Tod zu leben, statt gern zu leben oder für eine Sache zu leben.» (Über Heidegger, S. 93 f.) Unmittelbar wird hier sichtbar, wie Anders sich von Heidegger distanzierte und was ihm selbst als notwendige Konkretion der Philosophie erschien: das Leben in seiner Fülle zu bejahen und zu verteidigen. Heideggers Denken hat Anders in diesem Zusammenhang treffend als eine «lebensfeindliche Lebensphilosophie» bezeichnet (Über Heidegger, S. 103), und seine eigenen Bemühungen galten dann auch der Kritik jenes praktischen Nihilismus der modernen Welt, der das menschliche Leben fundamental bedroht. Die intensive, bis in die letzten Lebensjahre anhaltende und immer wiederkehrende Auseinandersetzung mit Heidegger zeigt allerdings, daß Anders sich aus dem Bann des charismatischen Existenzphilosophen nie ganz hatte lösen können, auch wenn daraus ablesbar ist, daß Anders sein eigenes Denken gerade vor dessen Pseudo-Konkretheit bewahren und sich die von Heidegger nicht eingelösten Ansprüche auf ein Denken des Seins als konkrete gesellschaftliche Wirklichkeit offenhalten wollte.

Die Erfahrungen in Amerika, nicht zuletzt die verschiedenen Arbeiten, mit denen Anders seinen Lebensunterhalt verdienen mußte, schärften seinen Blick für jene Faktoren, die in der modernen Zivilisation die entscheidenden sind. Die Arbeit etwa als Putzmann in den Requisitenkammern Hollywoods führte ihn zu geschichtsphilosophischen und erkenntnistheoretischen Reflexionen, ohne die zum Beispiel seine spätere Medientheorie kaum möglich gewesen wäre. In Tagebuchaufzeichnungen aus jener Zeit, vom März 1941, heißt es angesichts der Requisiten für historische Filme: «Nicht nur gilt: Originale werden kopiert, sondern ebenso: was kopiert wird, wird dadurch zum Original. Ob Stücke Originale sind oder nicht, das entscheidet sich also oft erst im Laufe der Geschichte selbst [...] Je rascher die Verwüstung drüben in Europa weitergeht, je systematischer die Originale drüben in Trümmer sinken, umso rapider wird sich das hiesige Katzengold in lauteres Kulturgold verwandeln.» (Tagebücher und Gedichte, S. 14 f.)

Nicht verwunderlich also, daß es Günther Anders mitunter «absurd» erscheinen mußte, wenn sich zuweilen am Stillen Ozean eine Gruppe nachmalig berühmter Philosophen und Schriftsteller versammelte, das «andere Deutschland», wie er es nannte, um «Politisches, Soziologisches und Philosophisches» zu diskutieren, «während in Europa Hitler wütete und in Auschwitz Millionen zu Asche verbrannten» (Günther Anders antwortet, S. 36). Die langsam durchsickernden Wahrheiten über die Vernichtungspolitik der Nazis und dann vor allem die Nachricht vom Abwurf der ersten Atombombe über Hiroshima haben dem Leben und Denken von Günther Anders eine entscheidende Wende gegeben. Dieses nach dem Ersten Weltkrieg und dem Nationalsozialismus also dritte Ereignis, das ihn bis an sein Lebensende nicht losgelassen hat, schilderte er einmal denkbar einfach: «Und dann kam am 6. August 1945 über das Radio die triumphale Nachricht vom Abwurf der Atombombe über Hiroshima.»[17]

Dieses ungeheure Vorkommnis, dessen Dimensionen erst allmählich sichtbar wurden und das den Auftakt darstellte zur globalen Bedrohung der Menschheit, beeinflußte nun maßgeblich sein weiteres Leben: Er kehrte zwar 1950 nach Europa zurück, aber nicht in eines der beiden Deutschland, sondern nach Wien, die Heimatstadt seiner zweiten Frau, Elisabeth Freundlich, die er 1944 in New York kennengelernt und kurz darauf geheiratet hatte. Schon ein Jahr nach seiner Rückkehr wird Günther Anders österreichischer Staatsbürger; 1955 trennt er sich von Elisabeth Freundlich und heiratet 1957 die polnisch-amerikanische Pianistin Charlotte Zelka (Zelkowitz). Eine mögliche Karriere als literarischer Essayist, die sich nach dem Erfolg eines Buches *Kafka – Pro und Contra* hätte einstellen können, schlägt er aber ebenso aus wie eine von Ernst Bloch angeblich für ihn bereitgehaltene Professur in Halle, denn die durch die Konstruktion der Atombombe möglich gewordene Ausrottung der Menschheit wurde das Thema, dem er, als freier Publizist, die folgenden Jahrzehnte seines Lebens widmete. 1954 wurde er Mitbegründer der Antiatombewegung, reiste nach Hiroshima und Nagasaki und veröffentlichte seine dabei gemachten Betrachtungen und Beobachtungen in dem Band *Der Mann auf der Brücke*. 1958 flog er nach Tokio, um am dort stattfindenden Anti-Atomkongreß teilzunehmen, er leitete dabei ein Seminar über «Moral im Atomzeitalter». 1959 begann er einen Briefwechsel mit Claude Eatherly, jenem Aufklärungspiloten, der das Zeichen zum Abwurf der ersten Atombombe gegeben hatte. Dieser Briefwechsel wurde 1961 von Robert Jungk unter dem Titel *Off limits für das Gewissen*[18] herausgegeben und sorgte für erregte Kontroversen.

Der Gedanke an die selbstinszenierte Apokalypse als zentrales Thema seines Denkens durchzieht aber auch das philosophische Hauptwerk von Günther Anders, die zwei Bände der *An-*

tiquiertheit des Menschen, wenngleich es ihm dort um mehr ging: um eine radikale Philosophie der technischen Zivilisation überhaupt, als deren äußerste Zuspitzung die Bombe erscheint. Daneben veröffentlichte Günther Anders Reflexionen über die Weltraumfahrt (*Der Blick vom Mond*), die früheren Arbeiten über Franz Kafka und George Grosz, Erinnerungen an Bert Brecht, *Philosophische Stenogramme*, Tagebuchaufzeichnungen (*Die Schrift an der Wand*), Glossen (*Ketzereien*) und auch Belletristisches. Ein Band Fabeln (*Der Blick vom Turm*) und eine Sammlung hintergründig philosophischer Erzählungen (*Kosmologische Humoreske*) gelangten aus dem reichen Fundus seiner literarischen Arbeiten an die Öffentlichkeit. Ein Gutteil dessen, was er geschrieben habe, sei aber, so schätzte Günther Anders einmal, dennoch ungedruckt geblieben[19] – das Bild, das wir uns von Günther Anders' Werk machen können, wird sich also durch die allmähliche Publikation der Texte aus dem Nachlaß noch verändern. Die Edition der Arbeiten über Heidegger etwa zeigt, daß die frühe Philosophie von Anders lange unterschätzt worden war.

Neben dem Philosophen und Schriftsteller Günther Anders darf allerdings nicht der politisch engagierte Intellektuelle vergessen werden, der Günther Anders ganz wesentlich gewesen ist. Allerdings: das oft von tagespolitischen Konstellationen abhängige politische Engagement war auch im Falle von Günther Anders nicht immer unproblematisch, zumindest mag dies aus heutiger Perspektive manchmal so erscheinen. Neben seinem aktiven Eintreten gegen die atomare Hochrüstung engagierte sich Anders wie viele Intellektuelle auch gegen den Vietnamkrieg, er war Juror in Bertrand Russells «War crime tribunal» und publizierte eine Analyse der amerikanischen Kriegssprache: *Visit beautiful Vietnam. ABC der Aggression heute.* Auch Anders verfolgte den Sieg Vietnams über die USA mit Genugtuung. Nach dem Einmarsch der Vietnamesen in Kambodscha allerdings hatte sich Anders folgendes notiert: «Wer sich erfolgreich gegen einen überlegenen Angreifer verteidigen will, muß sich diesem angleichen, dessen Technik übernehmen, namentlich dessen Waffentechnik: er ist, wenn er auch dem Schein nach als Sieger ausgehen sollte, ein Besiegter. Stellt sich nicht heute der Sieg der Vietnamesen über die Amerikaner als solch ein Pyrrhussieg heraus? Haben sie nicht von den Besiegten – zuviel gelernt?» (Ketzereien, S. 229) Daß das lange gegen eine fremde Macht kämpfende Vietnam nun selbst zu einem Aggressor geworden war, hat Anders also irritiert; daß mit diesem Einmarsch immerhin eines der brutalsten und blutrünstigsten Terrorregime des 20. Jahrhunderts beseitigt worden war, schien Anders dabei allerdings vergessen zu haben. Für einige Aufregung sorgte er, als er im Jahre 1982, aus Protest gegen den Einmarsch der Israelis in den Libanon, aus der Israelitischen Kultusgemeinde Wien austrat, und eine letzte große Debatte löste Günther Anders Mitte der 80er Jahre in Deutschland aus, als er angesichts der sogenannten «Nachrüstung» zu einem gewalttätigen Widerstand gegen die Stationierung atomarer Sprengköpfe in Deutschland aufrief.

Das Werk von Günther Anders kann zweifellos vielseitig genannt werden – er selbst fand dafür eine Erklärung, die für seine Denkhaltung ebenso charakteristisch als für das allgemeine Bewußtsein befremdlich sein mag: daß er nämlich die Naturwissenschaften völlig aus seinem Bildungsgang ausgeschlossen, sich zeitlebens an ihnen «vorbeigedrückt» hatte. Er empfand es nicht als Nachteil, auf den Begriff der naturwissenschaftlichen Strenge ebenso verzichtet zu haben wie auf die Illusion, deren Maßstäbe auf Nichtnaturwissenschaftliches anwenden zu können. Oder, wie er selbst pointiert formulierte: «Meine Unbildung ist die conditio sine qua non meiner Ausbeute gewesen.» (Ketzereien, S. 68) Das mag zweifellos verwundern bei jemandem, der Fundamentales für eine Philosophie der Technik geleistet hat. Allerdings: «Unbildung» ging bei Anders sogar noch weiter – er war alles andere als der Typ des akribisch Gelehrten, der stets mit der neuesten Sekundär- und Tertiärliteratur vertraut sein will. Aber nicht zuletzt diese Mißachtung des *wissenschaftlichen Fortschritts* einerseits und der vordergründigen *Funktionsweise* der avancierten Technologien andererseits rechtfertigt die Methode seines Denkens als eine philosophische: es ging ihm – in einer tatsächlich ins Konkrete gewendeten Phänomenologie – um die *Sache* selbst, um deren Wesen und Bedeutung für den Menschen. Nicht das verspielte und harmlose Aussehen der technischen Apparate interessierte ihn, auch nicht das technische *Wie* ihres Funktionierens, sondern das, was sie tatsächlich *sind* und *bewirken* – im kritisch-emphatischen Sinn also ihr *Sein*.

Günther Anders war, obwohl seit seiner Rückkehr nach Europa von einer schmerzhaften Polyarthritis geplagt, bis zum letzten Lebensjahr publizistisch aktiv. Das Alter war ihm eine große körperliche Beschwerde, und doch wußte er um dessen seltsame Vorzüge Bescheid. In den *Philosophischen Stenogrammen* heißt es an einer Stelle: «Die Schlauheit, mit der uns das Alter beschenkt, ist keine Untugend, sondern eine fröhliche Weisheit: eigentlich nur die verschmitzte Dankbarkeit dafür, daß uns eigentlich, da das Äußerste uns ja sowieso unentrinnbar bevorsteht, nichts mehr passieren kann. Die Tatsache, daß das Sterben täglich näher und näher rückt, wirkt gewissermaßen wie eine Lebens-, richtiger: wie eine Moralversicherung, deren Akkumulation wir händereibend beobachten dürfen. ‹Welch ein Spaß›, meinte ein Jahr vor seinem Tode Th. M. [i. e. Thomas Mann], ‹welch ein Geschenk, alt zu sein. Tugend wird gratis. Und nicht einmal mutig zu sein, erfordert mehr Mut.›» (Philosophische Stenogramme, S. 21) Vielleicht sind diese Sätze auch angesichts jener prekären Publizität zu bedenken, die Anders Mitte der achtziger Jahre noch erlangte, als er im Zuge der Nato-Nachrüstungsbeschlüsse Gewalt als ultima ratio im Kampf gegen die atomare Bedrohung nicht mehr ausschließen wollte – so hart es klingen mag: vom Krankenbett aus ließen sich wahrscheinlich leichter gute Ratschläge für den bewaffneten Kampf geben als wenn man selbst in der Lage gewesen wäre, den ersten Stein zu werfen. Wach und kommentierend hatte dann Anders noch die Umbrüche in Osteuropa, die Vereinigung Deutschlands und den Golfkrieg verfolgt, und diese Ereignisse hatten ihn zutiefst beunruhigt. Ein erstarktes

Deutschland beobachtete er mit Unbehagen, und im Golfkrieg sah er – nicht zuletzt durch die damit verbundene «Renaissance des Islam» – den möglichen Auftakt zu einer globalen Auseinandersetzung.[20] Sein letztes Lebensjahr war Anders, infolge eines Unfalls, an das Bett gefesselt. So blieb es ihm auch verwehrt, den geplanten dritten Band der *Antiquiertheit des Menschen* und eine projektierte Fortsetzung der *Ketzereien* fertigzustellen. Am 17. Dezember 1992 starb Günther Anders in einem Wiener Pflegeheim, wenige Monate nach seinem 90. Geburtstag.

Von der Weltfremdheit des Menschen

Günther Anders' Interesse galt von seinen ersten selbständigen philosophischen Versuchen bis zu seinen letzten Reflexionen kurz vor seinem Tode einem einzigen Thema: dem Menschen. Er war in einem eminenten Sinn Anthropologe, aus Leidenschaft und aus Not, ohne sich – von seinen Anfängen vielleicht abgesehen – je in der klassischen Disziplin der «philosophischen Anthropologie» geübt zu haben. Die große Frage, in der nach Immanuel Kant alles Philosophieren zusammenläuft, die Frage: *Was ist der Mensch?*, bekam bei Anders eine völlig unspekulative, weil von der historischen Entwicklung aufgedrängte Bedeutung: Aus dem Fragen nach dem Wesen des Menschen wird die Frage, ob das, was wir lange «Mensch» nannten, in Zukunft noch sein wird. Allerdings, und dies macht die Besonderheit von Anders' Anthropologie aus, hat die ungesicherte Zukunft des Menschen unmittelbar mit jenem «Wesen» zu tun, das die klassische Anthropologie in vielen Anläufen und aus zahlreichen – biologischen, psychologischen, historischen und sozialen – Perspektiven vergeblich versucht hatte zu klären.

Was ist der Mensch? Die uralte Frage gewinnt bei Anders eine neue Dimension. Ihn interessierte nicht eine allgemeine, abstrakte Definition, die den Menschen als vernunftbegabtes, politisches oder religionsfähiges Tier festmacht. Ihn interessierte vorab die Stellung des Menschen in der von ihm geschaffenen Welt. Max Schelers vielleicht überzogener Frage nach der Stellung des Menschen im Kosmos wird Anders eine völlig neue Wendung geben: Nicht die Besonderheit dieser Spezies wird ihn beschäftigen, sondern ihre Verlorenheit. Allerdings, eine eigentümliche Sonderstellung des Menschen konstatierte auch Günther Anders. Immer wieder machte er darauf aufmerksam, daß er schon sehr früh, 1929/30, in zwei Vorträgen über die *Weltfremdheit des Menschen* darauf verwiesen hatte, daß «wir

Menschen [...] auf keine bestimmte Welt und auf keinen bestimmten Lebensstil» festgelegt sind, die «Spezifizität» des Menschen also seine «Unspezifizität» ausmacht, Freiheit die Interpretation eines anthropologischen Defekts darstellt (Mensch ohne Welt, S. XIV f.). Publiziert wurden diese Thesen 1934 und 1936 unter dem Namen Günther Stern in den *Recherches philosophiques* unter den Titeln *Une Interpretation de l'Aposteriori* und *Pathologie de la Liberté*.[1] Zweifellos antizipierte Anders in diesen Reflexionen viel vom späteren Freiheitsbegriff Sartres[2] und von der Konzeption des Menschen als Mängelwesen, wie sie dann Arnold Gehlen vorgelegt hatte. Wenn es für diese, in der weiteren Entwicklung der europäischen Philosophie nach dem Zweiten Weltkrieg bedeutsamen Bestimmungen so etwas wie den Ruhm des Entdeckers gäbe, müßte er Günther Anders zukommen. Sartre hat später, als er Anders kennenlernte, auch freimütig zugegeben, daß er die Formel vom zur Freiheit verurteilten Menschen ihm verdanke.

Anders' damaliger Ausgangspunkt war die spezifische Situation des Menschen in einer Welt, an die er nicht wie das Tier angepaßt ist, in der er nicht heimisch ist. Wenn schon ein Tier, dann ist der Mensch mit den Worten Nietzsches das «nicht festgestellte Tier», ein Wesen, das nicht in seine es umgebende Welt paßt, ein Wesen, das, modern gesprochen, auf keine ökologische Nische zugeschnitten ist. Der Welt gegenüber ist der Mensch ein Fremder. Diese Fremdheit aber ist die Voraussetzung seiner Freiheit. Das besagte aber für Günther Anders vorerst einmal, daß die «Tatsache der Individuation» eine der «Dividuation» ist: «Die Tatsache, daß ein bestimmtes Seiendes (Mensch), in gewisser Abgeschnittenheit vom Seienden als Ganzen, in gewisser relativer Selbständigkeit sein Sein habe.» (Weltfremdheit, S. 8) Der Mensch ist nicht an sich das ungeteilte und unteilbare Wesen (Individuum), sondern er ist dies, insofern er ein von der Welt getrenntes, abgeteiltes Wesen (Dividuum) ist. Menschsein heißt, die Einheit mit der Welt verloren zu haben. Konstitutiv für Menschsein ist also eine «ontologische Differenz»[3] zwischen Mensch und Welt, eine prinzipielle Form der Unzugehörigkeit, der Fremdheit, die sich, philosophisch gesprochen, im möglichen Zweifel an der Existenz der Welt und am Sinn von Sein ausspricht. Damit ist der Mensch in eine grundlegende Distanz zur Welt gesetzt. Diese Distanz, diese Weltfremdheit ist die Art und Weise, wie der Mensch die Welt und sein Sein in dieser Welt «erfährt». Oder: nur in dieser Erfahrung der Weltfremdheit erfährt der Mensch auch sein Dasein.

Immanuel Kant hat die Erkenntnis aus Erfahrung eine Erkenntnis a posteriori genannt, eine Erkenntnis, die sich erst nach Wahrnehmungen und Erfahrungen ergibt. Dieser hatte Kant die Erkenntnisse a priori gegenübergestellt, die vor aller Erfahrung liegen: die reinen Erkenntnisse des Verstandes und jene von Kant so genannten Anschauungsformen, die Erfahrung überhaupt erst ermöglichen: Raum und Zeit. Günther Anders hat diesen Kantischen Begriffen in seinem Vortrag über die *Weltfremdheit des Menschen* nun eine eigenwillige anthropologische Bedeutung gegeben. Sein Weltverhältnis, das ihm durch kein biologisches Programm vorgegeben ist, erfährt der Mensch immer erst in einem Nachhinein, die Form der Weltgewinnung des Menschen ist strukturell a posteriori: Was In-der-Welt-Sein bedeutet erfährt der Mensch erst im nachhinein; aber erst damit erfährt er auch, was Mensch-Sein bedeutet. Daß dem Menschen nichts a priori vorgegeben ist, ist deshalb sein einziges Apriori: Alles, was dem Menschen vorgegeben ist, ist, daß ihm nichts vorgegeben ist. Oder, mit den Worten von Günther Anders: «Aposteriorität ist apriorischer Charakter des Menschen, d. h. das spezifisch Nachträgliche der nachträglichen Erfahrungen kommt ihm nicht nachträglich zu; Mensch ist von sich aus ein solcher, der im Laufe eigenen Lebens aposteriori Weltbeziehungen aufnehmen kann, aufnehmen wird [...]. Der Mensch ist zwar nicht auf bestimmte Materialien gefaßt, von denen er ja frei ist, aber darauf, nicht antezipiertes zu treffen: sein Apriori ist zwar ganz formal; aber es ist das Apriori der ihm wesensmäßig zukommenden Aposteriorität.» (Weltfremdheit, S. 10 f.) Die Welt als Gegenstand, als «Gegenüberstand», ist so für Anders nicht nur erkenntnistheoretisch, sondern vor allem «positionstheoretisch» interessant: «Ausdruck für die Lage des Menschen, für das Zugleichsein von In-sein und Von-weg-sein, Ausdruck für die menschliche Freiheit von Welt in der Welt.» (Weltfremdheit, S. 11) Die Frage ist also nicht: Was ist der Mensch?, sondern: In welcher Lage befindet er sich?[4]

Erfahrung meint aber nicht nur eine rezeptive Form der Weltaneignung, sondern – und dies ist wohl der für Anders letztlich entscheidende Aspekt der Weltfremdheit – eine aktive Form der Weltgestaltung: die Praxis. Das unangepaßte Wesen muß sich seine Welt schaffen, weil es keine gibt, die für es vorhanden wäre. Die Welt, in der der Mensch lebt, muß immer erst hergestellt werden. Das bedeutet aber auch, daß es keine vom Menschen geschaffene Welt gibt, die ihm von vornherein angemessener wäre als eine andere. Es sind immer Welten, die vom Menschen entworfen werden können. Damit allerdings konstituiert sich auch die Historizität des Menschen, das, was wir Geschichte nennen. Sie ist nicht zuletzt ein Resultat davon, daß das weltfremde Wesen Mensch nicht gezwungen ist, eine einmal geschaffene Lebensform auch beizubehalten: «Die dem Menschen gebührende Welt ist nicht nur jeweils nicht da (muß nicht nur jeweils geschaffen und verwaltet werden), für den Menschen ist auch keine bestimmte gebührende Welt vorgesehen. Es gibt Stile seiner Welt. Er verändert nicht nur die vorfindliche Welt, um seine bestimmte daraus zu machen; er verändert auch jeweils seine errichtete Welt zu einer anderen, ‹seinen›, Welt. Er ist nicht nur auf *diese* Welt nicht festgelegt, sondern auf *keine*; nur darauf, jeweils in einer seiner Welt zu leben. Dies Nichtfestgelegtsein auf ... ist die conditio sine qua non seines Freiseins für Geschichte; es bedeutet, daß der Mensch im Unterschied zum Tier durch seinen Mangel an bestimmter Weltbindung nun auch keine bestimmte Funktion mehr zu übernehmen brauche, daß er als verschiedenster in den verschiedensten Stilen sein könne und dürfe; daß er nichteinmal auf einen bestimmten Weltbegriff des Menschen festgelegt sei; daß er nun in der Geschichte, als Geschichte jedesmal als ein anderer, nicht

33

etwa nur in einer unwesentlich anderen Maske auftreten könne.» (Weltfremdheit, S. 43, Anm. 3)

In einer modischen Sprache könnte man sagen, daß, gerade weil der Mensch keine vorgegebene Identität hat, er sich einerseits seine Identität immer erst schaffen muß, was ihm andererseits die Möglichkeit gibt, diese immer auch neu zu schaffen. Dieser Geschichtsbegriff des jungen Günther Anders steht übrigens quer zur lange dominierenden hegelianisch-marxistischen Geschichtsauffassung, in der die Geschichte als ein Prozeß interpretiert wurde, durch den sich die eigentliche Bestimmung des Menschen, ein freies Wesen zu sein, über viele Wege und Irrwege entfalten sollte. Anders' Konzept stellt keine teleologische Geschichtskonzeption dar, Geschichte kennt kein metaphysisch vorgegebenes Ziel, sondern gerade weil der Mensch *kein* Ziel kennt, ist er zu Geschichte, zum Ausprobieren und zum Entwerfen unterschiedlicher Lebens- und Gesellschaftsformen verurteilt. Der von Anders in diesem Zusammenhang schon Ende der 20er Jahre gebrauchte Stilbegriff mag zwar durch sein Studium der Kunstgeschichte inspiriert gewesen sein und auf Georg Simmel, vielleicht auch auf Alois Riegl zurückverweisen, der Sache nach erinnert er durchaus an den Begriff des Lebensstils, wie er in der Konzeption einer Ästhetik der Existenz beim späten Michel Foucault erscheint. Allerdings liegt der Hauptakzent bei Anders nicht auf den Lebensentwürfen des Einzelnen, sondern auf denen von Gemeinschaften und Kulturen.

Die grundlegenden Formen, in denen die Weltfremdheit des Menschen geschichtlich zum Ausdruck gebracht wird, sind für den jungen Anders deshalb in erster Linie Wissenschaft und Kunst. Beide Strategien sind distanzierte und distanzierende Welterfahrungsmöglichkeiten, die es dem Menschen erlauben, die fremde Welt nicht nur zu erforschen und zu gestalten, sondern auch im Entwurf von Utopien und fiktionalen Welten zu überschreiten und zu transzendieren. In einem 1944 erstmals veröffentlichten Vortrag über den Bildhauer Auguste Rodin hatte Anders dessen Werke unter den Titel «homeless sculpture» gestellt, obdachlose Figuren, die in keine Umgebung, keinen Raum, kein Ambiente passen, und so nicht nur zum Symbol für die Weltfremdheit des Künstlers, sondern für die des Menschen überhaupt werden können: «[Rodin] war der einzige Bildhauer, der die ‹Zeichen der Zeit› sah» (Obdachlose Skulptur, S. 18).

Die Weltfremdheit, die grundlegende Distanz zur Welt und damit die nur dem Menschen eigentliche Freiheit äußert sich allerdings auch, vielleicht sogar in entscheidender Weise, in einer Fähigkeit, die, soweit ersichtlich, von Günther Anders als einem der ersten modernen Philosophen in dieser Radikalität ausgesprochen wurde: in der Fähigkeit, Welt zu verlassen, ja, sie zu verleugnen. Anders vertrat in diesem frühen Vortrag die hochinteressante These, daß der Mensch das einzige Wesen ist, das Abschied nehmen und verzichten kann. Was bedeutet Abschied? Nach Anders das «Loslassen eines Präsenten in die Absenz». In der Situation des Abschieds, des Verabschiedens ist etwas gerade noch gewärtig, was schon als verloren, als verschwunden, als nicht mehr vorhanden betrachtet werden muß: «Abschied ist der in seine letzten Möglichkeiten noch einmal zusammengefaßte Verkehr mit der Welt, die eben doch noch entrissen werden kann. [...] [Abschied] ist als Furcht und Bereitschaft, in der der Mensch überhaupt Welt als noch-daseiend hat, das dauernde Absenzverständnis selbst. Abschied droht schon im Haben, das als Nochhaben schon den Verlust ankündigt [...]» (Weltfremdheit, S. 16 f.). Im Abschied manifestiert sich so eine Grunddimension menschlichen Daseins: daß letztlich nichts dem Menschen zugehörig ist, alles, auch die Welt, die er sich selbst geschaffen hat, wieder verschwinden kann. Natürlich kann das Habenwollen, der Besitz, können Traditionen und Institutionen auch interpretiert werden als Versuche, Abschiedsszenarien zu minimieren, sich die Illusion von Dauer und Verfügbarkeit, von permanenter, «ewiger» Präsenz dort zu verschaffen, wo der Verlust unausweichlich ist. Anders macht aus dieser Diagnose keine Ethik des Loslassens, wie sie in der Antike etwa von den stoischen Philosophen formuliert worden war. Aber es wird doch deutlich, daß die Fähigkeit, in der Präsenz der Dinge und auch der Menschen schon ihre Abwesenheit, ihr Nicht-mehr-hier-Sein zu sehen, für ihn eine der entscheidenden Bestimmungen und auch Belastungen des Menschen war.

Die prinzipielle Distanz zur Welt drückt sich nach Anders außerdem in einer ebenfalls nur dem Menschen zugänglichen «ungeheuerlichen Macht» aus: in der Fähigkeit zur Lüge. Keine Frage: die Lüge war für die Philosophie, der es ja um die Wahrheit gehen sollte, immer eine Herausforderung gewesen. Wohl dominiert in der europäischen, zumal in der christlich beeinflußten Philosophie die Auffassung, daß die Lüge verwerflich sei, weil sie, so in der Fassung von Immanuel Kant, Kommunikation und damit das Zusammenleben der Menschen unmöglich mache, indem sie den anderen als Vernunftsubjekt, das ein Recht auf Wahrhaftigkeit hat, verachte.[5] Aber schon in der Antike, im umstrittenen Platonischen Dialog *Hippias minor*, wird die Frage aufgeworfen, ob die Lüge nicht eigentlich eine besondere Fähigkeit sei, die es dem Lügner erlaubt, zwischen mehreren Varianten von Wirklichkeitsdarstellung zu wählen. Und im 19. Jahrhundert hatte dann Friedrich Nietzsche dieser Fähigkeit zur Lüge, zur Illusion und zur Fiktion entscheidende anthropologische, ästhetische und erkenntnistheoretische Dimensionen zuerkannt.[6] Günther Anders ging vielleicht noch einen Schritt über Nietzsche hinaus, wenn er der Lüge eine nahezu ontologische Konnotation verleiht. Denn die Fähigkeit zur Lüge bedeutet nach Anders, «daß der Mensch dem Faktum Trotz bieten, daß er auf Grund seiner eigenen unabhängigen Existenz-Behauptung dem Existierenden ins Gesicht Nichtexistenz, Nichtsosein; oder dem Nichtdaseienden gegenüber Existenz behaupten: daß er das Seiende verleugnen kann.» (Weltfremdheit, S. 18) Die Lüge ist die Möglichkeit, eine bestimmte Form des Seienden zu dementieren, und damit auch der radikalste Ausdruck von Freiheit, einer Freiheit, die sich den Faktizitäten des Seins nicht unterwerfen will. Die Lüge erscheint hier also als eine Form des heroischen Aufbäumens gegen die Macht der Wirklichkeit – und eine bestimmte Form der Lüge, nämlich die Übertreibung in Richtung Wahrheit, hatte Anders selbst als philosophische Methode stets für sich reklamiert, wenngleich er einen erbitterten Kampf gegen die politischen Lügen und Lügner seiner Zeit, gegen die Propagandamaschinerien der Nazis genauso wie gegen die Euphemismen der Kalten Krieger und die Verheißungen der Massenmedien geführt hatte.

Den anthropologischen Befund des Vortrags über die *Weltfremdheit des Menschen* hatte Anders dann in dem Essay *Pathologie de la Liberté* in einem außerordentlich prägnanten Satz zusammengefaßt: «Künstlichkeit ist die Natur des Menschen und sein Wesen ist Unbeständigkeit.» (Pathologie, S. 22). Diese fundamentale Künstlichkeit spezifiziert jene ontologische Differenz, die den Menschen als Seiendes von allem Sein trennt und markiert, ihn im Wortsinn zu einem *abstrakten*, von der Welt abgezogenen Wesen macht: «*Abstraktion* – die Freiheit also der Welt gegenüber, die Tatsache des Zugeschnittenseins auf das Allgemeine und das Beliebige, der Rückzug aus der Welt, die Praxis und die Veränderung dieser Welt – dies ist die fundamentale anthropologische Kategorie, die sowohl die metaphysische Stellung des Menschen kennzeichnet als auch seinen *logos*, seine Produktivität, seine Innerlichkeit, seinen freien Willen, seine Geschichtlichkeit.» (Pathologie, S. 22 f.) Die Erfahrung dieser Abstraktion selbst aber wird nach Anders als «Schock der Kontingenz» erlebt – die Erfahrung der Zufälligkeit und Beliebigkeit der eigenen Existenz: «Der Mensch erfährt sich als *kontingent*, als irgendeinen, als ‹gerade ich› (den man nicht gewählt hat); als Menschen, der gerade *so* ist, wie er ist (obwohl er ganz anders sein könnte), als einem Ursprung entstammend, den er nicht verantwortet und mit dem er sich dennoch zu identifizieren hat, als gerade ‹hier›, als ‹jetzt›.» (Pathologie, S. 24) Diesen Ursprung nannte Anders später die «ontische Mitgift» – der Mensch muß mit dem ihm Vorgegebenen, vor allem seinem Dasein und seinem Sosein, seiner Leiblichkeit und Befindlichkeit, fertig werden. Obwohl frei, hat er keine Verfügungsgewalt über den Ursprung seiner Existenz (Antiquiertheit I, S. 69).

Anders vermeidet die an dieser Stelle vielleicht naheliegende pathetische Rede Heideggers von der Geworfenheit des Menschen, auch wenn er sich der Nähe zu einigen Partien aus *Sein und Zeit* durchaus bewußt war.[7] Die Zufälligkeit des Daseins verdankt sich zuviel an Banalität, als daß dies durch große Worte angemessen beschrieben werden könnte. Aber: die Kontingenz ist das *Danaergeschenk der Freiheit*: «Im Beliebigen, was ich aufgrund meiner Freiheit finden kann, treffe ich auch mein eigenes Ich; insofern es selbst Welt ist, ist es sich selbst ebenso fremd. Als kontingent getroffen, ist das Ich sozusagen Opfer seiner eigenen Freiheit. Der Begriff des Kontingenten muß daher diese zwei Charaktere bezeichnen: das ‹Nicht-von-sich-gesetzt-Sein› des Ich und sein ‹gerade Sosein›.» (Pathologie, S. 24) Wohl ist der Mensch frei; aber der Preis der Freiheit besteht darin, daß der Mensch sein Dasein nicht sich selbst, sondern dem Zufall verdankt. Wohl kann er aus diesem Dasein und der Tatsache, daß er zufällig als dieser und nicht als ein anderer an diesem und an keinem anderen Ort der Welt geboren wurde, etwas machen – aber der Makel, nicht über die Bedingungen der eigenen Existenz zu verfügen, bleibt. Eine Möglichkeit, auf diesen Makel zu reagieren, ist der «Ekel» vor sich selbst; eine andere die «Scham»; eine dritte der «Hunger nach Macht und Ruhm» (Pathologie, S. 38).

Seit Sören Kierkegaard ist der Ekel vor dem Dasein in der Philosophie geläufig, bei Sartre wurde er zur ersten und zentralen existentiellen Erfahrung. Die kurzen Anmerkungen, die Anders diesem Problem widmet, stellen aber durchaus einen substantiellen Beitrag zu diesem Phänomen dar. Was bedeutet der Ekel vor sich selbst, der ja kein permanenter Zustand, sondern ein hin und wieder aufbrechendes Phänomen ist? Der Ekel vor sich selbst stellt einen «gelegentlichen Protest» gegen die Gewöhnung des Ich an sich selbst dar; im Ekel bricht sich sozusagen die niedergehaltene Kontingenzerfahrung Bahn, ein nur an der Oberfläche durchgehaltenes Identitätsmodell wird brüchig. Im Ekel erfährt sich das Ich allerdings nicht wie im radikalen Kontingenzschock als fremd, sondern als zu nahe, als zu vertraut. Der kaum mehr bekannte österreichisch-ungarische Philosoph Aurel Kolnai hat nahezu zeitgleich, 1929, in Husserls *Zeitschrift für Philosophie und phänomenologische Forschung* einen grundlegenden Aufsatz über den Ekel publiziert, in dem diese Abwehrreaktion ganz wesentlich als ein Phänomen von zu großer, ungewollter Nähe definiert ist.[8] Vielleicht kannte Anders diesen Text. Auf jeden Fall befällt der Selbstekel ein Ich, das mit sich zu intim ist, das jenes zufällige Dasein, das den Anspruch hat, Ich zu sein, zu sehr an sich herangelassen hat. Für die modische Psychologie der Selbstanerkennung hielte diese Analyse übrigens eine hübsche Pointe bereit: Wer zu sehr bereit ist, alles an sich zu akzeptieren, wer in sich nichts Fremdes, Unbegreifliches, Anstößiges wahrnehmen kann, wird erst recht, wenn auch nur von Fall zu Fall, vor Selbstekel erstarren müssen.

Die zweite zentrale Reaktion auf die Kontingenzerfahrung ist bei Anders die Scham. Daß Anders schon in diesem frühen Text eine Theorie der Scham entwickelt, ist um so bedeutsamer, als dieser Begriff später, wenn auch in einem anderen Kontext, eine zentrale Rolle spielen wird. Die Scham verweist dabei auf ein fundamentales Problem: auf das Paradoxon der Identität. Der Mensch, der sich seiner zufälligen Existenz bewußt wird, schämt sich seines Ursprungs, für den er nichts kann. Er will sich damit nicht identifizieren und kann dennoch nicht anders, als diesen Ursprung als Moment seiner Existenz zu akzeptieren. Jede Form der Scham ist von diesem Identitätskonflikt gekennzeichnet. Sie verweist auf ein Moment der Identität, das der Betroffene nicht als Moment seiner selbst anerkennen will. Was im Alltag Gesten, Handlungen oder Gedanken sein können, die man besser unterlassen hätte, ist für Anders in der grundsätzlichen Problematik angelegt, daß der Mensch eine prinzipielle Schwierigkeit hat, sich mit sich zu identifizieren. Auf seiner Freiheit beharren wollen, bedeutet dann, seinen Ursprung und seine Herkunft ignorieren zu müssen oder sich ihrer zu schämen; die Bedingungen seiner Herkunft aber anzuerkennen, würde bedeuten, tendenziell seine Freiheit aufzugeben. Den Menschentypus, der versucht, sich dem Problem der Kontingenz zu stellen, nannte Anders den *nihilistischen Menschen*; denjenigen, der es unternimmt, seiner Herkunft einen Sinn zu geben, den *historischen Menschen*.

Der Nihilist ist identitätslos, zufällig, frei zu allem und jedem, ohne Notwendigkeit. Nihilismus könnte in diesem Sinne als «die Übertreibung der dem Menschen verborgenen Wahrheit über sich selbst» paraphrasiert werden.[9] Letztlich ist damit das ausgesprochen, was der Untertitel zur *Pathologie de la Liberté* gemeint hatte: die Identitätslosigkeit des Menschen, seine prinzipielle Unfähigkeit, sich mit sich selbst zu identifizieren. Seine strukturale Wandelbarkeit, seine ontologische Differenz zur Welt, sein lebenspraktischer Nihilismus, seine Freiheit erlauben es ihm nicht, mit sich identisch zu sein. Paradox formuliert: des Menschen Identität besteht darin, keine Identität zu haben. Der Nihilist, bei dem der Schock über die Erfahrung seiner Zufälligkeit in eine Kontingenzwut umschlägt, leugnet nun nicht nur das Sein, das er selbst ist, «sondern das Sein des Seienden selbst, das jetzt unter den Fluch kontingenter Beliebigkeit fällt, als wenn es irgendein belangloses Seiendes wäre» (Pathologie, S. 27). Die Kontingenz seines Daseins in der Welt erscheint dem Nihilisten in zweierlei Gestalt, als Kontingenz der Zeit – daß er jetzt ist und nicht später oder früher – und als Kontingenz des Raumes – daß er hier ist und nicht woanders. Gleichzeitig erlaubt die mit der Kontingenz verbundene Freiheit die beliebige Bewegung in diesen Dimensionen oder Anschauungsformen: Erinnerung und Antizipation können sich der Zeit bemächtigen, die Bewegung von Ort zu Ort ermöglicht die Durchquerung der Räume. Die «Pathologie der Freiheit», an der der Nihilist leidet, läßt ihn nun in einer krankhaften Übersteigerung, die nichtsdestotrotz die Wahrheit über den Menschen freilegt, mit diesen Dimensionen verfahren. Weil er sich der Zufälligkeit seines Daseins nicht schämen will oder kann, möchte er diese Zufälligkeit aufheben, indem er dem Sein selbst seinen Stempel aufdrückt.

Den nihilistischen Menschen dürstet nach Macht und Ruhm,

und das heißt nichts anderes als Omnipräsenz im Raum und in der Zeit: «Der Raumkranke möchte die Kontingenz des Ortes neutralisieren, an dem er sich gerade befindet. Er will *überall gleichzeitig* sein, er will sich des Ganzen mit einem Schlag bemächtigen. Aber die Besitzgier ist nur eine Spezifikation eines grundlegenden Machthungers: der Gier, sich die Welt kongruent zu machen, genauer, die Welt zu zwingen, *Ich* zu werden. Daß sie allerhöchstens *mein* werden kann anstatt *Ich*, das ist für den Machtdurst bereits der erste Skandal und der erste Kompromiß [...]. In der Gier nach der Macht sucht der Mensch den Vorsprung einzuholen, den die Welt vor ihm hat; da er nicht je schon alles *ist*, muß er alles *haben*. Er rächt sich an der Welt, indem er die Welt sein kontingentes Ich schwellen läßt, sie sich einverleibt und sie repräsentiert: Denn der Mächtige ist nun nicht mehr bloß *er* selbst, so wie er in seinem kläglichen Zustand war, sondern dieser hier und jener dort, er selbst und der andere, ein Gesamter. Er ist zugleich hier und dort und auch noch dort. Denn herrschend, repräsentierend und im Ruhme stehend, ist er – um einen Ausdruck aus der Theologie zu verwenden – *omnipräsent.*» Es wundert wenig, daß Anders in diesem Zusammenhang Nietzsches berühmtes Wort aus dem *Zarathustra*, wenn auch ungenau, zitiert: «Wenn es einen Gott gäbe, wie hielt ich's aus, nicht Gott zu sein.» (Pathologie, S. 38)[10] Und diesen Willen zur Selbstvergottung als eine Strategie des nihilistischen Menschen sah Anders wenig später durchaus auch beim Künstler am Werk, so wenn er in dem Vortrag über Rodin an einer Stelle sagte: «Ein Künstler jedoch, der will, daß sein Produkt nicht zum integrierenden Bestandteil der existierenden gesellschaftlichen Welt wird, muß sich entweder wie ein Außenseiter oder wie ein Mensch fühlen, der, statt zur Welt beizutragen, eine ganze eigene Welt erschaffen muß; kurz: wie ein Gott.» (Obdachlose Skulptur, S. 34) Daß der moderne Mensch diese Omnipotenz, wenn auch nur ex negativo, erlangen wird, indem er sich technisch in die Lage versetzt, die Welt schlechthin zu vernichten, mußte nicht zuletzt unter diesem Gesichtspunkt für Anders dann in höchstem Maße schockierend gewirkt haben.

Anders' frühe negative Anthropologie mündet also in eine Analyse des nihilistischen Menschen, den er selbst wenig später, vor allem in seiner Auseinandersetzung mit Heidegger, soziologisch dechiffrieren und als das entwurzelte, «stammbaumlose», ins Dasein geworfene, auf sich selbst zurückgeworfene bürgerliche Individuum identifizieren wird, das seinen Trost in der Philosophie des Existentialismus findet (Über Heidegger, S. 51 f.). Anders als der Adelige, der sich seiner Herkunft durchaus bewußt ist, will das bürgerliche Subjekt alles sich selbst verdanken. Mit durchaus kritisch-sarkastischem Unterton spricht Anders in diesem Zusammenhang vom «akosmistischen Selfmademan» (Über Heidegger, S. 89). Man könnte in der Andersschen Skizzierung des nihilistischen Menschen aber auch unschwer den modernen Charakter des rastlosen Expansionisten erkennen. Es wäre durchaus reizvoll, das vieldiskutierte Phänomen der Globalisierung einmal auch unter diesem Aspekt zu betrachten: Was treibt denn den Menschen dazu, daß, wenn nicht er selbst, dann zumindest die von ihm hergestellten Produkte, die Markennamen, Firmen, Programme, Softwarestandards rund um den Globus präsent sind, wenn nicht auch der Versuch, auf diese Art dem Kontingenzschock zu entgehen; was verspricht denn die Globalisierung vor allem im Bereich der Telekommunikation, wenn nicht genau jene zumindest elektronische Allgegenwart, die es dem Einzelnen erlaubt, sich als Teil eines weltumspannenden, die Zeit sistierenden Netzes zu begreifen, das es ihm erleichtert, die Zufälligkeit und Bedeutungslosigkeit seines Daseins zu vergessen. *Von überall auf alles Zugriff zu haben*: diese Heilsformel aus der Propagandaküche des Internet erinnert wohl nicht von ungefähr und dennoch überraschend an die Typologie des Nihilisten, wie sie Anders in seiner Auslegung der Weltfremdheit des Menschen Ende der 20er Jahre des vorigen Jahrhunderts gegeben hat.

Gegenüber den Macht- und Ruhmphantasmen des nihilistischen Menschen setzt der historische Mensch nach Anders auf den Versuch, sich mit seiner Herkunft, seinem Ursprung in Einklang zu bringen. Der historische Mensch lebt aus der Erinnerung, er findet seine Identität, nicht, indem er der Welt seinen Stempel aufdrückt, sondern indem er versucht, sich seiner Herkunft zu versichern. Die Kontingenz seines Dasein hebt er auf durch die Notwendigkeit seiner Geschichte. An die Stelle der Scham tritt die Ehrfurcht vor der Vergangenheit, die zentrale Aktivität wird die Erinnerung. Der historische Mensch weiß, wer er ist, bevor er seine Kontingenz schockhaft erfahren kann. Er ist durch die Vergangenheit immer schon in einen identitätsstiftenden Kontext eingebunden, seine Vergangenheit und die seiner Vorfahren sind Momente und Bedingungen dieser Identität. Nicht zuletzt im Namen, der den Einzelnen mit seinen Vorfahren verbindet und der ihm für ein ganzes Leben lang eine Identität gibt, drückt sich dies aus. Allerdings ist damit auch die Freiheit des historischen Menschen tendenziell außer Kraft gesetzt. Er kann sich immer nur nachträglich zu dem bekennen, was er immer schon war. Der historische Mensch erscheint als ein Wesen, das «dicht dem *fatum* folgt und es stets ‹Ich-selbst› nennt», es hat wohl «den Stolz, angesichts allem, was ihm passiert, zu sagen: ‹Das ist mein›», aber über das, was da zu seinem geworden ist, hat es nicht verfügen können. Die Strategie der Identifikation des historischen Menschen ist von einer «zweifelhaften Seichtheit» (Pathologie, S. 51).

Und auch dieser Analyse des historischen Menschen kann Aktualität nicht abgesprochen werden. Die Renaissance, die verschiedene Formen der Re-Ethnisierung in letzter Zeit erlebt haben, die – oft unter dem Stichwort «kulturelle Identität» – beschworenen Berufungen auf tief in der Vergangenheit verwurzelte ethnische, nationale, aber auch religiöse Zugehörigkeiten, sowie das neue Interesse an Herkunfts- und Familiengeschichten[11] gehorchen in verblüffender Weise den Identifikationsbestrebungen des von Anders so genannten historischen Menschen. Dieser kann durchaus als Antithese, wie es Anders formulierte, aber auch als Komplementärerscheinung zum Nihilisten aufgefaßt werden. Für Anders selbst allerdings war der Nihilist «philosophisch bedeutsamer», weil er das Wesen der Unbestimmtheit des Menschen, seine Pathologie der Freiheit, radikaler zum Ausdruck bringt als der historische Mensch, der sich mit Ursprungsmythen und Herkunftsideologien welcher Art auch immer über das factum brutum der Kontingenz hinwegtragen läßt. Konsequent endete deshalb auch die *Pathologie de la Liberté* mit einer Absage an jede Form einer positiven Anthropologie. Vom Menschen läßt sich nur sagen, daß er erst dann weiß, wer er ist, wenn er gehandelt hat.

Wie weit es der Mensch damit treiben konnte, wie sehr das Problem des Nihilisten zu einem praktisch-politischen Problem werden sollte, hat wahrscheinlich auch Anders noch nicht ahnen können, als er den Vortrag über die Weltfremdheit des Menschen skizzierte, auch wenn zu dieser Zeit die drohenden Anzeichen der Weltwirtschaftskrise und die ihrer möglichen Folgen deutlich am Horizont auftauchten. Der abstrakt-anthropologischen Fragestellung nach der Stellung des Menschen in der Welt hatte Anders dennoch schon früh eine konkret-politische Wendung zu geben gewußt. Die Figuren in Alfred Döblins *Berlin Alexanderplatz*, Arbeitslose, Kriminelle, zur «Aussteigerei Verdammte», wurden ihm zum Paradigma eines Lebens, das, im Gegensatz zu Heideggers «In-der-Welt-Sein», keiner Welt sich zugehörig fühlen kann (Mensch ohne Welt, S. XXVIII). Weltlosigkeit war schon damals für ihn nicht nur eine ontologische oder anthropologische Kategorie, sondern auch eine soziale, ja eine ökonomische: weltlos wird der durch Arbeitslosigkeit zum Nichtstun verdammte Mensch (Antiquiertheit I, S. 218). Die radikalste poetische Darstellung dieses Weltverhältnisses fand Anders dann in Samuel Becketts *Warten auf Godot*, das er eine «ontologische Farce» nannte: «Die beiden ‹Helden sind also nur noch am Leben, nicht mehr in der Welt›. [...] Da es, wo es keine Welt mehr gibt, auch Kollision mit der Welt nicht mehr geben kann, ist die Möglichkeit des Tragischen verlorengegangen.» (Antiquiertheit I, S. 216 f.)

In seiner Kritik an Heidegger hatte Anders diese Weltlosigkeit des Menschen allerdings auch noch in einer anderen Weise anthropologisch akzentuiert. Das, was den Menschen bei aller Weltlosigkeit an die Welt bindet, ist ein zentrales Bedürfnis, dessen Unterschlagung Anders nicht nur Heidegger vorwarf: der Hunger. Der Hunger ist die Konkretion von Heideggers abstrakter «Sorge», die das «Dasein», also den Menschen umtreibt. Durch den leibbedingten Hunger, durch physische Bedürfnisse überhaupt, ist der Mensch auf eine ganz bestimmte Weise an die Welt gebunden, ohne daß er sich in dieser doch finden könnte. Bedürftigkeit deutet Anders als «Angewiesensein auf Welt», und der Hunger ist ein «Hunger nach Welt», der stets auf der Suche nach einer Form der Aneignung von Welt ist (Über Heidegger, S. 82). Dadurch ist der Hunger allerdings auch eine Bestimmung des Menschen ex negativo: Der Hunger zeigt «etwas an, was ich *nicht* bin und *nicht* habe. Er zeugt dafür, daß das Lebendige, wie jedes nach Essen schreiende Kind beweist, weltbedürftig ist; und nur durch ständige Befriedigung, d. h. durch Verarbeitung von Welt sein Dasein fristen kann.» (Über Heidegger, S. 63) Zu den anthropologischen Grundbedingungen menschlichen Daseins gehört also nicht nur eine grundlegende Distanz zur Welt, eine Weltfremdheit, sondern auch eine Ausgerichtetheit auf Welt, eine Bedürftigkeit, ein Hunger nach Welt.

Die Bedeutung von Anders frühen anthropologischen Schriften ist schwer einzuschätzen. Sie haben, unter der Oberfläche, zweifellos gewirkt. Namentlich Jean-Paul Sartre dürfte der Lektüre dieser Texte vielleicht mehr verdankt haben, als er je eingestanden hat. Was Anders selbst betrifft, verweisen diese Texte auf ein eigentümliches Paradoxon: Die These von der künstlichen Natur des Menschen hätte Anders eigentlich dazu prädestinieren können, zu einem die Technik affirmierenden Philosophen zu werden – denn was ist Technik anderes als ein weiterer Schritt des weltfremden und weltlosen Menschen, sich seine eigene Welt zu schaffen und zu gestalten. Und dennoch gilt Anders zu Recht als einer der vehementesten und scharfsinnigsten Kritiker der Technik, ein Kritiker allerdings, der auch aus der schreckhaften Faszination, die der technische Fortschritt auf ihn ausübte, kein Hehl gemacht hat, der aber dennoch beklagte, daß dieser Fortschritt den Menschen zu einer antiquierten Figur mache. Vieles in der späteren Philosophie von Günther Anders klingt dann auch so, als gelte es plötzlich, ein invariantes «Wesen» des Menschen gegen die Anschläge der Apparate und den Deformationszwang der modernen Technologien zu verteidigen. Wie ist das angesichts seiner frühen negativen Anthropologie zu verstehen?

Anders selbst hat sich in diesen frühen Arbeiten der klassischen anthropologischen Fragestellung insofern verweigert, als er gerade in der Unmöglichkeit, das Wesen des Menschen zu bestimmen, dessen Eigentümlichkeit erkannte. Insofern allerdings war auch noch diese These der Versuch, auf die Kantische Frage *Was ist der Mensch?*, eine Antwort, wenn auch eine negative zu geben. An dieser Erkenntnis der prinzipiellen Unfestgelegtheit des Menschen hat Anders selbst im wesentlichen wohl immer festgehalten. Er bestritt später aber, daß dieses Unspezifische am Menschen, seine Freiheit, einer positiv zu deutenden Sonderstellung gegenüber anderen Lebewesen gleichkomme. So bemerkte er einmal selbstkritisch, daß er – wie nach ihm auch Gehlen – diese Bestimmung des Menschen als «freies und undefinierbares Wesen» allein vor der Folie der Tierwelt gemacht habe, daß also der Mensch gleichsam dem tierischen Dasein, das selbst schon eine «ad hoc erfundene Abstraktion» ist, gegenübergestellt wird, wobei das Tier spekulativ als Gefangener seines «Spezies-Schicksals», also als unfrei gedacht wird. Dagegen hatte Anders dann zweierlei einzuwenden gehabt: Die Idee, die «Einzelspezies ‹Mensch›» den Tausenden verschiedensten Tiergattungen gegenüberzustellen und diese als einen einzigen «Typenblock tierischen Daseins» aufzufassen, bezeichnete er als «anthropozentrischen Größenwahn». Und zum anderen sei diese Folie der Tierwelt ohnehin nicht «effektiver Hintergrund menschlichen Daseins» – dieser bestehe aus der vom Menschen gemachten «Welt der Produkte». Wählte man diese Folie, dann veränderte sich auch schlagartig das «Bild ‹des Menschen›»: «sein Singular ‹*der*› zerfällt; und mit diesem zugleich seine Freiheit.» (Antiquiertheit I, S. 327)

Anders radikalisierte damit nicht nur die ursprüngliche Fragestellung, sondern drehte sie, unter dem Druck der Ereignisse seit 1945, geradezu um – nicht mehr der Mensch, der sich keiner Welt von vornherein zugehörig fühlen kann, weil er sich immer erst eine ihm angemessene schaffen muß, wird zentraler Gegenstand der Philosophie von Günther Anders, nicht der *Mensch ohne Welt* also, sondern die vom Menschen selbst geschaffene Welt, die zurückwirkt auf ihre Konstrukteure, sie verändert und tendenziell überflüssig macht, rückt in den Mittelpunkt: die *Welt ohne Mensch* also, die Erde, die durch den Menschen menschenleer wird. Nicht um ein metaphysisches «Wesen» des Menschen sorgte sich Günther Anders, sondern um seine Existenz. Es ging ihm also, vorerst einmal allgemein formuliert, um die Frage, inwiefern der Mensch von genau jener Welt zu seinem existentiellen Nachteil geprägt und geformt wird, die er aufgrund seiner Unfestgelegtheit genötigt war, sich zu entwerfen.

Die Veränderbarkeit des Menschen als Resultat und Konsequenz der von ihm selbst geschaffenen Lebensformen – erst unter dieser Perspektive läßt sich der Titel des zweibändigen Hauptwerkes von Anders angemessen lesen: *Die Antiquiertheit des Menschen*. Das Problem ist für ihn dabei aber nicht, daß ein ehrwürdiges Bild vom Menschen durch den zweifelhaften Gang der technischen Zivilisation beschmutzt würde; sein Problem ist auch nicht die mancherorts immer wieder monierte aufbrechende Differenz zwischen einer als ursprünglich unterstellten Natur des Menschen und der technischen Lebenswelt oder, mit den Worten von Arnold Gehlen, von «Urmensch und Spätkultur».[12] Reduzierte man Anders auf einen Kulturkritiker, der darüber lamentierte, daß durch die Industrialisierung und Technisierung viel von dem verloren gehe, was bis ins 19. Jahrhundert die Idee des Humanen ausmachte, täte man ihm – zum Teil zumindest – unrecht. Der Terminus «Antiquiertheit» meint vielmehr zweierlei: Einmal wollte Anders unter diesem Titel die «Metamorphosen der Seele» im Zeitalter der zweiten industriellen Revolution beschreiben – Antiquiertheit besagt hier nüchtern, daß bestimmte Lebensformen und damit verbundene Vorstellungen hinter der Realität einer rasanten gesellschaftlichen Entwicklung zurückbleiben müssen – wie immer das dann bewertet werden mag (Antiquiertheit I, S. 15). Und zum anderen diagnostizierte Anders unter diesem Begriff im zweiten Band des Werkes laut Untertitel die «Zerstörung des Lebens im Zeitalter der dritten industriellen Revolution». Mensch sein, Leben überhaupt beginnt als antiquierte Daseinsform zu erscheinen, gemessen an den immanenten Tendenzen der technischen Errungenschaften des 20. Jahrhunderts. Diese Diagnose faßte Anders einmal wie folgt zusammen: «Denn worauf wir abzielen, ist ja stets, etwas zu erzeugen, was unsere Gegenwart und Hilfe entbehren und ohne uns klaglos funktionieren könnte – und das heißt ja nichts anderes als Geräte, durch deren Funktionieren wir uns überflüssig machen, wir uns ausschalten, wir uns ‹liquidieren›. Daß dieser Zielzustand immer nur approximativ erreicht wird, das ist gleichgültig. Was zählt, ist die Tendenz. Und deren Parole heißt eben: ‹ohne uns›.» (Atomare Drohung, S. 199) Im Zentrum steht also das, was sich mit dem Menschen schon zugetragen hat. «Wer heute noch die Veränderbarkeit des Menschen proklamiert (wie es Brecht getan hatte), ist eine gestrige Figur, denn wir sind verändert», schrieb Anders im Vorwort zum zweiten Band der *Antiquiertheit* und fuhr fort: «diese Verändertheit des Menschen ist so fundamental, daß, wer heute noch von seinem ‹Wesen› spricht [...], eine vorgestrige Figur ist.» (Antiquiertheit II, S. 9)

Die Frage, wie der Mensch sich durch Industrialisierung und Technisierung, wie sich seine Lebensform, seine Psyche, ja sein Körperbau verändert, ist seit langem auch Gegenstand vorrangig sozialhistorischer Untersuchungen. Die genaueren Analysen der Entwicklung von Lebensgewohnheiten, Verkehrsformen, Transportsystemen, Kommunikationsmitteln und Ernährungsweisen seit dem Mittelalter könnte dann auch eine notwendige Konkretisierung des Antiquiertheitsbegriffes erlauben. Diese Verändertheit trifft allerdings nicht nur, gleichsam passiv, die Seele des Menschen, seine Verhaltens- und Lebensformen, sie trifft auch seine Selbstwahrnehmung. Günther Anders war einer der wenigen, der philosophisch zu reflektieren versuchte, welche Auswirkungen eine der technischen Höchstleistungen des 20. Jahrhunderts – die Mondlandung – auf die Selbstwahrnehmung des Menschen haben mußte.[13] In seinen Reflexionen über die Weltraumfahrt interpretiert er dieses Ereignis als endgültigen Abschied von jedem Geo-Zentrismus – gerade die technische Leistung, die Großartigkeit des Mondfluges bestätigt die Erfahrung der Nichtigkeit dieser Erde: «So manche Neurosen des kommenden Zeitalters werden wohl darin ihren Grund haben, daß unsere Kinder und Kindeskinder auf Leistungen werden stolz sein müssen und wirklich stolz sein werden, die ihnen, da sie sich durch sie als nichtig oder gar als vernichtet erkennen werden, eigentlich aufs tiefste zuwider sein werden.» (Blick vom Mond, S. 61) Tatsächlich deutete Anders den Mondflug primär nicht als Reise zu einem extraterrestrischen Objekt, sondern als Form der Selbstbegegnung – es geht um den Blick des Menschen vom Weltall auf die Erde, der «philosophisch ertragreicher» ist als der umgekehrte Blick zum Mond; es geht darum, daß dieser Blick vom Mond eine Erde zeigt, «so ungewöhnlich, so ungewöhnlich schön und so ungewöhnlich trostlos wie nichts, was wir früher auf Erden gesehen hatten» (Blick vom Mond, S. 90 f.). Die negative Anthropologie, so könnte man sagen, schlägt im Zeitalter der Weltraumfahrt um in eine negative Geologie: nicht nur der Mensch – der Planet selbst, dem er sich verdankt, reduziert sich auf eine marginale, kontingente Erscheinung, eine Nichtigkeit, die ihre Vernichtbarkeit im Blick von außen womöglich antizipiert. Die Rückkehr zu dieser Welt, so Anders, das Wiedereintreten in die Erdatmosphäre, ist nicht nur technisch das eigentliche große Problem der Raumfahrt: «Denn was wir hier beobachten: daß die Rückkehr ins Menschliche immer schwieriger wird und immer komplizierter, je weiter wir die Grenzen des Menschlichen, proportionem humanam, überschreiten, diese Beobachtung scheint eine Regel zu sein, die in der wissenschaftlichen Forschung und in der Technik überhaupt gilt.» (Blick vom Mond,

S. 91 f.) Damit ist ein Hauptgedanke der Anthropologie von Günther Anders formuliert: Es sind gerade die Triumphe des Menschen, die ihn von sich selbst entfernen, das menschliche Maß überschreiten und den Menschen tendenziell verschwinden lassen. Die technischen Möglichkeiten einer selbst organisierten Zerstörung der Menschheit sind dabei nicht Resultat eines extremen Mißbrauchs eines ansonsten positiven technischen Potentials, sondern nur augenfälligstes Moment einer Entwicklung, die insgesamt, auch im Frieden, die Tendenz hat, den Menschen, wo immer es geht, durch Technik zu substituieren und ihn dadurch zwar scheinbar frei, aber auch überflüssig zu machen.

Die logische Konsequenz der Moderne könnte, so Anders, eine Welt ohne Mensch sein, eine Welt, in der der Mensch, bevor er tatsächlich verschwindet, aufhört, selbst Zweck zu sein, und herabgebracht wird zum Mittel für eine alles überziehende Industrie, in der er zum Rohstoff für eine sich verselbständigende Produktionsmaschinerie degradiert wird: «Die Frage der philosophischen Anthropologie nach dem ‹Wesen des Menschen› [...], die auch ich noch aufgenommen hatte, freilich bereits, um sie radikal mit der Antwort: ‹Das Wesen des Menschen besteht darin, daß er kein Wesen hat› zu verwerfen, diese Frage könnte einmal, wenn der Mensch als Rohstoff ad libitum benutzt werden würde, vollends sinnlos werden.» (Antiquiertheit II, S. 24 f.)

All dies heißt nicht, daß Anders bei solch distanzierter Beobachtung von dem, was mit dem Menschen geschieht, stehengeblieben wäre und sich bei ihm nicht auch ein wertendes Engagement gezeigt hätte. Eher im Gegenteil. Es ist immer spürbar, daß den Formen, in denen sich der Mensch seit dem 19. Jahrhundert verändert hat, Anders mit großer Skepsis gegenüberstand, einer Skepsis, die bei der Frage nach der Antiquiertheit des Menschen als Gattung umschlägt in ein bedingungsloses Plädoyer für den Menschen. Aber man sollte vorerst doch trennen zwischen der Analyse gesellschaftlicher Prozesse auf der einen Seite und ihrer moralischen Interpretation und

Bewertung auf der anderen Seite – nicht zuletzt, wenn, wie bei Anders, die moralische und politische Praxis oft und betont im Gegensatz steht zu den ernüchternden Ergebnissen der theoretischen Arbeit. Und nirgendwo – und damit unterscheidet sich Anders auch deutlich von anderen Kritikern des technischen Fortschritts wie etwa Hans Jonas – war seine Kritik am laufenden Zerstörungsprozeß motiviert und begründet aus einem metaphysischen Begriff des Menschen, um dessentwillen der zivilisatorischen Hybris Einhalt geboten werden sollte. Es ist vielleicht sogar der große Vorzug von Anders, daß seine Kritik der Barbarei vorgetragen werden konnte ohne raunende Beschwörung eines Wesens des Menschen oder eines mythischen Primats von Natur. Daß sein Engagement für die Erhaltung der Erde und der Spezies Mensch eines war, das sich der Frage nach seiner Begründbarkeit verweigerte, ist womöglich kein Defizit rationalen Argumentierens, sondern Einsicht in die Struktur des Problems, daß die Frage, warum denn Menschen sein sollen, nicht nur keine begründete Antwort bekommen kann, sondern keine verdient. «Notstände», schrieb Anders, «sind nur abschaffbar, nicht widerlegbar. Den Nihilismus widerlegen zu wollen, ist töricht. Nur Naive und Opportunisten machen sich an diese Aufgabe» – oder, anders ausgedrückt: «Die moralische Erforderlichkeit von Mensch und Welt ist selbst moralisch nicht mehr begründbar» (Antiquiertheit I, S. 323).

Das Parodoxon, warum Anders die Unfestgelegtheit des Menschen behauptet und dennoch beklagt, daß der Mensch als Gattung durch seine eigene Technik bedroht sei, läßt sich also kaum auflösen. Die Fähigkeit, sich eine Welt zu schaffen, in der der Mensch erst recht keinen Platz mehr haben könnte, er also auch fremd und überflüssig nicht nur in der vorgängigen, sondern auch in der von ihm entworfenen Welt sein könnte, läßt sich vielleicht auch als eine Möglichkeit deuten, die in der Pathologie der Freiheit schon angelegt ist. Die Handlungsoptionen, die aus der Freiheit erwachsen, müssen, weil sie aus Freiheit erwachsen, deshalb noch lange nicht in einem moralischen oder anthropologischen Sinn «gut» sein, ja sie müssen deshalb nicht einmal in einem spezifischen Sinn gewollt sein. Ob die Menschen das Automobil, die Atombombe, die Raumfahrt und die Gentechnik im Sinne einer kollektiven Willensbildung stets affirmiert haben, darf wohl bezweifelt werden. Umgekehrt macht es aber auch keinen Sinn, dunkle Mächte zu imaginieren, die den Menschen immer Dinge aufnötigen, die diese gar nicht wollen. «Pathologie der Freiheit» ist vielleicht gerade unter den Bedingungen der Gegenwart keine schlechte Formulierung, um das zu benennen, was sich durch avancierte Technik schlechthin zuträgt. Die Frage, die sich Anders gestellt hatte, war also, herauszufinden, ob die Veränderbarkeit des Menschen mit der von ihm veränderten technischen Welt überhaupt Schritt halten kann. Anders fürchtete – und zumindest logisch scheint das Problem unlösbar –, daß das Wesen, dessen Wesen die Wesenlosigkeit ist und das deshalb gezwungen ist, sich immer erst zu entwerfen, diesen Entwürfen nicht mehr genügen könnte: übertroffen werden könnte von sich selbst, weil dieses Selbst seinen Kern darin hat, sich immer wieder überschreiten und damit auch negieren zu müssen.

Der beschämte Prometheus

So wenig Anders am Beginn seiner philosophischen Arbeit eine positive Lehre vom Wesen des Menschen entwickeln wollte, so wenig war es ihm ein Anliegen, das Wesen der Technik zu ergründen. Die entscheidende Frage für ihn war das Verhältnis von Mensch und Technik, das, was sich zwischen dem Menschen und den von ihm konstruierten und produzierten Geräten abspielt. Vor allem interessierte Anders, wie sich die zunehmende Technisierung der Lebenswelt auf das Denken, Fühlen und Handeln der Menschen auswirkt. Voraussetzung für diese Fragestellung war die Annahme, daß der Mensch nicht das souveräne Subjekt ist, das die Technik nach seinen eigenen Maßstäben gezielt nutzt, sondern daß der Mensch durch die Einbettung in ein von ihm selbst geschaffenes technisches Universum in ein äußerst prekäres Spannungsverhältnis zu diesem gerät und von seiner künstlich-technischen Umwelt nicht nur modifiziert, sondern zunehmend in seiner Daseinsweise in Frage gestellt wird. Anders ging es, wie kaum einem anderen Philosophen, um das, was man die normative Kraft des Technischen nennen könnte.

Die zentrale These, die er für das Verhältnis von Mensch und Technik in verschiedenen Varianten formulierte und an unterschiedlichen Beispielen demonstrierte, besagte, daß die *Diskrepanz* zwischen dem Menschen und dem von ihm produzierten technischen Geräteuniversum das entscheidende Merkmal des technologischen Zeitalters ist. Das vom Menschen Hergestellte übersteigt den physischen, psychischen und moralischen Horizont des Menschen: «*Wir sind invertierte Utopisten*. Dies also das Grund-Dilemma unseres Zeitalters: *Wir sind kleiner als wir selbst*, nämlich unfähig, uns von dem von uns selbst Gemachten ein Bild zu machen. Insofern sind wir *invertierte Utopisten*: während Utopisten dasjenige, was sie sich vorstellen, nicht herstellen können, können wir uns dasjenige, was wir herstellen, nicht vorstellen.» (Atomare Drohung, S. 96) Mit diesen Sätzen ist wahrscheinlich das zentrale Motiv der Philosophie von Günther Anders benannt: die durch die technische Entwicklung entstandene uneinholbare Diskrepanz zwischen Vorstellung und Herstellen. Alle seine Schriften seien, so Anders an mehreren Stellen, «in der Tat [...] nur Variationen über dieses Grundthema der Diskrepanz» (Hiroshima ist überall, S. XII).[1]

Diskrepanzphilosophie also. Der Gedanke einer immer dramatischer werdenden Diskrepanz zwischen den Anlagen und Vermögen des Menschen und der künstlichen Umwelt, mit der er sich umgibt, ist in der Philosophie zumindest seit dem 18. Jahrhundert durchaus geläufig. Schon bei Rousseau bricht eine Kluft zwischen der Natur des Menschen und den verderblichen Einflüssen der Zivilisation auf, und der eine Zeitlang ziemlich dominante Begriff der «Entfremdung» in seiner durch den jungen Marx geprägten Fassung meinte ebenfalls ein Auseinanderklaffen zwischen dem, was Menschsein eigentlich bedeutet, und jenen sozialen und ökonomischen Verhältnissen, die dieses Menschsein verwehren. Allerdings: Anders war kein Rousseauist, und obwohl er Marx geschätzt hat, hat er sich dessen letztlich ökonomistische Entfremdungstheorie nicht zu eigen gemacht, sondern durch seine auf die Technik bezogene Diskrepanzphilosophie überboten. Für den Gedanken einer unauflösbaren Diskrepanz, die die moderne Kultur kennzeichnet, mag für Anders dann auch eher die Philosophie Georg Simmels einen entscheidenden Anstoß gegeben haben, auch wenn Anders selbst sich nur sporadisch zu Simmel geäußert hat.[2] Die von Simmel diagnostizierte zunehmende «tragische Diskrepanz zwischen der unbegrenzt vermehrbaren objektiven und der nur sehr langsam zu steigernden subjektiven Kultur» berührt schon jenes «prometheische Gefälle» zwischen den begrenzten emotionalen und kognitiven Vermögen des Menschen und den Kapazitäten seiner Geräte,[3] auch wenn die beliebige industrielle Vermehrung der *Kulturgüter* bei Anders nur einen Aspekt dieser Tragödie, nicht mehr ihren Kern darstellen wird.

Prometheisches Gefälle: Dieser Begriff gehört wohl zu den umstrittensten jener zahlreichen Paradoxa, mit denen Anders versucht hatte, die eigentümlichen Widersprüchlichkeiten des technologischen Zeitalters zu beschreiben.[4] Prometheus, der mythische Titan, der für die Menschen das Feuer stahl und dafür an den Kaukasus geschmiedet wurde, galt lange als Imago des selbstbewußten, seiner Kraft vertrauenden, autonomen Menschen, der in Selbstaufklärung und Naturbeherrschung den Ausgang aus seiner wie immer verschuldeten Unmündigkeit suchte. Goethe widmete Prometheus einen paradigmatischen Hymnus, und Marx nannte ihn den vornehmsten Heiligen im philosophischen Kalender. Die Gesten des modernen Menschen, der auf die Götter verzichtete und demonstrativ sein Schicksal in seine eigenen Hände nahm, waren prometheisch, und die rasante Entwicklung von Wissenschaft und Technik konnte aus guten Gründen als Perfektionierung jener Strategien gedeutet werden, für die im Mythos Prometheus stand: Denn die Zähmung des Feuers war zweifellos die Geburt einer Technologie, die schon andeutete, wozu Technik insgesamt entwickelt werden sollte: der Natur zu trotzen, sie geradezu umzukehren, aus der Nacht einen Tag, aus der Kälte Wärme und aus dem Rohen das Gekochte zu machen.

Die revolutionär-emanzipatorischen Konnotationen des Titanen Prometheus werden bei Günther Anders radikal gebrochen. Wohl bleibt der Mensch dem prometheischen Ideal der Naturbeherrschung durch Technik verhaftet – aber diese Strategie wendet sich gegen den Menschen selbst, und zwar nicht, weil sie fehlschlägt oder entgleist, sondern weil sie außerordentlich, vielleicht über alle Maßen erfolgreich ist. Die Produkte sind perfekter als ihre Produzenten, die Kluft zwischen dem Menschen und seinen Kreationen wird unübersehbar. Damit wiederholt sich im «prometheischen Gefälle» die mythologische Urszene: wieder stehen sich Geschöpf und Schöpfer gegenüber, aber nun sind es die Maschinen, die ihre menschlichen

Herren und Meister unter ihre Gesetze zwingen, und der Mensch steht, paradox genug, anstelle eines Gottes und erfährt an sich dessen Trauma: von seinen eigenen Geschöpfen verhöhnt zu werden.

Der entscheidende Punkt, an dem diese Tragödie ihren Lauf nimmt, ist für Anders die industrielle Revolution, genauer: jene Spirale von Innovationen seit der Erfindung der Dampfmaschine, durch die das Werkzeug als Verlängerung und Verbesserung menschlicher Organe durch die Maschine und deren Eigendynamik ersetzt wurde: «In dem Augenblick, in dem die Geräte durch die Maschinen abgelöst wurden, hat die Antiquiertheit des Menschen begonnen» (Günther Anders antwortet, S. 55). Was lange lediglich als ein akzidenteller Aspekt der industriellen Produktionsweise betrachtet worden war, wird bei Anders nun zum zentralen Moment einer gravierenden zivilisatorischen Entwicklung: die Eigendynamik der Maschine. Die unermüdliche Maschine zwingt nicht nur ihren Rhythmus dem Arbeiter auf, sondern ihre Kapazitäten übersteigen die des menschlichen Arbeiters bei weitem. Die durch ihre Physis begrenzte menschliche Arbeitskraft erweist sich als Hemmschuh angesichts dessen, was technisch möglich wäre. Allerdings beschränkt sich dieses neu formierte Verhältnis von Mensch und Maschine nicht auf die Fabrikhallen – denn dort werden zunehmend jene immer perfekter werdenden Geräte erzeugt, die den Lebensprozeß und Alltag des modernen Menschen überhaupt neu strukturieren und bestimmen. Das «prometheische Gefälle» bezeichnet deshalb eine «täglich wachsende A-synchronisiertheit des Menschen mit seiner Produktewelt» auf mehreren Ebenen: als Gefälle zwischen «Machen und Vorstellen», zwischen «Tun und Fühlen», zwischen «Wissen und Gewissen», und als das – Anders betont es besonders – zwischen dem produzierten «Gerät» und dem «Leib» des Menschen.

All diesen Erscheinungsformen des prometheischen Gefälles gemein ist die Struktur des «Vorsprungs» der Technik: Dem Menschen bleibt nur die Möglichkeit, hinter den durch die Geräte gesetzten Faktizitäten «nachzuhumpeln» (Antiquiertheit I,

S. 16). Diese Bestimmung des prometheischen Gefälles hat eine weitreichende Konsequenz: daß Technik bzw. das sie repräsentierende Gerätesystem nicht ein neutrales Mittel darstellt, das der Mensch nach Gutdünken für unterschiedlichste Zwecke, moralisch-politisch erwünschte wie auch unerwünschte, einsetzen kann. Das bedeutet, daß die Ergebnisse der Anwendung von Technik keineswegs abhängig sind vom Gesellschaftstyp, in dem diese zum Einsatz kommt, sondern daß durch die Vorgabe der Geräte ihre Form der Anwendung schon festgelegt ist. Technik ist nicht wertneutral: «Es ist durchaus denkbar, daß die Gefahr, die uns droht, nicht in der schlechten Verwendung von Technik besteht, sondern im Wesen der Technik als solcher angelegt ist» (Antiquiertheit II, S. 126). Dadurch, daß die Geräte längst nicht mehr als einzelne Instrumente existieren, sondern zu einem Gerätesystem zusammengeschlossen worden sind, das wieder andere Systeme zur Folge hat, ist jedes Gerät bereits seine Verwendung. Das unterscheidet den modernen Typus von Maschinerie auch entscheidend von früheren Umgangsformen mit Geräten. Beim Hammer oder dem vielzitierten Brotmesser liegt die Art und Weise der Verwendung noch in der Souveränität des Menschen. Das Werkzeug fungiert als verlängerte und verbesserte Hand, und es funktioniert nicht ohne die Hand. Erlahmt diese, erlahmt auch das Werkzeug. Ohne Energiezufuhr von seiten des Menschen bleibt das Werkzeug stumpf. In Energiekreisläufe eingebettete Gerätesysteme tendieren hingegen dazu, die Anpassung des Menschen an ihre Möglichkeiten zu verlangen. Daß Maschinen ohne Unterbrechung laufen können, erzwingt nahezu die Nacht- und Wochenendarbeit, mit allen dazugehörigen sozialen und psychischen Umstellungsproblemen. Und indem die technologischen Systeme zur neuen Basis der Soziabilität werden, lassen sie dem Einzelnen auch kaum die Möglichkeit, sie nicht zu benutzen, sofern er nicht auf die Teilnahme am gesellschaftlichen Leben verzichten will.

Zwar will jedes Gerät von sich aus verwendet werden – aber erst die Vernetzung der Geräte macht diese Aufforderung zwingend und unausweichlich. Das individuelle Verhältnis zwi-

schen Mensch und Werkzeug wird vergesellschaftet. Das Gerät spielt so immer schon, durch seine spezifische Arbeitsweise, «eine (sozial, moralisch und politisch) präjudizierende Rolle» (Antiquiertheit II, S. 217). Was euphemistisch und ideologisch als Siegeszug einer Erfindung gefeiert wird – man denke an das Automobil, an den PC, das Internet oder das Mobiltelefon –, stellt sich so als eine eigentümliche Form einer ambivalenten Dynamik dar: Spezifische ökonomische, soziale und politische Verhältnisse favorisieren technische Innovationen, die ihrerseits spezifische ökonomische, soziale und politische Veränderungen nach sich ziehen. Das Ineinander von menschlicher Gesellschaft und technischer Maschinerie nimmt allerdings nach Anders zunehmend eine Intensität an, die diese Differenz selbst hinfällig erscheinen läßt: «Der Triumph der Apparatewelt besteht darin, daß er den Unterschied zwischen technischen und gesellschaftlichen Gebilden hinfällig und die Unterscheidung zwischen den beiden gegenstandslos gemacht hat.» (Antiquiertheit II, S. 110) Aus diesen Überlegungen forderte Anders eine «Soziologie der Dinge», die diesen neuen Typ von Sozietät zu analysieren hätte: «Wenn es eine *Soziologie der Dinge* gäbe, dann würde deren Axiom lauten: *Es gibt keine Einzelapparate.* Vielmehr ist jedes ein *zoon politikon*; und außerhalb seiner *Gesellschaft*, als bloßes Robinson-Ding, bliebe jedes untauglich. Das Wort *Gesellschaft* bezeichnet dabei aber nicht etwa nur seinesgleichen, nicht nur die Millionen von gleichzeitig funktionierenden Geräten oder deren Summe, sondern ein dem Apparat morphologisch entgegenkommendes Korrelat, eine ihn einbettende, nährende, reinigende, aus Rohstoffen, Produzenten, Konsumenten, Geschwisterapparaten, Abfallkanalisationen bestehende Behausung – kurz: eine *Umwelt.*» (Antiquiertheit II, S. 115)
Damit technologische Systeme funktionieren, bedarf es aber nicht nur einer entsprechenden Umwelt, sondern die einzelnen Geräte müssen untereinander verbunden, oder wie man heute sagen würde, vernetzt sein. Anders hat dies mit einer seiner provozierenden Formulierungen die «Volksgemeinschaft der Apparate» genannt (Antiquiertheit II, S. 115). Mittlerweile ist dieser

Gedanke, ohne daß er noch sonderliches Unbehagen auslöste, zum Allgemeingut geworden. Gesellschaft definiert sich aktuell problemlos über gemeinsam genutzte und untereinander vernetzte Geräte und deren Strukturen. Fragen der Mobilität, der Kommunikation und des Informationszugangs sind Fragen nach der Verteilungsdichte von Geräten, ihren Verbindungsmöglichkeiten untereinander und der Leistungskapazität ihrer Infrastrukturen. Daß dabei auch jede Menge Müll abfällt, daß die Umwelt, die die Geräte brauchen, von vielen zumindest hin und wieder als störend empfunden wird – von den achtspurigen Stadtautobahnen bis zu dem Wald der Masten für die Mobiltelefonie – wirkt wie eine letzte Reminiszenz des Unbehagens, das Anders angesichts dieser «Volksgemeinschaft der Apparate» entwickelt hat.

Anders ging allerdings noch einen entscheidenden Schritt weiter. Das Ineinander von sozialer Gemeinschaft und technischen Welten wird, zumindest in den fortgeschrittenen Industriestaaten, zum entscheidenden, vorantreibenden und strukturierenden Moment ihrer Entwicklung: Technik selbst, so Anders mit einer höchst umstrittenen Formulierung, wird zum neuen «Subjekt der Geschichte» (Antiquiertheit II, S. 279). «Die Subjekte von Freiheit und Unfreiheit sind ausgetauscht. Frei sind die Dinge: unfrei ist der Mensch.» (Antiquiertheit I, S. 33) Fraglos: die Rede von der Technik als dem eigentlichen Subjekt der Geschichte mag noch immer anstößig, zumindest problematisch erscheinen – andererseits genügt vielleicht der Hinweis, daß wir heute Epochen nicht nach zeitlichen Parametern (Mittelalter/Neuzeit), künstlerisch-kulturellen Leistungen (Renaissance/Barock) oder politisch-sozialen Dominanzen (das bürgerliche Zeitalter/Imperialismus), sondern nach technischen Innovationen spezifizieren (Atomzeitalter, Computerzeitalter, Informationszeitalter), um zumindest die rhetorische Plausibilität dieser These zu unterstreichen. Der Subjektcharakter der Technik ergibt sich für Anders allerdings daraus, daß der Mensch der Technik gegenüber tatsächlich nur mehr als Objekt, nicht mehr als Souverän fungiert. Das bedeutet, nüchterner formuliert, nichts anderes, als daß die Handlungsspielräume des Menschen nicht durch seine Moral, seine politischen oder religiösen Überzeugungen, die ökonomischen oder sozialen Verhältnisse, sondern in erster Linie durch die Möglichkeiten und Grenzen der Technik bestimmt sind. Auch wenn die Rede von der Technik als dem neuen Subjekt der Geschichte eine von Anders' Übertreibungen sein sollte, ist der Beobachtung kaum zu widersprechen, daß die zentralen Fragen unseres Zeitalters, von den Perspektiven der Wissensgesellschaft bis zu den ethischen Dilemmata der Gen- und Reproduktionsmedizin, samt und sonders Resultate technischer Innovationsschübe sind. Die Horizonte des technisch Möglichen bestimmen die Handlungsspielräume des Menschen heute, und diese Möglichkeiten wirken insgesamt als Imperative: Ohne jede soziale Reputation zu verlieren, ist es kaum möglich, sich den Angeboten dieser Technologien zu verweigern und für einen restriktiven Umgang mit ihnen zu plädieren. Es ist natürlich fraglich, ob der Mensch je tatsächliches Subjekt der Geschichte war. Aber auch wenn man zugesteht, daß menschliches Handeln immer unter vorgegebenen Bedingungen stattfand und, wie Anders selbst konzedierte, zumindest in der Moderne zuerst von der Politik, dann von der Ökonomie determiniert worden war, stellt die Umstellung auf Technik als Rahmenbedingung des Handelns dennoch einen qualitativen Sprung dar. Das Schicksal als das Unausweichliche erscheint nun in der Form des technisch induzierten *Sachzwangs*. Jeder Politiker, jeder Wirtschaftskapitän, jeder Wissenschaftler, der davon spricht, daß es zum forcierten Einsatz moderner Informations- und Biotechnologien keine Alternative gebe, bestätigt implizit Anders' These vom ausweglosen Charakter der Technik.

Das von Anders gewählte dramatische Bild des Gefälles zwischen Mensch und Technik weist allerdings darauf hin, daß es nicht nur die strukturierende Kraft der Geräte gibt, die den Menschen universell zum Adressaten und Erfüllungsgehilfen seiner Maschinen macht, er sich nach deren Bedingungen richten, in deren Grenzen zurechtfinden muß, sondern auch, daß diese *Sachzwänge* emotional und kognitiv nicht mehr bewältigt oder gar durchschaut werden können. Prometheisches Gefälle: das heißt letztlich, daß der Mensch den Arbeitsweisen und Effekten seiner Geräte geistig und seelisch nicht mehr gewachsen ist. Die Ergebnisse der Apparateaktivität – im schlimmsten Fall etwa der Tötungsmaschinerien – können so wenig vorgestellt werden, wie der Leib den Anforderungen der Maschinerien reibungslos genügen kann. Als mangelhaft wird bei dieser Symbiose immer der Mensch empfunden: *Menschliches Versagen* ist die Standardformel geworden, mit der das Ungenügen des Menschen gegenüber der Perfektibilität der Maschine verurteilt wird. Der Lokomotivführer, der aus Liebeskummer ein Haltesignal übersieht, handelt nicht zutiefst menschlich, sondern er hat menschlich versagt. Besser ist, ihn überhaupt aus den Verkehr zu ziehen und den Steuerungsablauf von Zügen gänzlich den elektronischen Leitsystemen zu überlassen. Den Einfluß des Menschen, der den reibungslosen Ablauf technischer Prozeduren also nur stören und hemmen kann, möglichst gering zu halten, ist selbst ein ganz wesentliches Ziel der Automatisierung – vom Bankomaten, der sich nicht verzählt, bis zur Elektronik im Automobil, die die Fehler des Fahrers stillschweigend korrigiert. Natürlich kann man die These vertreten, daß durch diese Automatisierungsprozesse der Mensch frei wird für wichtigere, ihm angemessenere Dinge; man darf sich allerdings fragen, warum von dieser Freiheit in der sozialen Welt der technischen Zivilisation so wenig zu spüren ist und ganz im Gegenteil mit dem fortschreitenden Automatisierungsgrad der Anpassungsdruck auf die Menschen, sich bis ins Intimleben den technischen Parametern ihrer Umwelt anzupassen, steigt.

Natürlich: Anders wußte, daß die Möglichkeiten der Automatisierung auch immense Vorteile mit sich bringen, ja ein Menschheitstraum in Erfüllung zu gehen scheint: die Befreiung von der Last der Arbeit. Zwar haben sich die kühnsten diesbezüglichen Utopien noch lange nicht erfüllt, und die meisten Menschen erleben das Verschwinden von Arbeit vorerst einmal als den Verlust ihres Arbeitsplatzes, was nicht mehr Freiheit, sondern Wohlstandsverlust, Unsicherheit und den Zwang zu mehr Flexibilität und Mobilität bedeutet; aber daß sich der Charakter der Arbeit im technologischen Zeitalter grundlegend wandelt, darüber besteht kein Zweifel.[5] Anders sprach schon früh davon, daß die Arbeit, zumindest in jener Bedeutung, die diesem Begriff in der Industriegesellschaft zugekommen war, eine antiquierte Kategorie geworden ist. Mit der Arbeit, so die provozierende These, verschwindet aber auch ein Stück Humanität, denn im Zeitalter der Automatisierung reduziert sich Arbeit auf *Warten* im doppelten Sinn des Wortes: der Arbeiter hat nur noch dafür Sorge zu tragen, daß die Maschinen funktionieren und er wartet auf jenen seltenen Moment eines maschinellen Defekts, der ein Eingreifen notwendig macht. Der Arbeiter wird, so Anders mit einer Anspielung auf Heidegger, zum «Objekthirten» – und das bedeutet, daß ihm selbst der Schweiß mißgönnt bleibt (Antiquiertheit II, S. 95). Arbeit ist unter dieser Perspektive nur negativ bestimmt: Der Arbeiter wartet, daß etwas nicht eintrete: der Defekt. Ein Telos der Arbeit, ein Ziel, ein Plan, eine Tätigkeit – all das verschwindet: «Die Frage ist nicht mehr die, wie man die Früchte der Arbeit gerecht verteilt, sondern wie man die Konsequenzen der Nicht-Arbeit erträglich macht» (Antiquiertheit II, S. 98).

Freilich: das gilt besonders für die klassische industrielle Arbeit, die, wie etwa in der Automobilindustrie, in hohem Maße automatisiert werden konnte. Und das gilt für jene Bereiche von Dienstleistungen, etwa im Bankgewerbe und an Bahnhöfen, die ebenfalls rationeller und billiger durch Automaten erledigt werden können. Aber die jüngste Geschichte hat gezeigt, daß gerade technologische Revolutionen zumindest in Phasen der Konjunktur durchaus auch Arbeit schaffen – aber das Bild von Arbeit insgesamt hat sich gewandelt. Zumindest ihrem äußeren Erscheinungsbild nach sieht Arbeit heute überall gleich aus: es ist eine entkörperlichte Arbeit. Egal, ob Menschen gerade Gene sequenzieren, ein Gebäude entwerfen, einen Blinddarm operieren, ein Buch schreiben, den Staat verwalten, eine neue Mode kreieren – immer sitzen sie regungslos hinter einem

Bildschirm und bewegen gerade noch mit einer Hand die Computermaus. Die anthropologische Konstitution des Menschen verlangt allerdings danach, daß er seinen noch nicht vollständig technifizierten Leib zumindest hin und wieder spüren kann. Die psychischen und physischen Defizite der automatisierten und digitalisierten Arbeit müssen also kompensiert werden – und eine der größten Kompensationsmaschinerien ist der Sport. Günther Anders legte in diesem Kontext schon vor Jahren die Konturen einer Philosophie des Sports fest, an die zu erinnern gerade in einer Zeit, in der Sportereignisse nicht nur zu den medienwirksamsten Veranstaltungen zählen, sondern in der auch Fitneß, trainierte Körper und physische Leistungsfähigkeit zu entscheidenden Idealen der rezenten Kultur geworden sind, sinnvoll sein kann.

Die Kernthese von Anders lautet: «Je anstrengungsloser Arbeiten wird, desto mehr muß der Mensch, der *wesensmäßig* für Arbeiten gebaut ist, seine absolut unverzichtbare Anstrengung und die dazugehörige, ebenso unverzichtbare *voluptas laborandi* nachholen; er muß diese also in seine Freizeit verlegen.» (Antiquiertheit II, S. 103) Je leichter die Arbeit, desto schwerer wird es in der Freizeit. Anders wies – wie kritisch man der wesensmäßigen Bestimmung des Menschen als Arbeitenden, als *animal laborans*, auch gegenüberstehen mag – zumindest darauf hin, daß die Idee von Freizeit als tatsächlich freier Zeit eine Fiktion ist. Was in der Freizeit an Kompensationsleistungen erbracht werden muß, ist immer schon negativ durch die Strukturierung der Arbeitszeit vorgeprägt. All das, was zumindest der lohnabhängigen Mehrheit der Menschen in der Arbeit verweigert wird: körperliche Anstrengung, das Erreichen selbst gesteckter Ziele, das Kämpfen gegen eine Konkurrenz, die Auseinandersetzung mit der Natur, Identitätsbestätigungen, Gewinnung von Selbstbewußtsein, wird ihnen im Sport ermöglicht. Sport ist «Konkurrenz fürs Volk», schrieb Anders zynisch, und der Sport befriedigt, in Form von Clubgemeinschaften, auch noch das Bedürfnis nach Zugehörigkeit und Solidarität. Wo der Arbeiter am Arbeitsplatz längst solistisch und unsolidarisch agieren muß, falls er nicht ohnehin arbeitslos ist, wird sein «Solidaritätsdurst» durch den Verein befriedigt. Solidarisch ist er längst nicht mehr *als* Arbeiter, sondern nur noch *als* Vereinsmitglied, *als* Mitglied eines Fanclubs. Sport kompensiert, lenkt ab und ist dabei doch die Fortsetzung der Arbeitswelt mit anderen Mitteln. Das bedeutet nicht nur, daß Leistungswille, Streß und harte Arbeit an den eigenen Körpern die sogenannte Freizeit dominieren, die damit zum Gegenteil von dem wird, was die Antike noch Muße genannt hatte, das bedeutet auch, daß dieses Freizeitverhalten von jenem Verhältnis zu den Geräten dominiert ist, das auch die Arbeitswelt kennzeichnet. Kein Fitneßstudio kommt ohne High-Tech-Equipment aus, Mikroprozessoren sind überall im Einsatz, sie überwachen vom Pulsschlag über die Schweißabsonderung bis zur Trittfrequenz alle meßbaren Dimensionen einer körperlichen Betätigung und spiegeln diese dem Freizeitsportler am Bildschirm in digitalisierter Form wider. Gerade die Entwicklung im Bereich des Freizeitsports stellt so eine Bestätigung der These von Günther Anders dar, daß sich im Sport der Mensch das an körperlicher Aktivität zurückholt, was ihm in der automatisierten Arbeit verweigert wird, ohne daß er den Geräten und ihren Imperativen dabei entkäme.

Entscheidend also sind die Geräte, die «Dinge» geworden, mit denen wir uns in der Arbeit, in der Freizeit und im Privatleben umgeben – Bereiche, die immer weniger scharf voneinander getrennt werden können. Die von Anders geforderte «Soziologie der Dinge», die eine Analyse der vernetzten technischen Systeme als den Grundlagen von Gesellschaftlichkeit intendierte, wäre deshalb – Anders scheute sich nicht, die Sache beim Namen zu nennen – durch eine «Dingpsychologie» zu komplettieren: durch die Beschreibung und Analyse der emotionalen Beziehungen zwischen Mensch und Maschine, «womit freilich nur gemeint sein kann: die Art, in der wir uns von unseren Dingen behandelt vorkommen» (Antiquiertheit II, S. 60). Im Gegensatz zur Rolle, die die Beziehungen zu Dingen und Apparaten in der herkömmlichen, vor allem tiefenpsychologischen Interpretation spielen – nämlich eine therapiebedürftige Ersatzbefriedigung ursprünglicher Motive zu sein –, ist das emotionale Verhältnis zwischen Mensch und Maschine für Anders selbst ein authentisches – vielleicht *die* authentische Beziehung unseres Zeitalters. Wer sein Auto mehr liebt als eine Frau, lieber mit einem PC kommuniziert als mit einem Menschen, wäre also nicht gestört, sondern wahrhaft Zeitgenosse. Beziehungen zwischen Menschen, wenn nicht wenigstens ein technisches Medium dazwischengeschaltet ist, scheinen so ebenfalls antiquiert zu sein. Mit dem Nachbarn oder einem Menschen auf der Straße einfach nur so zu sprechen gilt nicht gerade als chic. Der Erfolg von *Chat-Rooms* und Mobiltelephonen mag so auch mindestens so viel mit der Lust am Ausreizen technischer Möglichkeiten zu tun haben wie mit dem Bedürfnis nach einer einigermaßen risikolosen, weil technisch vermittelten Kommunikation.

Der Leib – und mit der Zunahme von künstlicher Intelligenz muß man heute wohl hinzusetzen, auch der Geist – bleibt allerdings nicht nur hinter den Geräten zurück, er wird auch, so gut es geht, nach deren Bedürfnissen produziert und reproduziert: «Was aus dem Leib werden soll, ist also jeweils durch das Gerät festgelegt; durch das, was das Gerät verlangt.» (Antiquiertheit I, S. 39) Produktion des Leibes heißt dabei nicht nur die Anpassung des Körpers und seiner Funktionen an die Mechanismen der Maschinerie durch Gewöhnung und Training, Erziehung und Konditionierung, sondern meint in letzter Konsequenz auch die chirurgische und die genetische Veränderung des Körpers: «Die Experimente des *Human Engineering* sind wirklich die Initiationsriten des Roboterzeitalters» (Antiquiertheit I, S. 41). Als Anders dies formulierte, war die Frage nach der physischen Manipulation des Menschen bestenfalls ein Thema für Science-Fiction-Autoren. So schrieb etwa Stanislaw Lem, den Anders übrigens einmal einen der authentischen Philosophen des technischen Zeitalters genannt hat (Antiquiertheit II, S. 425), in seiner *Summa Technologiae*: «Der Mensch ist heute das unzuverlässigste Element an den von ihm geschaffenen Maschinen und zugleich das – in mechanischer Hinsicht – schwächste Glied in den von ihm in Gang gesetzten Prozessen.»[6] Und Lem spielte dann auch ein paar Möglichkeiten durch, Menschen mit technischen Versatzstücken so zu verbessern und zu «rekonstruieren», daß dieses Gefälle zwischen Mensch und Maschine wenigstens einigermaßen ausgeglichen werden kann, der Mensch hinter den Möglichkeiten seiner Maschinen nicht völlig zurückbleibt – Phantasien, die von der Wirklichkeit sukzessive eingeholt werden, wenngleich in einer etwas anderen Form als gedacht.

Wie immer man die zukünftigen Möglichkeiten einer genetischen Manipulation des Menschen und die Chancen, Mensch und Maschine zu verschmelzen und jenen Cyborg zu kreieren, der die phantastische Literatur und auch die Philosophie und Anthropologie seit langem umtreibt, auch einschätzen mag – die darin sichtbaren Tendenzen bestätigen implizit die Anderssche These vom prometheischen Gefälle. Denn die Versuche, den Menschen genetisch zu verbessern, mit leistungsfähigeren künstlichen Organen oder mit miniaturisierten Maschinen auszustatten, können auch als Strategien gewertet werden, das prometheische Gefälle wieder auszugleichen. Gäbe es nicht die unausgesprochene Übereinkunft, im Menschen ein prinzipiell defizitäres Wesen zu sehen, würden transhominide Perspektiven kaum jene Euphorien auslösen, die allenthalben zu beobachten sind. Und daß, wie von Anders prognostiziert, die Maßstäbe für die Verbesserung des Menschen nahezu ausschließlich in dem liegen, was die Geräte an Langlebigkeit, Haltbarkeit, Reproduzierbarkeit, Rechenleistung und Speicherkapazität vorgeben, wird durch nahezu alle Projekte und Utopien bestätigt, die über die zukünftigen Konfigurations- und Transformationsmöglichkeiten des Menschen entworfen werden. Vom aus Stammzellen gewonnenen Organersatzteillager über die Verbesserung der Hirnleistungen durch implantierte Mikroprozessoren bis hin zur technischen Reproduzierbarkeit des Menschen durch Klonen reicht die Palette von Strategien und Modellen, die aus dem Arsenal der Automaten und Geräte stammen.

Neben der Unterlegenheit des Menschen vor der Maschinerie aufgrund mangelnder physischer und psychischer Adaptionsfähigkeit hatte Günther Anders so auch schon vor Jahrzehnten eine «zweite Inferiorität» des Menschen konstatiert: dem Menschen mangle es an der «industriellen Re-inkarnation», an der «Serienexistenz der Produkte». Der Mensch ist, gemessen am Standard seiner Produkte, ein singuläres Exemplar, unverwechselbar und sterblich. Anders sprach mit der ihm eigentümlichen Schärfe von einer «Malaise der Einzigkeit». (Antiquiertheit I, S. 50 f.) Das, was lange als «Credo jeder Humanität» galt, die Bedeutung und Unersetzbarkeit des Individuums, muß im Zeitalter serieller Produktion als eklatanter Mangel empfunden werden. Die Zufälligkeit des Geborenwerdens und die Einmaligkeit des Daseins wird, gemessen an dem industriell-technischen Ideal – der Produktion und Reproduktion des Identischen mit identischen Mitteln unter identischen Bedingungen – zum Makel.

Im Universum der perfekten und seriell hergestellten Maschinen erfährt der Mensch Individuation, die Selbstbegegnung, in der er sich als unverwechselbar erkennt, denn auch nur dann, wenn die Arbeit an und mit der Maschine nicht mehr reibungslos abläuft, sondern «schlagartig mißlingt»: Das Ich artikuliert sich – aber als Versager (Antiquiertheit I, S. 91). Nur in der Abweichung von der Norm, im Nichtfunktionieren wird der Mensch auf seine individuelle Besonderheit zurückgestoßen. Ein Indiz, der Malaise der Einzigartigkeit gleichsam privatim zu entgehen, sah Anders übrigens in der verbreiteten Sucht, alles und jedes mit Hilfe eines Fotoapparates im Bild festzuhalten und sich damit prinzipiell permanent reproduzierbar zu machen. «Ikonomanie» – Bildsucht nannte er dieses «Schlüsselphänomen» unseres Zeitalters, das eine suggestive Als-ob-Unsterblichkeit und technische Reproduzierbarkeit verspricht (Antiquiertheit I, S. 56 f.). Die Weiterentwicklung dieser Ikonomanie durch digitale Fotoapparate, Camcorders und Webcams, die es erlauben, im virtuellen Raum eine permanente, künstlich gestaltete und jederzeit reproduzierbare zweite Existenz zu führen, könnte durchaus als Fortsetzung der von Anders diagnostizierten Ikonomanie interpretiert werden.

An der Beseitigung dieser Malaise der Einzigartigkeit wird, so könnte man einige Entwicklungen der letzten Jahre und Jahrzehnte zusammenfassen, heftig gearbeitet. Anders selbst hatte schon eine zunehmende «Antiquiertheit des Individuums» konstatiert, bedingt durch die Angleichung der Bewußtseinsstrukturen infolge des «sanften Terrors» der Unterhaltungsindustrien, der auf den Konformismus als Gesellschaftsform abzielt und letztlich überall nur mehr funktional austauschbare Arbeitskräfte und Konsumenten mit identischen Bedürfnissen und Wünschen erzeugt und jede wirkliche Individualität, trotz gegenteiliger Rhetorik, sabotiert (Antiquiertheit II, S. 152 ff.). Nimmt man noch die Vereinheitlichung der Arbeit durch die Digitalisierung und die gentechnische Perspektive asexueller Reproduktion des Menschen hinzu, so könnte dies auch als Bestätigung einer Tendenz gewertet werden, die darauf abzielt, Endlichkeit und Einzigartigkeit sukzessive tatsächlich außer Kraft zu setzen. Gerade das vieldiskutierte Klonen von Menschen, dem keine medizinische oder soziale Not entspricht – die Menschheit steht ja nicht gerade vor dem Problem, sich auf herkömmliche Art und Weise als Gattung nicht mehr fortpflanzen zu können –, könnte auch als dramatischer Beweis für Anders' These gewertet werden, daß wir Einzigartigkeit als Makel empfinden. Das Klonen erlaubt es, identische Duplikate eines Menschen auf technische Art zu fabrizieren. Und das Überraschende dabei ist, daß die Propagandisten dieses Verfahrens durchaus so wie Anders argumentieren, allerdings mit positivem Vorzeichen: daß das Klonen eine Möglichkeit darstelle, ein Wesen bioindustriell zu vervielfältigen. Daß bei diesen Phantasien die genetische Identität als Identität schlechthin beschworen und darauf vergessen wird, daß auch genidentische Klone durchaus individuelle Bewußtseinsstrukturen und Persönlichkeiten entwickeln könnten, ist dabei nur ein schwacher Trost. Die in der Postmoderne seinerzeit gerne gehaltene Rede vom «Tod des Subjekts» – was immer vom

Standpunkt einer Bewußtseinsphilosophie damals auch theoretisch dagegen eingewendet werden konnte[7] – hatte und hat ihre polit-ökonomische und psychosoziale Korrespondenz. Auf Subjektivität als kritischen Faktor zu setzen, kann sich vielleicht wirklich nur mehr auf die einmal von Günther Anders geäußerte Vermutung stützen, daß wir «unfähig» seien, beim Prozeß des «Ruiniertwerdens» ganz mitzukommen: «Nicht unserer Stärke verdanken wir das also, sondern ausschließlich unserer Schwäche» (Antiquiertheit II, S. 155). Als unverwechselbares Subjekt erfährt man sich nur noch, wenn man nicht mehr mitkommt.

Allerdings: während Anders – und dies macht den moralisierenden Unterton seiner Analysen aus – immer wieder durchblicken ließ, daß durch diese Adaptionen des Menschen an die Maschine und durch die Ideale der technischen Produzierbarkeit und Reproduzierbarkeit das *Humanum* selbst tendenziell ausgelöscht werde, sehen viele Zeitgenossen darin die einzige Möglichkeit, die durch Geburt, Leiblichkeit und Tod gesetzten Beschränkungen der Gattung Mensch und deren Differenz zum Universum der Maschinen aufzuheben und damit genau jenem Paradigma von Freiheit und Künstlichkeit zu folgen, das der junge Anders in seiner negativen Anthropologie selbst proklamiert hatte. Günther Anders war allerdings auch später weit davon entfernt, die Veränderungen des Menschen deshalb zu kritisieren, weil damit ein metaphysischer Wesensbegriff des Menschen oder eine ominöse Natürlichkeit verletzt würden: «Keine Position liegt mir ferner als die des *metaphysischen Ethikers*, der das Seiende, weil es [...] so ist, wie es ist, als *gut*, als *gebotenen status quo* betrachtet [...]. Die Chancen für eine *metaphysische Moral* sind längst verspielt» (Antiquiertheit I, S. 45). Ihm ging es nicht darum, eine unveränderbare Seinsweise des Menschen zu proklamieren oder vorzuschreiben, was Menschsein heißen kann; ihm ging es um den Verdacht, daß gerade die vom Menschen selbst erzeugten technischen Zwänge die Unfestgelegtheit des Menschen, seine Offenheit und Freiheit sabotieren und ihn, wenn nicht dem Diktat der Natur, so doch dem der Maschine unterwerfen: «Nein, grundsätzlich neu und unerhört ist die Alterierung unseres Leibes nicht deshalb, weil wir damit auf unser ‹morphologisches Schicksal› verzichten oder die uns vorgesehene Leistungsgrenze transzendierten, sondern weil wir die Selbstverwandlung unseren Geräten zuliebe durchführen, weil wir diese zum Modell unserer Alterierungen machen; also auf uns selbst als Maßstab verzichten und damit unsere Freiheit einschränken oder aufgeben.» (Antiquiertheit I, S. 46 f.) Anders kritisiert die Anpassung des Menschen an die Bedürfnisse der Technik, gerade weil er an dem Satz des Protagoras, nach dem der Mensch das Maß aller Dinge sei, festhalten will. Angesichts der Perfektibilität seiner Produkte vergißt der moderne Prometheus allerdings seinen Stolz, seine Souveränität und seine Freiheit. Mit einer seiner pointierten paradoxen Formulierungen nannte Anders diese «angepaßte Selbsterniedrigung» des Menschen vor seinen Geräten eine «hybride Demut» (Antiquiertheit I, S. 47).

Der Mensch ist größer als er selbst. Was er herstellt, übertrifft ihn um ein Vielfaches, und die Konsequenzen des Hergestellten sind für den Menschen nicht mehr vorstellbar. Auf diese «prometheische Differenz» hat Anders sein technikphilosophisches Hauptaugenmerk gerichtet. Seine Analysen zielten darauf ab, sich dieses Gefälle zwischen Herstellen und Vorstellen tatsächlich bewußt zu machen, es im tiefsten Sinne zu begreifen. Daß dafür weder quantifizierende Beschreibungen noch rein empirische Bestandsaufnahmen ausreichen, war für Anders der Ausgangspunkt seiner Forderung, daß so etwas wie eine reflektierte Phantasie notwendig sei, eine Imaginationskraft, die genau jenes Vorstellen der innersten Konsequenzen technologischer Entwicklungen ermöglicht, dem sich die pure Vorhandenheit der Geräte verweigert. Seine eigene philosophische Methode bezeichnete er denn auch einmal als «prognostische Hermeneutik» (Antiquiertheit II, S. 424 f.) – die Auslegung dessen, was erwartet werden muß.[8] Die letztlich vielleicht doch von der Phänomenologie inspirierte Analyse, die die Struktur und die immanenten Konsequenzen der Geräte aufweist, stellt dazu eine methodische Voraussetzung dar, auch wenn Anders in der Phantasie, in der Schulung des Vorstellungsvermögens die Voraussetzung für eine zeitdiagnostische Analyse sehen wollte. In *Sprache und Endzeit*, einer der letzten von ihm noch zu Lebzeiten publizierten Arbeiten, hat er an der Möglichkeit solch eines Verfahrens allerdings zu zweifeln begonnen: «Offenbar gibt es nicht nur die Diskrepanz zwischen unserer unzulänglich bleibenden ‹Vorstellung› und der enormen Größe dessen, was wir ‹herstellen› können, also nicht nur jene Diskrepanz, die ich vor Jahrzehnten das ‹prometheische Gefälle› genannt hatte, sondern auch ein Gefälle zwischen der zurückbleibenden Sprache und Enormität unserer ‹Werke›; der Enormität, die wir eigentlich zur Sprache bringen müssen – womit ich meine, daß wir, wenn uns das nicht gelingt, verloren sein könnten; oder daß wir, weil uns das nicht gelingt, Verlorene sind.» (Sprache und Endzeit VI, S. 19) Da für Anders die Fähigkeit des Fühlens und die Imaginationskraft an Sprache gekoppelt sind – was wir nicht formulieren können, können wir auch nicht erleben –, mußte die noch im ersten Band der *Antiquiertheit* vorgeschlagene Strategie revidiert werden. Damals hatte Anders als ersten Schritt ein «Exerzitium» gefordert, eine konzentrierte «Ausbildung der moralischen Phantasie», die es möglich machen sollte, die Diskrepanz zwischen Vorstellen und Herstellen zu überwinden und die tatsächlichen Folgen unseres Tuns kognitiv und emotional zu antizipieren, und damit auch das Gefühl für die Wahrnehmung des Undenkbaren zu schulen (Atomare Drohung, S. 97). Dazu allerdings bedürfte es einer förmlichen Einübung, handelt es sich doch um «Überdehnungen» der gewohnten Phantasie und der alltäglichen Gefühlsleistungen (Antiquiertheit I, S. 274). Später hat Anders die Differenz von Herstellen und Vorstellen fundamentaler, nämlich nahezu als eine anthropologisch verankerte bestimmt: «Unsere conditio humana besteht nicht so sehr [...] im Hinterherzockeln, im Zurückbleiben unserer Phantasie hinter unseren technischen Leistungen; sondern umgekehrt in der Fähigkeit (zu der wir sogar verurteilt sind), unsere emotionale

71

und imaginative ‹proportio humana› zu übersteigen.» (Sprache und Endzeit V, S. 67) Die schon in seinen ersten Entwürfen zur Anthropologie formulierte Notwendigkeit des Menschen, sich eine künstliche Welt zu schaffen, schlägt hier um in eine supponierte prinzipielle Inadäquanz der psychischen und kognitiven Grundstruktur menschlichen Daseins gegenüber diesen künstlichen Welten.

Wie aber begegnet der Mensch im Alltag dem immer perfekter, schneller und komplexer werdenden Gerätepark, mit dem er sich manchmal vielleicht lustvoll, manchmal eher gezwungenermaßen umgibt? Günther Anders hatte frühzeitig eine «Dingpsychologie» gefordert, um auch die emotionale Seite des Verhältnisses zwischen Mensch und Maschine zu analysieren. Er selbst hatte zu dieser Dingpsychologie einen fundamentalen, allerdings höchst umstrittenen und fragwürdigen Beitrag geliefert: Die allgemeine, unmittelbare und alltägliche emotionale Reaktionsweise des Menschen aber auf die zunehmende Perfektion seiner Produkte ist – Scham. Anders spricht, in Analogie zum prometheischen Gefälle, von der «prometheischen Scham», die den Menschen angesichts seiner Produkte befalle: Nicht mehr stolz kann der Mensch sein auf seine Geschöpfe, auch nicht der Trotz, der noch Goethes Prometheus auszeichnete, ist für ihn charakteristisch, sondern die «Scham vor der *beschämend* hohen Qualität der selbstgemachten Dinge», die nach Anders sogar umschlagen kann in die existentielle Scham, «geworden, statt gemacht zu sein» (Antiquiertheit I, S. 23 f.).

Um dem Begriff der «prometheischen Scham» gerecht zu werden, ist es vielleicht notwendig, überhaupt auf Günther Anders' Analyse, besser: Phänomenologie der Scham zu verweisen. Scham war für Anders schon in seinen frühen anthropologischen Studien eine zentrale existentielle Kategorie: die Scham, die den Menschen angesichts der Tatsache befällt, daß er für seine Existenz nichts kann und alle Versuche, eine Identität zu gewinnen, von der Kontingenz seines Daseins kontaminiert bleiben werden. In der 1946 entstandenen, aber erst 1987 publizierten heiter-besinnlichen Verserzählung *Mariechen*.

*Eine Gutenachtgeschichte für Liebende, Philosophen und An-
gehörige anderer Berufsgruppen* hat Anders diesem Gedanken
einen schönen Ausdruck verliehen: «Denn der Schämende be-
zeugt halt / das Mißlingen des Versuches, / mit sich selber eins
zu werden» (Mariechen, S. 58). Inwieweit diese Definition der
Scham auch eine starke autobiographische Dimension aufweist,
die, wie schon angedeutet, in Anders' Bestreben, sich vom mit-
gegebenen Vaternamen zu lösen und sich einen eigenen Namen zu machen, eine Wurzel haben mag, bleibe an dieser Stelle
dahingestellt.[9] In einer Tagebuchaufzeichnung vom 22. Februar 1949 gibt Anders dann der spezifisch sexuellen Scham
eine paradoxe Wendung: «Das Eigentümliche, eben der *hegel-
sche Zug* am Sexus, besteht darin, daß gerade das, was uns gemein ist, ‹was uns eint› [das Geschlecht], als das Private, ja, als
das Privatissimum gilt» (Lieben gestern, S. 81). Das Individuum schämt sich also des nicht-individuellen Aspekts seines
Seins und macht diesen nach Anders zum unsichtbaren, dadurch privatesten Teil, den es dann auch «die Scham» nennt.
Hier entspringt die Scham also dem Unvermögen, das Besondere der Individualität mit dem Allgemeinen des Geschlechts
in Einklang zu bringen. Die in diesen Überlegungen immer
schon implizierte Identitätsstörung wird für Anders zum An-
gelpunkt seiner phänomenologischen Analyse des Schamge-
fühls. Durch drei Momente ist danach das Wesen der Scham gekennzeichnet: 1. durch einen Selbstbezug, der «grundsätzlich
scheitert»: Scham ist immer eine «Verstörtheit» sich selbst
gegenüber. 2. Die Scham ist von einer «Doppel-intentiona-
lität» gekennzeichnet, sie ist nicht nur dem auslösenden Gegenstand – dem Makel – zugewandt, sondern immer auch der darüber urteilenden Instanz, *vor* der man sich schämt: die Scham
enthält immer auch ein «coram». 3. Die Scham ist auch «negativ
intentional», weil das Ich des Schämenden die Instanz eigentlich fliehen will, aber nicht fliehen kann: «(Das Ich) sieht nicht
nur, es wird auch gesehen; es intendiert nicht nur, es wird auch
intendiert». Der sich Schämende ist immer einer, der gesehen
wird, aber nicht gesehen werden will (Antiquiertheit I, S. 65 ff.).

In der Scham, so Anders resümierend, erfährt sich der Mensch als etwas, was er nicht ist, nicht sein will, aber auf unentrinnbare Weise doch ist. Die Scham entsteht in dem Augenblick, in dem der Mensch erkennt, daß etwas an ihm ist, das er nicht sein will, es aber trotzdem vor anderen – dem Tribunal – vertreten muß: Der Bucklige schämt sich seines Buckels. Aber, so Anders in einer erhellenden Wendung: «Nicht obwohl, sondern weil er nichts dafür kann, schämt sich der Bucklige des Buckels». Das «Es», dessen wir uns schämen, ist – umfassender als im Freudschen Sinne – tatsächlich alles, was nicht dem Ich entspringt oder seiner Kontrolle unterliegt – die «ontische Mitgift». Ihre Unausweichlichkeit ist ein zusätzliches Moment von Scham, «sich schämen bedeutet also: nichts dagegen tun können, daß man nichts dafür kann» (Antiquiertheit I, S. 69 f.). Um unter diesem Blickwinkel noch einmal zur sexuellen Dimension der Scham zurückzukehren: Wer sich seiner Geschlechtlichkeit schämt, schämt sich der Unausweichlichkeit des Gattungsmäßigen, des Vorindividuellen an sich selbst. Der Wunsch, das Geschlecht zu ändern, könnte dann auch als der radikalste Versuch interpretiert werden, dieser Scham zu trotzen, die ontische Mitgift nicht zu akzeptieren und auch die Zugehörigkeit zu einem Geschlecht, vielleicht auch zu beiden Geschlechtern zur Aufgabe des eigenen Willens und Handelns zu machen – wenn es nicht anders geht, natürlich mit Hilfe der dafür entwickelten chemischen und chirurgischen Technologien.

Auch wenn man dieser zum Teil vielleicht verblüffenden Analyse der Scham zustimmt, scheint es doch gewagt zu sein, das Verhältnis des Menschen zu den von ihm konstruierten und bedienten Geräten mit eben diesem Begriff der Scham beschreiben zu wollen. Dies gelang Anders auch nur, indem er den Apparat, die Maschinerie, in der der Mensch als Gerät mitfunktioniert, als Teil des «Es» interpretierte (Antiquiertheit I, S. 82). Dieses «Apparat-Es» muß förmlich in den Leib inkorporiert sein, um im Moment des jähen Schreckens als fremder Teil seines Selbst, als jemand, der man ist und nicht ist, empfunden zu werden und darüber Scham entstehen zu lassen – Scham vor den anderen Menschen, die dieses Verhältnisses gewahr werden könnten, und Scham vor dem Gerät selbst, das höhnisch auf jenen zu blicken scheint, der sich in seiner Differenz zum Gerät schämend begegnet, weil er im Vergleich mit diesem versagen mußte. Entweder, so Anders mit Verweis auf Charlie Chaplins Filmklassiker *Modern Times*, entdeckt sich der Mensch in diesem Akt als Teil eines Geräts; oder aber, er, der Gerät sein will, entdeckt sich als maschinennonkonformes Ich: «Im ersten Fall begegnet das Ich sich als Es; im zweiten das Es sich als Ich» (Antiquiertheit I, S. 89). Beide Formen der Identitätsstörung produzieren nach Anders die «prometheische Scham».

Die Scham entsteht also nicht nur aus dem Gefühl, daß Apparate mehr können als Menschen. Daß Autos schneller fahren als Menschen laufen und auf Festplatten mehr Daten gespeichert werden können, als ein menschliches Gedächtnis aktuell bereithalten kann, vermag kaum jemanden existentiell zu verstören, obwohl die endlosen Debatten darüber, ob und wann digitale Rechenmaschinen die Kapazität des menschlichen Gehirns erreicht haben werden, auch unterschwellig von diesem Schamdiskurs gekennzeichnet sind. Aber dieses Gefühl wird erst dann entscheidend, wenn das technische Gerät selbst als Moment des eigenen Ich interpretiert wird und dieses mit jenem nicht in Einklang zu bringen ist, also eine Form jener Identitätsstörung vorliegt, die nach Anders alle Scham fundiert. Die Scham bricht dort auf, wo man wieder einmal etwas falsch gemacht hat, sich dem Gerät nicht gewachsen zeigte, überfordert war von dem, was die Maschine, mit der man doch eine schlagkräftige Einheit bilden wollte, einem abverlangte. Wer bei der Bedienung dieser Geräte versagt, ist nicht mehr konkurrenzfähig, hat – brutal gesprochen – keine Daseinsberechtigung mehr, welche sonstigen menschlichen Qualitäten er auch immer aufweisen mag. Die Bezeichnungen, die sich für solche Maschinen eingebürgert haben – vom *Personal Computer* über den *Personal Assistent* bis zum *Handy* –, und die starke Betonung des innigen Verhältnisses zwischen dem *User* und seinem Gerät zumindest in der Werbung für diese Apparate stellt übrigens ein weiteres Indiz dafür dar, daß Anders zumindest mit der These von der sukzessiven Integration der Apparate in das Subjektgefüge des Menschen durchaus richtig gelegen hatte.

Es mag heute allerdings schon fast wie ein Kuriosum anmuten, daß Günther Anders diese Internalisierung der Apparate, Bedingung und Ursache der prometheischen Scham, an einem Phänomen der Musikkultur zu demonstrieren suchte: am Jazz. Jazz war für Anders Ausdruck einer säkularen «Industrie-Religion», «ekstatische Opfertänze, die dem Baal jeder Maschine zu Ehren kultisch zelebriert werden». In seinen Synkopen symbolisiert sich die «pausenlose und nicht lockerlassende Obstinatheit, mit der die Maschine dem Rhythmus des Leibes ins Wort fällt» (Antiquiertheit I, S. 84). Diese eigensinnige, später allerdings etwas relativierte Deutung des Jazz – für Anders wohl noch ein Sammelbegriff für *Popular Music* – erlaubte ihm nebenbei einige grundsätzliche Bemerkungen zur Differenz von E- und U-Musik überhaupt, die nicht nur auf Anders' nie weiter verfolgte Passion für Musikphilosophie verweisen,[10] sondern bis heute auch kritisch jener Auffassung entgegengehalten werden können, die die Trennung von sogenannter E- und U-Musik überhaupt aufgehoben haben möchte: «Es gibt nichts Unernsteres als die Wirkung ernster Musik. Nichts Ernsteres dagegen, daß heißt: nichts Folgenschwereres, nichts Gefährlicheres, nichts Zerstörerischeres als den Effekt dieser so gerne als ‹unernst› abgefertigten. Denn diese stellt eben einen wirklichen Eingriff dar, [...] weil die Seinsart, in die sie die Menschen hineinsteigert, eben die der Maschine ist» (Antiquiertheit I, S. 87).

Der «motorische Mitvollzug», ansonsten immer als Apologie stampfender Rhythmen zitiert, wird hier radikal als Symbol und Symptom der Selbstangleichung des Menschen an seine Maschinenwelt kritisiert. Ähnliches hatte übrigens auch Adornos umstrittene Deutung des Jazz enthalten: «Der Jazz entwirft Schemata eines gesellschaftlichen Verhaltens, zu dem die Menschen ohnehin genötigt sind».[11] Die Angleichungen an die Bewegungsgesetze der Maschine sind nach Anders letztlich Formen der «Selbstverdinglichung», deren Anfang für ihn schon in der Tendenz spürbar ist, den eigenen Körper als ein zu bearbeitendes Ding aufzufassen, ihn herzurichten: das Make-up als Form von Selbstverdinglichung, «denn als *nackt* gilt heute nicht der unbekleidete Leib, sondern der unbearbeitete» (Antiquiertheit I, S. 30f.). Was man so für den Jazz kaum mehr gelten lassen wird, stellt doch in seiner Logik eine Argumentationsstruktur dar, die bei massenkulturellen Innovationen immer wieder in Anschlag gebracht werden kann: daß in der Sphäre der Unterhaltungskultur jene Verhaltensweisen, Codes und Formatierungen des Leibes kritiklos eingeübt werden, die wenig später auch die Realität dominieren werden. Nicht wenige Kritiker sahen dann auch in Reality-Shows wie *Big Brother* oder *Taxi Orange* den Versuch, die Menschen auf spielerische Art und Weise schon einmal an die Situation des ständigen Beobachtetwerdens im zukünftigen Überwachungsstaat zu gewöhnen – wozu auch gehört, das beobachtende Auge, die Kamera, nicht mehr als fremden Blick, als Publikum, sondern als Moment seines Interieurs zu akzeptieren. Die für manche frappante Unbefangenheit, mit der sich junge Menschen diesen Kameras und der daran angeschlossenen Öffentlichkeit bis in ihre intimen Verrichtungen präsentierten, könnte übrigens auch als eine inverse Bestätigung der prometheischen Scham gelesen werden: die Bewohner der Container waren auf eine völlig neue Art und im Wortsinn scham-los – die Herstellung der Identität von Mensch und Beobachtungsmaschine schien offenbar geglückt, der Scham war ihre Basis entzogen.

Die Entdeckung und Analyse der «prometheischen Scham» läßt einige Konturen erkennen, die sich bei Anders in den weiteren Analysen der technischen Zivilisation noch verdeutlichen werden, auch dann, wenn, wie er später selbst einräumte, dieses Gefühl der unmittelbaren Scham nicht in dem Maß im alltäglichen Umgang mit Maschinen aufzutreten pflegt, wie er ursprünglich vermutet hatte. «Vielleicht», so formulierte Anders einmal rückblickend, «muß ich also diese Scham-These revozieren. Nicht revoziere ich hingegen, daß auch dann, wenn Scham dieser Art nicht verspürt werden sollte, das vorliegt, was die englische Sprache *shame* nennt: nämlich eine Schande.» (Antiquiertheit II, S. 433 f.)

Die virtuelle Realität

Was Günther Anders, betrachtet man das Verhältnis des Menschen zu seiner Gerätewelt, allgemein gefordert hatte, nämlich eine Soziologie und Psychologie der Dinge, hat er selbst exemplarisch an einer der vielleicht universellsten Maschinen des technischen Zeitalters durchgeführt: am TV-Apparat. Diese Auseinandersetzung mit dem paradigmatischen elektronischen Medium stellt einen Kernpunkt der Philosophie von Günther Anders dar. Ob die aktuelle Medienphilosophie nur aus Fußnoten zu Anders bestehe,[1] bleibe einmal dahingestellt – daß aber die von Anders in den 50er Jahren vorgelegte Theorie des Fernsehens viel von dem antizipiert hat, was die spätere Medienphilosophie umtreiben sollte, müssen mittlerweile auch jene zugestehen, die den kritisch-polemischen Ton bei Anders ganz und gar nicht schätzen.[2] Tatsächlich ist es gegenwärtig kaum möglich, Medientheorie anders als in einem euphorischen, zumindest affirmativen Gestus zu betreiben. Wer sie mit kritischen Reflexionen vorträgt, gilt allemal rasch als Kulturpessimist, zumindest als jemand, der sauertöpfisch den anderen einen Spaß nicht gönnt, den er selbst eben nicht mehr versteht. Moderne Medien sind junge Medien, und hinter jedem Versuch, diese auf den Begriff zu bringen, locken die Untiefen des Generationenkonflikts. In diesem Zusammenhang an die kompromißlose und von unverhohlener Verachtung vorgetragene Theorie des Fernsehens von Günther Anders zu erinnern, mag deshalb gleichermaßen antiquiert wie schon wieder provozierend erscheinen.

Die Analyse von Wahrnehmungsprozessen und die Frage nach der Umstrukturierung von akustischen, später visuellen Perzeptionsformen durch die dazwischengeschalteten neuen Medien stand nahezu am Beginn von Anders' damals noch intendierter philosophischer Laufbahn. Eine frühe, im Jahre 1927 publizierte Arbeit trägt den Titel *Zur Phänomenologie des*

Zuhörens, und mit *Philosophischen Untersuchungen über musikalische Situationen* hatte sich Anders in Frankfurt habilitieren wollen.[3] Anders' frühe Musikphilosophie kann durchaus im Zusammenhang mit seiner späteren Medienkritik gesehen werden – denn die technisch induzierte Veränderung der von ihm analysierten «musikalischen Situation» wird den Anstoß zu seiner intensiven Auseinandersetzung mit dem Radio und dann vor allem mit dem Fernsehen geben.

Die bis heute unveröffentlichten *Philosophischen Untersuchungen über musikalische Situationen* versuchten eine Theorie der Musik zu entwerfen, die weder von der objektivierten Formensprache der Musik noch von ihrer subjektiven Emotionalität ausgeht, sondern an der musikalischen «Situation» phänomenologisch ansetzen wollte. In welcher Situation, in welcher Lage befindet sich jemand, der sich einer Musik aussetzt? Was heißt es, Musik wahrzunehmen, zu hören, aufzunehmen? Welche Situation schafft die Präsenz von Musik für einen Hörenden? Diese Fragen lassen sich nur paradox beantworten, denn das Charakteristische der Musik ist nach Anders, daß sie selbst gerade nicht situativ ist, in keine strengen raum-zeitlichen Koordinaten eingebunden werden kann: «Musik ist notwendig stets bestimmte Unbestimmtheit [...]. Zum Begriff der hier gedeuteten Musik gehört ihr jeweiliges Anderssein, ihr unendliches Weitergehen, die ‹unendliche Melodie›.» (Untersuchungen über musikalische Situationen, S. 95 f.) Anders versuchte dann, diese bestimmte Unbestimmtheit der Musik – die Formulierung erinnert wohl nicht von ungefähr an das wesenlose Wesen des Menschen – wenn nicht zu fixieren, so doch in ihrer Dynamik zu erfassen. Musik erscheint, negativ gesprochen, als Einbruch in die Zeit, als Aufhebung des Zeitflusses, also als «Enklave», als «Zeitakt», als «Wiederholung» und als dadurch evozierte «Stimmung»; positiv formuliert erscheint Musik als eine spezifische Dynamik, als «Bewegung» und «Verwandlung». Das Widersprüchliche an der Musik – im Gegensatz etwa zu Werken der bildenden Kunst – liegt nun darin, daß sie einerseits von außen in den Hörenden eindringt, andererseits aber sofort sein Innerstes affiziert, ihn in eine Stimmung versetzt. Musik ist demnach «nicht eigentlich Medium, sondern bereits *Gegenstand*; aber dieser Gegenstand ist doch wiederum nicht in dem Sinne ‹außen›, daß man sich nun nachträglich noch einmal auf ihn richtete. Die Subjektivität bleibt gleichsam in ihrem lebendigen Fluß, sie unterbricht sich nicht, um sich zu richten auf..., aber sie wird geleitet von jenem objektiven Gebilde.» (Untersuchungen über musikalische Situationen, S. 160) Wenn Anders Musik als geleitete Subjektivität auffaßt, dann unterstreicht dies zweifellos die Erfahrung, daß das musikalische Kunstwerk, das natürlich seine objektive Struktur aufweist, wie keine andere ästhetische Konfiguration das Innenleben des Hörenden unmittelbar tangiert und modifiziert. Es wird nicht nur eine Stimmung transportiert, sondern auch erzeugt.

Diese Analyse mündet bei Anders in eine «Phänomenologie des Tons», deren Kernstück dem rezeptiven Moment der musikalischen Situation gewidmet ist: dem «Lauschen». Mit dieser Kategorie hat Anders ein Phänomen benannt, das, im Gegensatz zum gewöhnlichen Hören, das Moment der Zeitlichkeit in der Musik – ihr «Erklingen» – in die Rezeptionsform selbst integriert. Im Lauschen ist eine gerichtete Aufmerksamkeit des Hörenden gegeben, er wird nicht nur passiv mit einer Folge von Tönen, Klängen, Akkorden konfrontiert, sondern richtet sein Ohr erwartungsvoll und mögliche musikalische Verlaufsformen antizipierend der Musik entgegen: «Das Lauschen [...], das nicht auf den daseienden Ton geht, sondern dem Ertönen entgegenlauscht, bezieht sich ausdrücklich auf die Zeit.» Solches Lauschen ist dann für Anders auch eine «*spezifische* Möglichkeit des Akustischen», die ihr eigentliches Medium in jenem Nichts hat, «in das das Lauschen hineinlauscht»: der Stille; musikalisch gesprochen: der Pause (Untersuchungen über musikalische Situationen, S. 144 ff.). Ohne diese – zweifellos auch noch von Heidegger inspirierte – Musikphilosophie nun weiterführen zu wollen,[4] kann doch angemerkt werden, daß gerade dieses Moment des Lauschens, des aktiven, konzentrierten Zuhörens, das sich in der Stille seinen Ton gleichsam sucht, jene Folie darstellt, vor der Anders die modernen Formen der Unterhaltungsindustrie, die das Lauschen, das konzentrierte Hören grundsätzlich durch ein Übermaß an pulsierenden akustischen Reizen sabotieren, kritisiert.

In denselben Jahren hatte Anders eine mediale Erfahrung gemacht, die heute nur noch nachvollzogen werden kann, wenn man sich in die Situation eines Menschen versetzt, der zum ersten Mal Musik aus einem Radio hört. Anders berichtete einmal: «Ich wohnte damals in Drewitz, in Berlin in einer Vorstadtstraße, und aus allen Fenstern sang dieselbe Tenorstimme».[5] Natürlich – das war zu einer Zeit, als es gerade ein einziges Radioprogramm gab, das diese Tenorstimme ubiquitär erscheinen ließ, so, als spukte es aus allen Fenstern. Die aus diesem Anlaß entstandene Glosse *Spuk im Radio*, Anders' erste kleine medienphilosophische Arbeit, wurde dann in der damals von Theodor W. Adorno redigierten Musikzeitschrift *Anbruch* publiziert. Schon in diesem Text heißt es: «Es ist höchst sonderbar und einer Interpretation bedürftig, daß Technik akzidentiell Spuk mit sich bringen kann». Anders behauptete schon damals, daß eine «programmatische Humanität» nur dort entstehen kann, wo der Mensch die technischen Produkte ignoriert; dort aber, wo er sich «zu ihnen bekennt», versucht, sich genau an diesen Schock des Spukhaften zu gewöhnen, dem «Unmäßigen innerlich sich anzumessen» trachtet, dort wird der Mensch selbst unmenschlich (Spuk und Radio, S. 66). Hier findet sich also zum ersten Mal ein Grundgedanke von Anders ausgesprochen: daß das technische Medium das dem Menschen Gemäße überschreitet und damit tendenziell zerstört. In seiner Studie *Über die musikalische Verwendung des Radios* hatte Adorno später übrigens diesen Gedanken von Anders aufgegriffen und den «Schock der Ubiquität» dafür mitverantwortlich gemacht, «daß die musikalische Erfahrung ihren emphatischen Charakter» verloren habe.[6] Daß die technische Reproduzierbarkeit von Kunst und Wirklichkeit – und damit standen Anders und Adorno quer zu jenen Hoffnungen, die etwa Walter Benjamin in diesen Prozeß setzte[7] – zurückschlägt auf den Gegenstand selbst und seinen Rezipienten, daß das Reproduzierte und sein Konsument negativ verändert werden, war dann eine Einsicht, die Anders vor allem am Phänomen des Fernsehens in intensivierter Form bestätigt fand.

Die im amerikanischen Exil gemachten Erfahrungen mit dem Beginn des Fernsehzeitalters – Anders erzählte gern, damals, 1948 in New York, nur einmal, zufällig, ein paar Minuten ferngesehen zu haben[8] – verdichteten sich zu einer phänomenologischen Analyse des Fernsehens, deren Präzision und Klarsicht die in Euphorie über das neue Medium gefallenen Zeitgenossen verstören mußte. Unter dem klassisch gewordenen, Schopenhauers *Die Welt als Wille und Vorstellung* paraphrasierenden Titel *Die Welt als Phantom und Matrize* hat Anders diesen Essay im ersten Band seiner *Antiquiertheit des Menschen* 1956 veröffentlicht. Den Hintergrund dieser Analyse bildete eine für Anders grundlegende Bildskepsis, die sich bewußt werden wollte, daß die «Hauptkategorie, das Hauptverhängnis, unseres heutigen Daseins *Bild*» heißt (Antiquiertheit II, S. 250).

Der Vorbehalt gegenüber dem Bild war bei Anders tief verwurzelt. Und die elektronisch erzeugten Bilder werden Anders dazu bewegen, seine Vorbehalte gegen das Bild mit all der Schärfe zu formulieren, die auch Bestandteil jener jüdischen Tradition sein mochte, der er sich verbunden fühlte, ohne je in ihr wirklich aufgewachsen zu sein oder gelebt zu haben: «Etwas hat mich von früh auf ans Judentum gebunden, und zwar ein Gebot aus dem Dekalog: Das Verbot der *Götzenherstellung* und *Götzenanbetung*. Ungeachtet der Tatsache, daß ich als Kind von früh bis spät gemalt hatte und in den zwanziger Jahren sogar vorübergehend Louvreführer gewesen bin, ist das *Bildverbot* für mich pausenlos gültig geblieben.» (Mein Judentum, S. 246) Diese lebenslange Gültigkeit des Bildverbots dürfte nicht nur Anders' Bewußtsein gegenüber allen Formen wirklichkeitsentstellender Ideologien, sondern auch seinen Blick für eine Welt geschärft haben, in der Bilder immer mehr zum eigenmächtigen Substitut und Surrogat für die Wirklichkeit selbst zu werden drohen.

Im Zentrum der Reflexionen über das Fernsehen steht wieder die Analyse einer *Situation* – motiviert durch die Frage, was denn das durch das Fernsehen gelieferte Bild eigentlich *darstellt*, was also das Wesen dieser Art von Bild und der ihm zugrundeliegenden Wirklichkeit ausmacht. Vorausgeschickt muß werden, daß für Anders das eigentlich Neue am Fernsehen in der Live-Übertragung bestand, also in der Möglichkeit, Ereignisse, die an einem Ort stattfinden, nahezu ohne Zeitverzögerung an beliebig viele andere Orte zu übertragen. Diese Übertragung kennzeichnet die durch das Fernsehen geschaffene neue mediale «Situation», die das Verhältnis des Menschen zur Wirklichkeit grundsätzlich neu definiert: «Das Eigentümliche der durch die Übertragung geschaffenen Situation [besteht] in deren *ontologischer Zweideutigkeit*» (Antiquiertheit I, S.131). Ontologische Zweideutigkeit, das heißt, daß das Fernsehbild keiner der Sphären zuzuordnen ist, in denen wir zu denken gewohnt sind: Schein oder Wirklichkeit, Abbild oder Realität. Einem gesendeten Ereignis ist weder der reine Abbildcharakter zuzuschreiben, schon gar nicht die fiktionale Als-ob-Realität von Kunstwerken, also keine Form von ästhetischem Schein; aber es ist auch nicht die Wirklichkeit, das Ereignis selbst, das im Wohnzimmer statthätte. Die gesendeten Ereignisse sind «zugleich gegenwärtig *und* abwesend, zugleich wirklich *und* scheinbar, zugleich da *und* nicht da» – sie sind, so der Begriff, mit dem Anders das Essentielle des Fernsehens umreißen will, «Phantome»: «Denn Phantome sind ja nichts anderes als Formen, die als Dinge auftreten.» (Antiquiertheit I, S. 131 und S. 170)

Die Charakterisierung des Fernsehbildes als ontologisch zweideutige Erscheinung stellt einen entscheidenden Schritt in der Entwicklung moderner Medientheorien dar. Anders hatte damit klargemacht, daß den modernen Medien mit den herkömmlichen Kategorien wie Wirklichkeit und Abbild nicht beizukommen ist. Das Fernsehbild ist kein Bild, aber es ist auch nicht wirklich. Im Prinzip hat Anders damit jene Form von zweideutiger Wirklichkeitserfahrung antizipiert, die seit geraumer Zeit mit dem Begriff der Virtualität benannt wird. Denn die digitale Erzeugung virtueller Realitäten im strengen Sinn stellt ebenfalls die Produktion ontologisch zweideutiger Erfahrungsräume dar, die weder Abbilder noch Simulationen, aber auch keine authentischen Wirklichkeitsräume sind. Die Behauptung der ontologischen Zweideutigkeit bedeutet übrigens auch, daß die Frage nach dem Wirklichkeitsstatus von Fernsehbildern und virtuellen Welten prinzipiell nicht eindeutig beantwortbar ist. Die einseitige Auflösung dieser medialen Ambivalenz in trügerischen Schein ist genauso unangemessen wie die Behauptung, es handle sich dabei um die neue Wirklichkeit. Die Attraktivität des Fernsehbildes genauso wie die einer virtuellen Konfiguration besteht eben genau darin, noch auf eine außermediale Wirklichkeit zu referieren und diese dennoch vollständig in sich aufgesogen zu haben.

Eine, beileibe nicht die einzige, Konsequenz des Phantomcharakters von Sendungen ist nach Anders eine merkwürdige Transformation, die mit dem stattfindet, was wir über die Welt erfahren: den *Nachrichten*. In stringenter Weise hat Anders klargelegt, daß das Wesen der Nachricht nicht in einem Faktum besteht, das uns übermittelt wird, sondern immer in einem – logisch gesehen – Urteil über ein Faktum. Nachrichten gehorchen der aristotelischen Form des urteilenden Satzes: Über ein Subjekt, einen Gegenstand, ein Ereignis wird durch die Form, in der über es berichtet wird, immer auch schon etwas ausgesagt. Diese Aussage aber hat durchaus einen pragmatischen Sinn: «Der Daseinsgrund der Nachricht besteht darin, dem Adressaten die Möglichkeit zu geben, sich nach ihr zu richten.» Eine Nachricht, die ihren Zweck erfüllen will, darf gar nicht «objektiv» sein, sie muß geradezu ein Urteil sein. Das bedeutet für Anders aber auch, daß umgekehrt jedes Urteil eine Nachricht ist: «Aber die Nachricht ist nicht etwa deshalb zweiteilig, weil sie ein Urteil wäre; sondern das Urteil ist zweiteilig, weil es eine Nachricht ist.» (Antiquiertheit I, S. 156 f.) Diese überraschende Umkehrung, die als Struktur des Urteils die Mitteilung über etwas Abwesendes, auf das ich trotzdem wegen der Mitteilung reagieren kann, freilegt, deutet an, daß Nachrichten nur dann im strengen Sinn Nachrichten, also Informationen sind, wenn der Empfänger darauf mit Verhaltensänderungen reagieren muß. Alles andere, was über die Bildschirme und Monitore flimmert, ist, wie schrecklich es auch sein mag, Unterhaltung. Von ferne erinnert diese Auslegung von «Nachricht» übrigens an die berühmt gewordene Definition von «Information» durch Gregory Bateson: «Irgendein Unterschied, der bei einem späteren Ereignis einen Unterschied macht».[9] Informationen, bei denen es keinen Unterschied macht, ob sie wahrgenommen wurden oder nicht, waren offenbar keine Informationen.

Haben Nachrichten aber Folgen für den Benachrichtigten, sind diese zweideutig: Einerseits schaffen Nachrichten eine Form von Freiheit, denn sie machen es möglich, über Abwesendes zu verfügen bzw. dieses einzukalkulieren – ein Machtzuwachs ist die Folge. Die Nachricht, als vorfabriziertes Urteil über eine Situation, gibt Macht eben über diese Situation, sie befreit von der Arbeit, sich ein Urteil erst bilden zu müssen: Jede Nachricht ist auch eine Form verdichteter Welterfahrung. Andererseits aber schränkt die Nachricht den Benachrichtigten ein: Als Urteil hat die Nachricht immer nur einen Aspekt betont, in dem von einem Sachverhalt immer nur *etwas*, nie *alles* ausgesagt werden kann. Von dieser Einseitigkeit, Partikularität ist der Benachrichtigte völlig abhängig, ihr auf Gedeih und Verderb ausgeliefert – oder, wie Anders es anschaulich formuliert: «Der Bote ist der Herr des Herrn.» (Antiquiertheit I, S. 158) Die Überlegung, daß «Nachricht» ein qualitativer Begriff ist, der nicht problemlos mit dem einer wertneutralen Information gleichzusetzen ist, könnte für eine kritische Reflexion der immer wieder postulierten «Informationsgesellschaft» von außerordentlicher Bedeutung sein. Auch scheint der Zusammenhang zwischen Informationsfluß und dadurch direkt bedingten Verhaltensänderungen in einem konventionellen Informationsbegriff zu wenig berücksichtigt, der allzu wohlmeinend die souveräne Verfügung des Adressaten über die Information unterstellt.

Doch zurück zur Pointe dieser Analyse: Die ontologische Zweideutigkeit des Fernsehens bringt es mit sich, daß das, was im Bild auftaucht, die Differenz zwischen Ereignis und Abbild auslöscht, sich selbst als Unmittelbarkeit darstellt – das heißt, als Faktum –, aber tatsächlich, indem es immer schon ein vorselektiver Aspekt eines möglichen Faktums ist, ein Urteil über sich enthält, also Nachricht ist. Allein schon Kameraeinstellung und Kameraführung, Bildschnitt und Bildfolge sind wertende, urteilende Verfahren. Das Fernsehbild «verbrämt» dabei die Tatsache, daß es immer schon ein bereits gefälltes Urteil darstellt: «das Urteil drapiert sich in scheinbarer Nacktheit; es behängt sich mit dem Schmuck fehlender Prädikate» (Antiquiertheit I, S. 161). Der Konsument nimmt es als Faktum und glaubt, er kann darüber noch ein Urteil fällen. Die strukturelle Täuschung, die das Fernsehbild evoziert, macht den Konsumenten einerseits abhängig vom immer schon gefällten Urteil, nimmt ihm aber gleichzeitig die Möglichkeit, diese Abhängigkeit zu durchschauen, weil er das Urteil als Faktum wahrnehmen muß. Der Herr weiß nicht, daß der Bote sein Herr ist. Die Dialektik der *Nachricht* schlägt um in die eindeutige Herrschaft der *Nachrichtensendung* über das Bewußtsein des Sehenden. Alle wohlmeinende Kritik am Fernsehen, die mehr objektive Information will, wäre nach Anders' Analysen als naiv zu bezeichnen.

Günther Anders hat in diesem Zusammenhang auch darauf hingewiesen, daß Nachrichten und Fernsehsendungen überhaupt, gleich, von welcher, ob staatlicher oder privater Station gesendet, im Prinzip *Waren* sind, die ins Haus geliefert werden und deren Urteilsstruktur – das, was sie über sich sagen, indem sie gesendet werden – dem entspricht, was die Ware im Schaufenster über sich sagt: Sie lobt sich selbst. Die Existenz ihres Schaufensterdaseins ist schon ihre Reklame. Jede Sendung liefert, im Moment ihres Flimmerns, ihre eigene Werbung schon mit. Dieser Prozeß verstärkt sich in nahezu kurioser Weise, wenn im Fernsehen Werbung für andere Waren gemacht wird. Der an den Waren im Regal angebrachte Hinweis: «Bekannt aus der Fernsehwerbung», ist nicht nur objektiv zynisch, sondern unterstreicht genau die von Anders frühzeitig erkannte Urteilsgewalt des Bildes: Im Bild gewesen zu sein, ist schon Qualitätsmerkmal an sich, weiterhin muß gar nichts mehr gesagt werden. Es ist deshalb, zugespitzt formuliert, gleichgültig, *was* im Fernsehen gesendet wird; relevant einzig ist, *daß* es gebracht wird, denn dieses *Daß* ist auch schon das Qualitätsurteil. Die universale Tendenz des Fernsehens zur Unterhaltung ist durch diese aufmerksamkeitsheischende Struktur von Selbstwerbung schon festgelegt.

Diese innere Logik der Sendung strukturiert nicht nur das Bewußtsein ihrer Seher; das Fernsehen als Instrument strukturiert in verschiedener Hinsicht auch das Verhalten seiner Benutzer. Günther Anders hat wahrscheinlich als erster erkannt, daß das Fernsehen nicht nur ein Medium – also ein Mittler – ist, das tatsächlich eine phantomhafte Welt sui generis produziert, sondern auch eine Maschine, die einen ganz bestimmten Typ von Menschen produziert: den «Massenremiten». Die Tatsache, daß jeder Fernsehende im Prinzip allein das gleiche konsumiert wie unzählige andere auch – die Sendung mit Millionenpublikum ist und bleibt gerade in der Epoche der Quotenkonkurrenz der Stolz jedes Programmdirektors –, führte Anders zu der These, daß jeder Fernsehkonsument als «Heimarbeiter» besonderer Art angestellt ist: Mit Hilfe dieses Apparates arbeitet er auf paradoxe Art und Weise an der «Verwandlung seiner selbst in einen Massenmenschen», durch seinen Konsum der Massenware, also eigentlich durch «Muße», und er muß für diese seltsame Arbeit auch noch bezahlen (Antiquiertheit I, S. 102 f.).

Die sozialen Konsequenzen dieses Produktionsvorganges sind eklatant und überall zu beobachten. Der TV-Apparat wird, so Anders, zum «negativen Familientisch» – er liefert nicht den gemeinsamen Mittelpunkt einer Familie, sondern erzeugt diesen «durch den gemeinsamen Fluchtpunkt». Die Familie wird in ein «Publikum en miniature» umstrukturiert, das Wohnzimmer zum «Zuschauerraum en miniature». Die Geräte, Fernseher und Radio, und, wie zu ergänzen wäre, Video-Recorder und DVD-Player, nehmen nach Anders ihren Konsumenten das Sprechen ab, berauben sie dadurch förmlich der Sprache, der «Ausdrucksfähigkeit», der «Sprachgelegenheit», ja der «Sprachkunst». Mit dem Verlust der Sprache aber, davon ist Anders überzeugt, ist ein Verlust der Erlebnisfähigkeit und der Gefühlsdifferenzierung notwendig verbunden, «weil der Mensch so artikuliert ist, wie er selbst artikuliert; und so unartikuliert wird, wie er nicht artikuliert» (Antiquiertheit I, S. 106 ff.). Die Konsequenz dieser Reduktion von Tätigkeit auf reine Rezeption ist, so Anders mit Schärfe und Nachdruck, die sukzessive Infantilisierung des Menschen. Er wird, im Wortsinn, zu einem unmündigen, nicht sprechenden Wesen. «Modell der Sinnesaufnahme ist heute weder, wie in der griechischen Tradition, das Sehen; noch, wie in der jüdisch-christlichen Tradition, das Hören, sondern das *Essen*. Wir sind in eine *industrielle Oralphase* hineinlaviert worden, in der der Kulturbrei glatt hinuntergeht.» (Antiquiertheit II, S. 254)

Ein weiterer Aspekt dieser Infantilisierung, der das Gesendete betrifft, besteht nach Anders in der «Verbiederung der Welt». Das TV-Bild schafft eine spezifische Form der Distanzlosigkeit zwischen dem Rezipienten und der ins Haus gelieferten Welt: Alles wird uniform, ist gleich nah oder gleich fern, mit allem, weil es ins Wohnzimmer flimmert, steht man in einer eigenartigen «Du-auf-Du-Beziehung», wir werden in «Kumpane des Globus und des Universums» verwandelt, eine Kumpanei, die von echter Verbrüderung oder Einfühlung in andere Lebenszusammenhänge weit entfernt ist. Ganz im Gegenteil: sie kann jederzeit nicht nur umschlagen, sondern wird immer auch schon begleitet vom kindischen Gefühl, «voyeurhaft» über «Weltphantome» zu herrschen (Antiquiertheit I, S. 116 ff.). Von hier ließe sich wohl eine konsequente Linie zu den Video- und Computerspielen ziehen, in denen dieses infantile Mensch-Welt-Verhältnis auf den Punkt gebracht zu sein scheint. Die Verbiederung durch das Fernsehen, die Mischung aus distanzlosem Voyeurismus und ebenso distanzloser Kumpanei – der Psychologie tatsächlich bekannte Phänomene aus der Psychopathologie des Kindes – führt nach Anders insgesamt zu einer «Neutralisierung» aller Ereignisse, die über den Bildschirm kommen.

Natürlich: die Formel vom Fernsehen als negativem Familientisch verrät, daß sie in der heute nahezu idyllisch anmutenden Frühzeit der Fernsehkultur gefunden wurde. Mittlerweile sitzt nicht nur jedes Familienmitglied auch räumlich isoliert von allen anderen vor seinem eigenen Fernsehgerät, sondern die Vervielfältigung der Unterhaltungsmedien hat auch die Frage nach der Erlebnis- und Ausdrucksfähigkeit der Menschen radikalisiert. In der digitalen Welt ist das Fernsehen neben dem Computer, neben CD- und MP3-Playern, neben CD-Rom und DVD, neben Playstation und Internet selbst zu einem antiquierten Medium geworden, an dem sich aber allemal einige Fragen medialer Wirklichkeitskonstitutionen exemplarisch behandeln lassen. Inwieweit die digitalen Medien die im Fernsehen schon angelegten Tendenzen radikalisieren oder konterkarieren, ist selbst mittlerweile eine heiß diskutierte kulturtheoretische Frage. Immerhin erlaubt es die digitale Technik, einige der von Anders am Fernsehen kritisierten Phänomene wie die reine Passivität der gesteuerten Wahrnehmung durch die vielbeschworenen Konzepte der «Interaktivität» zu korrigieren – wobei allerdings Vorsicht geboten ist. Möglich, daß der Begriff der «Interpassivität»[10] eher geeignet ist, jenes Verhalten zu beschreiben, mit dem Zeitgenossen höchst aktiv ihre Passivität digital organisieren.

Immerhin: Anders hatte schon in der Frühphase des Fernsehens erkannt, daß dieses Medium per definitionem kein Informations-, sondern ein Unterhaltungsmedium ist – was nicht zuletzt damit zu tun hat, daß alles, was gesendet wird, eine Ware ist. Die Urteilsstruktur auch der seriösesten Sendung macht das Urteil des Rezipienten zu einem unmöglichen Akt – je ernster sich die Kritik an Fernsehsendungen gebärdet, desto lächerlicher wirkt sie auch. Jeder Erscheinung, und dies wird zum alles vereinheitlichenden Maßstab, wird de facto «das gleiche Recht auf Genossenwerden» zugestanden – letztlich tritt alles als «fun» auf (Antiquiertheit I, S. 123). Was hergestellt wird, ist, so

Anders wieder mit einer seiner treffenden paradoxen Formulierungen, ein «unernster Ernst oder ernster Unernst», ein Schwebezustand, der die Kategorien von Ernst und Unernst selbst aufhebt. Jahrzehnte vor der «Spaßkultur» hat Anders diese schon prognostiziert und auf ihren ambivalenten Begriff gebracht. Wird einerseits das Ernste, Politik etwa, als Sendung zu etwas Unernstem – mit der News-Show als Endprodukt –, so wird umgekehrt, und darauf verwies Anders schon vor Jahrzehnten, das explizit Unernste, das reine Fernsehspiel, besonders in der Variante der vorabendlichen Fernsehserie, zu etwas Ernstem, das Auswirkungen auf das Leben seiner Rezipienten hat, das in keinem Verhältnis zu seinem tatsächlichen Gehalt steht – die Anteilnahme an den Schicksalen der «Phantomfamilienmitglieder» nimmt Ausmaße an, die mitunter über die Anteilnahme an erlebten Ereignissen weit hinausgehen. Unnötig, hier auf einzelne Serien zu verweisen. Verstärkt durch die Resonanz dieser Serien in der Boulevardpresse entsteht ein Kreislauf zwischen Phantomen, der im Bewußtsein und Empfinden der Seher und Leser den Status von Wirklichkeit erhält. Die Phantomanhängerinnen und -anhänger werden dabei nach Anders um ihr «Menschsein» betrogen, weil «Subjektivität und Welt für sie endgültig auseinandergerissen sind» (Antiquiertheit I, S. 146).

Der wirklichkeitsanaloge Status von Fernsehproduktionen, ihre Verbindlichkeit, erschöpft sich allerdings nicht in der Konstruktion ontologischer Zweideutigkeiten und ihrer massenhaft solistischen Perzeption. Es ist allerdings schon fragwürdig genug, daß überhaupt etwas erst soziales und politisches Gewicht erhält, nicht, wenn es geschieht, sondern wenn es als Bild erscheint, das Bild also gleichsam dem Sein erst sein Sein verleiht. Damit ist aber der Unterschied zwischen Sein und Schein aufgehoben oder verkehrt. Mindestens ebenso zu bedenken ist aber die Konsequenz, die sich nach Anders aus diesem Verhältnis ableitet: «Wenn das Ereignis in seiner Reproduktionsform sozial wichtiger wird als in seiner Originalform, dann muß das Original sich nach seiner Reproduktion richten, das Ereignis also zur bloßen Matrize ihrer Reproduktion werden.» (Antiquiertheit I, S. 111) Das Fernsehbild als Abbild wirkt als Vorbild für jene Realität, die es dann wieder abzubilden vorgeben wird: «Das Wirkliche – das angebliche Vorbild – muß also seinen eventuellen Abbildungen angemessen, nach dem Bilde seiner Reproduktionen umgeschaffen werden. Die Tagesereignisse müssen ihren Kopien zuvorkommend nachkommen.» Bissig charakterisierte Anders dieses Verhältnis von Fernsehen und Welt mit der Paraphrase eines Krausschen Aphorismus: «Im Anfang war die Sendung, für sie geschieht die Welt» (Antiquiertheit I, S. 190 f.). Die Matrizenfunktion des Fernsehens macht es allerdings möglich – und dies ist vielleicht eine der ganz wichtigen Entdeckungen von Günther Anders –, daß so etwas wie ein Bumerang-Effekt eintreten kann: Wenn die Welt sich nach dem Bild richtet, die Wirklichkeit zum Abbild ihrer verzerrten Bilder wird – dann stimmt es plötzlich, was im Fernsehen zu sehen war. Die Lüge hat sich wahrgelogen. Ein Resultat davon ist die Antiquiertheit der Ideologie: «Wo sich die Lüge wahrlügt, ist ausdrückliche Lüge überflüssig.» (Antiquiertheit I, S. 195) Die Tatsache, daß unwahre Aussagen über die Welt selbst Welt geworden sind, macht aber jede Form einer Unterscheidung zwischen wahr und unwahr, macht jede Erkenntnismöglichkeit als solche zunichte. Der konsumierende Zeitgenosse ist Gefangener im Zirkel von Bild und Welt. Anders fand dafür nur apokalyptische Töne: «das Dasein in der Welt des post-ideologischen Schlaraffenlandes ist total unfrei» (Antiquiertheit I, S. 197).

Seine Funktion als Vorbild erreicht das Fernsehen also nicht nur durch seine bloße permanente Präsenz im Wohnzimmer. Entscheidend ist, daß das Fernsehen als Prinzip ein neues Weltverhältnis konstituiert: «Was letztlich präpariert wird, ist vielmehr das *Weltbild als Ganzes,* das aus den einzelnen Sendungen zusammengesetzt wird; und jener *ganze Typ von Mensch,* der ausschließlich von Phantomen und Attrappen genährt ist.» (Antiquiertheit I, S. 164) Daß dieser Typ, Abziehbild der Fernsehmatrize, gebildet werden kann, hat zur Voraussetzung, daß der Fernsehkonsum die ursprüngliche Identität des Menschen zerstören und eine neue zusammensetzen kann. Es liegt nach Anders im Wesen der Warenwelt überhaupt, daß sie ihre Konsumenten zerstreut – im wahrsten Sinn des Wortes: auseinanderdriften läßt. In einer Welt, in der die «Simultan-Lieferung völlig disparater Elemente» normal ist, hat der Mensch als einheitliches Wesen, und sei es nur dem Anspruch nach, seinen Platz verloren. Antiquiert ist es, sich auf *eine* Sache zu konzentrieren und darin finden zu wollen: «Niemand findet heute etwas dabei, beim Frühstück im cartoon zu erleben, wie dem Dschungelmädchen das Messer zwischen die sexüberwölbten Rippen gestoßen wird, während ihm gleichzeitig die Triolen der Mondscheinsonate in sein Ohr tröpfeln» (Antiquiertheit I, S. 141). Angesichts dessen, was Menschen heute imstande sind an Reizen simultan zu verarbeiten, klingt Anders' Beispiel nahezu betulich, was nichts daran ändert, daß durch diese simultanen Perzeptionen das «Individuum» zu einem «Divisum» wird – zerlegt in eine Vielzahl von Funktionen, die gleichzeitig ablaufen. Funktion heißt dabei in erster Linie: Konsum. Jedes Organ will beliefert werden. Jeder Nicht-Konsum, so Anders, gilt dann bereits als Not. Freiheit – als Freisein vom Zwang, konsumieren zu müssen – wird mit Not identisch. Erst der pausenlose Hunger nach Konsum erlaubt dann jene Strukturierung der Bedürfnisse, die dem Fernsehen seinen matrizenhaften Vorbildcharakter ermöglicht. Denn der Zerstreute befindet sich in einem Zustand «künstlich erzeugter Schizophrenie», die in einem «horror vacui» kulminiert: in der «Angst vor Selbständigkeit und Freiheit». Um gegen das «Nichts abgedichtet zu sein», muß «jedes Organ besetzt sein» (Antiquiertheit I, S. 137 ff.). Dieses moderne Divisum, der in zahlreiche differierende und interferierende Wahrnehmungsprozesse aufgeteilte Mensch, erinnert übrigens nicht von ungefähr an das «Dividuum», mit dem Anders in seiner frühen negativen Anthropologie das prinzipielle Abgeteiltsein des Menschen von der Welt charakterisiert hatte. Versteht man den Prozeß der Schaffung künstlicher Welten als Versuch des Menschen, aus diesem Dividuum zu einem Individuum zu werden, also aus seiner Ortlosigkeit und Ungebundenheit eine Identität und Unverwechselbarkeit zu finden, so liegt die Tragödie der technisch vermittelten Wirklichkeit nicht zuletzt darin, den Menschen diese Einheit erst recht zu verwehren und zu einem Bündel auseinanderfallender Wahrnehmungsfragmente zu machen – Konsequenz einer Freiheit, die Anders einmal, vielleicht sogar hellsichtiger, als er selbst dachte, pathologisch genannt hatte.

Die Perzeption von Sendungen folgt nach Anders aufgrund der Warenstruktur derselben als Konsum. Und Konsum, in der Freizeit betrieben, wird zur Heimarbeit, ein Zwang, dem sich kaum jemand entziehen kann und der, wie Anders später feststellen wird, nur Teil eines umfassenderen Phänomens ist: des «Verwendungsterrors». «Durch unser Geräte-Universum sind wir in Wesen verwandelt, die dieses zu verwenden gezwungen sind» (Antiquiertheit II, S. 427) – nicht durch den Willen einer bösen Macht, sondern durch die prägende Kraft, die innere Logik und die Ökonomie, in der die Geräte existieren. Es sind nicht, so Anders, unbefriedigte Bedürfnisse, die nach Waren schreien, sondern die Waren selbst erzeugen erst das Bedürfnis nach ihnen: «Nicht was man benötigt, hat man schließlich, sondern was man hat, das benötigt man schließlich». Diese Tatsache stellt für Anders die Klimax des am Fernsehen analysierten Matrizenphänomens dar: «Denn unsere Bedürfnisse sind nun nichts anderes mehr als die Abdrücke oder die Reproduktion der Bedürfnisse der Waren selbst». Anders interpretiert die Produktion von Konsumbedürfnissen als die eigentliche «Moral» unseres Zeitalters: «Die Maxime, der wir alle jeden Augenblick ausgesetzt sind, und die zwar wortlos, aber ohne Widerspruch zu dulden, an unser *besseres Ich* appelliert, lautet ‹Lerne dasjenige zu bedürfen, was dir angeboten wird!› Denn die Angebote sind die Gebote von heute.» (Antiquiertheit I, S. 171 ff.)

Was schon an der Analyse der prometheischen Scham verblüfft haben mag, wird auch hier wieder deutlich: das Moment der Übertreibung, das für Anders unentbehrlich für Philosophie geworden ist. Von den Bedürfnissen der Waren zu sprechen scheint eine unzulässige Anthropomorphisierung zu sein – allein unter der Voraussetzung, daß der Mensch seine Bedürfnisse natürlich nicht autonom erzeugt, sondern diese strukturiert und auch konstruiert werden können, ist von einer «Plastizität der Gefühle» zu sprechen, die diese Rede rechtfertigen könnte. (Antiquiertheit I, S. 309 ff.) Es gehört aber auch zu den entscheidenden Prämissen von Anders, daß im schon einmal skizzierten Verhältnis des Menschen zu seinen Geräten, ja zu Waren überhaupt, die Gegenstände nicht neutral herumstehen, sondern durch ihre spezifische Präsenz so etwas wie Handlungsperspektiven festlegen, also Handlungsanforderungen darstellen, Verhaltensweisen einfordern. Daß eine Ware gekauft werden *will*, mag vielleicht nicht unbedingt elegant formuliert sein, unterstellt aber genau jenen Seins-Modus des Produktes, der einerseits sein «Wesen» ausmacht, der andererseits aber auch begriffen werden könnte als materialisiertes Resultat gesellschaftlicher Prozesse und Verhältnisse. Genau als solche aber gewinnen die Elemente der Produkte-Welt Macht über die Seele des Einzelnen; je freier dieser sich dünkt, desto mehr gehorcht er nur den materialisierten Imperativen, die ihm aus den Schaufenstern entgegenlachen.

Das Fernsehen stellt sich so nur als ein Sonderfall einer Ware dar, aber als ein entscheidender: denn es produziert Welt-Bilder und das Bedürfnis danach. Es prägt nach Anders den Menschen nicht nur in seinen Verhaltensweisen, Denk- und Wahrnehmungsformen, die sich den Vorbildern auf dem Bildschirm angleichen, sondern es strukturiert und produziert auch jene Bedürfnisse nach Unterhaltung, Konsum und Zerstreuung, die das Fernsehen dann wieder befriedigen kann und muß. Dieser Kreislauf – ein typischer Rückkoppelungseffekt – erklärt auch, warum die Verteidiger des Fernsehens zynisch recht haben, wenn sie beteuern, es würden damit nur die Wünsche der Menschen erfüllt, und warum jene optimistischen Kritiker des Fernsehens unrecht haben, die eine qualitativ bessere Bildungs- und Kulturprogrammatik einfordern. Wenn irgendwo – dies sei als mögliche Schlußfolgerung aus Anders' Analysen angedeutet – Bildung und Kultur noch stattfindet, dann mit Sicherheit nicht im und nicht durch das Fernsehen.

Entscheidend für Anders' Kritik des Fernsehens war, daß es ihm um das Ganze ging – erst das Ganze, das Fernsehen als Struktur macht sein Wesen aus, nie eine einzelne Sendung oder Kanalprogrammierung. Sinnlos deshalb, Medienkritik als Kritik von Einzelsendungen betreiben zu wollen, und auch das gerne geübte Ausspielen des öffentlich-rechtlichen gegen privates Fernsehen erweist sich unter dieser Perspektive als Ablenkungsmanöver. Erst das Ganze ist «weniger wahr als die Summe der Wahrheiten seiner Teile». Oder, wie Anders in Abwandlung des berühmten Hegelsatzes formuliert: «Das Ganze ist die Lüge; erst das Ganze!» (Antiquiertheit I, S. 164) Diese Formulierung von Günther Anders wurde hin und wieder in die Nähe von Adornos «Das Ganze ist das Unwahre»[11] gerückt – wohl nicht zu unrecht. Und dennoch: Ist dieser Satz bei Adorno eine gleichsam geschichtspessimistische Umkehrung von Hegels Ontologie, so ist er bei Anders Konsequenz einer technologischen Innovation – die Umkehrung Hegels, auf den sich ja auch Anders bezieht, hat darin eine materiale Ursache.

An anderer Stelle hat Anders als eine Erscheinungsform dieser Unfreiheit die Tendenz analysiert, daß Sendungen während des Konsums vollständig und unwiederbringlich aufgezehrt und verzehrt werden und der Konsument unfähig ist, dieser Liquidität Herr zu werden, «Eigentümer» des Gekauften zu werden. Die Notwendigkeit der Vernichtbarkeit von Waren erscheint Anders überhaupt als Signum unseres Zeitalters. Wichtig ist diese Beobachtung auch insofern, als die Tatsache der Unmittelbarkeit und Flüchtigkeit, mit der eine Sendung vorüberzieht, ihr unerbittliches Nach-einander, einen wesentlichen Aspekt von Anders' Kritik motiviert hatte. 1979 revidierte Anders mit Hinweis auf die Erfindung des Videorecorders diese Position und interpretierte diese Erfindung als eine vom Konsumenten erzwungene, der sich gegen die Liquidierung der Welt im Bild zur Wehr setzt und dessen Protest von der Industrie verkaufsstrategisch ausgenützt wird (Antiquiertheit II, S.

52 ff.). Möglich, daß diese Revision zu wohlmeinend ist. Es bleibt aber die Beobachtung, daß das konservierte *Ereignis* eine paradoxe Struktur aufweist, die einer genaueren Analyse wohl noch bedürfte: die Verwandlung eines einmaligen Ereignisses in einen permanent reproduzierbaren Vorgang.

Im Zusammenhang mit der Analyse des Lügencharakters des Fernsehens sollte vielleicht auch daran erinnert werden, daß Günther Anders in dem Roman *Die molussische Katakombe* eine Demaskierung der Lügenpropaganda des Nationalsozialismus versucht hatte, einer Propaganda, die mit verhältnismäßig plumpen Mitteln – wenngleich schon unter hellsichtiger Zuhilfenahme von Radio und Film – massenhaft falsches Bewußtsein herzustellen wußte. Die Phänomenologie des Fernsehens ist eine erste Andeutung, die darauf hinweist, daß wir weniger in einem postmodernen als vielmehr in einem postfaschistischen Zeitalter leben – womöglich eine tendenzielle Fortsetzung faschistoider Mechanismen unter anderen Bedingungen und mit anderen Mitteln.

Es hat allerdings mit der Kritik des Fernsehens etwas Seltsames auf sich. Auch – oder gerade – unter Propagandisten eines kritischen Bewußtseins stieß die Kritik der Massenmedien auf wenig Akzeptanz, wurde oft als konservative Kulturkritik abgeschoben. Den Analysen von Anders ist es ähnlich ergangen: «Nichts lieben antidemokratische Meinungsproduzenten mehr, als die Kritik der Massenmedien als Aristokratismus zu verleumden». (Antiquiertheit II, S. 249) Tatsächlich zeichnete sich zum Beispiel auch die Auseinandersetzung der Frankfurter Schule mit dem Fernsehen durch eine bemerkenswerte Zurückhaltung aus, denkt man etwa an Adornos Arbeiten zu dieser Frage, die merkwürdig blaß blieben.[12] Am schärfsten ging Adorno, der Musikphilosoph, dann auch mit dem Fernsehen ins Gericht, als es um die Frage nach der Möglichkeit von Opernübertragungen ging – was prompt eine Debatte auslöste und auch Adorno eben jenem Vorwurf aussetzte, dem Anders sich gegenübersah.[13] Daneben allerdings gibt es eine, gegenwärtig verstärkte, wenn man so will, progressive Huldigung an das

Fernsehen, in der das kritische Bewußtsein sich genüßlich vom TV-Apparat verführen läßt und fordert, daß die gebildete Kritik endlich das «Fernsehen und seine Zuschauer zu lieben anfangen (sollte), statt es zu hassen».[14] Immerhin sollte daran erinnert werden, daß im Zuge einer Kritik des postmodernen Lebensgefühls die Anderssche Analyse des Fernsehens in den 80er Jahren aufgegriffen wurde. Bernd Guggenberger ging scharf mit dem Fernsehen, dieser «sozialen Macht allererstens Ranges»[15] ins Gericht – ganz im Gegensatz zu Hans Magnus Enzensberger, der damals geneigt schien, dem Fernsehen als dem absoluten «Null-Medium» überhaupt alle soziale Relevanz abzusprechen – wegen inhaltlicher Bedeutungslosigkeit.[16] Die Konsequenzen, die Günther Anders selbst aus seiner Phänomenologie des Fernsehens zog, waren, auf eine allgemeinere Ebene transformiert, umfassender und radikaler als die anderer zeitgenössischer Medientheorien. Obgleich auf den ersten Blick Ähnlichkeiten vorliegen mögen, unterscheidet sich die Phänomenologie des Fernsehens doch in wesentlichen Punkten von der Medienphilosophie Marshall McLuhans, dessen «The medium is the message» die Medien letztlich affirmierte.[17] Anders' Analysen sind aber auch analytisch wesentlich schärfer als das einstens ziemlich bekannte medienkritische Pamphlet von Neil Postman.[18]

Im Zusammenhang mit der Phänomenologie des Fernsehens muß allerdings darauf hingewiesen werden, daß Günther Anders aufgrund zweier Medienereignisse seine Thesen teilweise für revisionsbedürftig gehalten hat: Durch die Berichte vom Vietnam-Krieg wurden, so Anders, Millionen von Menschen die Augen über diesen Krieg geöffnet und damit der weltweite Protest erst ermöglicht – «wahrgenommene Bilder sind zwar schlechter als wahrgenommene Realität, aber sie sind doch besser als nichts» (Antiquiertheit I, S. VIII). Und die Fernsehserie *Holocaust* war für Anders gar eine Lehre dafür, daß «nur durch fictio das factum, nur durch Einzelfälle das Unabzählbare deutlich und unvergeßbar gemacht werden [kann]» (Besuch im Hades, S. 181). Ob diese optimistische Deutung stichhaltig war, oder ob nicht gerade die langfristigen Reaktionen auf *Holocaust* und ähnliche Filmwerke wie etwa Steven Spielbergs *Schindlers Liste* sowie die ästhetische Verarbeitung des Vietnam-Krieges, im amerikanischen Film etwa, den prinzipiellen Lügencharakter der Phantombilder nicht doch eher bestätigen, ist allerdings nach den neuesten Erfahrungen mit avancierten Medientechnologien zumindest nicht auszuschließen. Ohne ihn zu nennen, griff etwa die Kritik an der Medienberichterstattung über den Golf-Krieg oder über den Nato-Einsatz am Balkan viele Motive von Anders' Analysen auf. Und die in schöner Regelmäßigkeit aufflammenden Diskussionen über die Vorbildwirkung von Gewalt im Fernsehen und über die immer schriller werdenden Formate von *Reality-TV* enthalten eine Reihe von Motiven, die bei Anders schon erstaunlich präzise formuliert sind.

Gerade die Entwicklung von *Reality-TV* gewinnt in Zusammenhang mit Anders' Thesen eine interessante Bedeutung. Daß Menschen sich an gefilmten Unfällen, strippenden Hausfrauen und nachgestellten Selbstmorden ergötzen und nichts dabei finden, sich selbst vor laufenden Kameras durch TV-Moderatoren verkuppeln, scheiden und versöhnen zu lassen, in Talk-Shows ihr Innerstes zu entblößen und sich in Container-Spielen rund um die Uhr beobachten zu lassen, mag auf den ersten Blick verblüffen. Zu banal und zu geschmacklos erscheint diese Mischung aus Voyeurismus und Exhibitionismus, als daß man die damit erreichten Einschaltziffern verstehen könnte. An sich gibt es nichts Langweiligeres auf der Welt als die Wirklichkeit. Um dem zu entgehen, hat man ja angeblich das Fernsehen erfunden. Wäre man zynisch, könnte man sagen: *Reality-TV* ist die Rache der Wirklichkeit am Fernsehen mit den Mitteln des Fernsehens. *Reality-TV* und Exhibitionismus-Shows sind eine medienimmanente Antwort auf den Wirklichkeitsverlust durch die Medien. Als Kontrast zu den multimedialen *virtuellen Welten* des Computer-Zeitalters lockt die gute, alte Wirklichkeit. In einem mediengeprägten Zeitalter ist aber diese nur mehr über ein Medium zugänglich. Wenn gilt, daß nur gilt, was im Fernsehen ist, dann ist zum Beispiel die Rettung des privaten Lebens in seiner televisionären Veröffentlichung zu sehen. Wer seinem Partner vor einem Millionenpublikum verzeiht, holt sich dabei überdies das zurück, was bislang den Privilegierten vorbehalten war: zum Gegenstand allgemeiner Aufmerksamkeit zu werden. Daß die Zurschaustellung einer Intimsphäre eine entsetzliche Belastung sei, war ohnehin immer ein Märchen derjenigen, die sich zur Schau stellen konnten. Der Satz des Philosophen George Berkeley, daß Sein Wahrgenommenwerden bedeutet, gilt im Fernsehzeitalter uneingeschränkt. Nur was flimmert, ist auch. Wer will, daß die Wirklichkeit heute wirklich sei, der braucht *Reality-TV*.

Und dennoch: auch *Reality-TV* entfaltet eine sich selbst aufhebende Dialektik. Die Logik des Fernsehens schlägt zurück. Kein Bild ist Wirklichkeit. Und so muß suggeriert werden, daß das Bild der Reality-Show wirklicher sei als alles bisher Gesehene, auch wenn es dem Augenschein nach von einer gespielten Szene nicht unterschieden werden kann. Der Rückgriff auf Amateur-Videos, die, in technisch oft mangelhafter Qualität, zufällig die Wirklichkeit einer Katastrophe eingefangen haben, unterstreicht dies ebenso wie die umstrittene Ausgabe von Kameras an Mitglieder von Einsatztruppen. Solche Verfahren haben die Funktion von Echtheitszertifikaten, mit denen das Fernsehen jene Sendungen versieht, die angeblich wirklich Ausschnitte aus der wirklichen Wirklichkeit zeigen. Natürlich sind auch solche Zertifikate fingierbar. Man könnte Szenen so drehen, daß der Eindruck entsteht, hier habe ein Amateur gefilmt – die Filmästhetik der Dogma-Gruppe um den dänischen Regisseur Lars van Trier lebt etwa von dieser Fiktion. Bei *Reality-TV* besteht der Kitzel allerdings nicht im verwechselbaren *Bild*, sondern im *Wissen*, daß das, was gesehen wird, sich tatsächlich ereignet hat oder gerade ereignet. Die Frage nach der wirklichen Wirklichkeit, also nach dem, was geschieht, wird dabei sekundär. Der Streit, ob es rechtens war, daß ein Privatsender am Höhepunkt des Bosnien-Krieges einen Film ausstrahlte, der den Tagesablauf eines sechzehnjährigen Jungen in

Sarajewo zeigte, inklusive seinen Tod durch Heckenschützen, demonstrierte dies auf sinnfällige Weise. Nicht daß, warum und wie in Sarajewo gestorben wird, ist das Problem, sondern ob und wie dieser Tod ins Bild gebracht werden darf. Als Standbild in den Nachrichten, als aufklärerisch verbrämte Dokumentation, als nachgestellter Spielfilm *Der Tod in Sarajewo* mit eingebauter homoerotischer Love-story wäre diese Geschichte salonfähig und preisverdächtig. Nur der Hinweis, daß es die Wirklichkeit war, macht die Bilder moralisch verdächtig – nicht die Wirklichkeit selbst.

Die These von Günther Anders, daß das Fernsehen die Differenz von Wirklichkeit und Fiktion aufhebt und eine ontologische Zweideutigkeit konstituiert, findet ausgerechnet im *Reality-TV* ihre glänzendste Bestätigung. Da das Bild gegenüber dem, was es zeigt, unbestimmt bleibt, es also unklar bleiben muß, ob etwas fingiert oder wirklich ist – das Fernsehen produziert nach Anders immer eine Phantomwirklichkeit – entscheidet die Bildunterschrift, sprich: Sendungstitel, Reihe und Ankündigung über den vermeintlichen Wirklichkeitsstatus des Gesendeten. Da es aber im Wesen des Fernsehens liegt, Wirklichkeitserfahrungen als solche zu substituieren, ließe sich auch die These formulieren, daß im *Reality-TV* das Fernsehen tatsächlich zu seiner Wirklichkeit findet. In der Logik des Mediums stellt *Reality-TV* nur seine avancierteste Form dar. Die Überlegung von Günther Anders, daß der Voyeurismus bei gleichzeitiger «Verbiederung» des Gesendeten dem Fernsehen immanent sei, findet im *Reality-TV* seine äußerste Bestätigung und, wenn auch auf paradoxe Weise, seine späte Rechtfertigung. *Reality-TV* bringt so nicht die Wirklichkeit, aber das Wesen des Fernsehens zum Vorschein – und das seiner Zuseher. Wahrscheinlich ist genau dies das Anstößige daran. Die Einschaltziffern für diverse Sendungen sind nämlich auch ein Indikator für den psychischen und geistigen Zustand einer Population. Das Problem dabei ist nicht, ob es Gewalt, Sex und Katastrophen im Fernsehen gibt; das Problem ist, ob man sich von Menschen mitregieren lassen will, die Gewalt, Sex und Katastrophen im Fernsehen lieben. Die Mediendemokratie kennt, wie jede Demokratie, nur ein Tabu: das Volk. Günther Anders hat an diesem Tabu gerüttelt. Verziehen hat man es ihm bis heute nicht.

Das Monströse

Die Tendenz aller Technik, den Menschen zu liquidieren, hatte Günther Anders auch in jenem Ereignis am Werke gesehen, das gegenwärtig lieber unter dem Titel «Zivilisationsbruch» verhandelt wird, als daß zivilisatorische Kontinuitäten analysiert und zur Debatte gestellt würden: Auschwitz. [1] In einem offenen Brief an Klaus Eichmann, der unter dem vielsagenden Titel *Wir Eichmannsöhne* 1962, nach der Hinrichtung Adolf Eichmanns in Jerusalem, publiziert wurde, und in seinen Reflexionen über seine Reise nach Auschwitz im Jahre 1966 sowie in seinen Bemerkungen zum Fernsehfilm *Holocaust*, der 1979 zu sehen war, ist Günther Anders auf äußerst eigenwillige Weise den Zusammenhängen zwischen Auschwitz und der technischen Zivilisation der Moderne nachgegangen. Sein Denken konzentrierte sich dabei auf eine zentrale These: daß die Auseinandersetzung mit der Vergangenheit formuliert werden muß als Frage danach, ob es eine Zukunft für die Menschen geben wird. Gerade weil es Anders in seinem Denken und Leben darum ging, die Wiederholung von Auschwitz zu verhindern, hat er in der Judenvernichtung der Nazis nicht das aus der Geschichte herauskatapultierte absolute Böse gesehen, sondern dahinter eine Logik vermutet, die, wenn auch nicht in dieser Drastik und Perfidie, an anderen Phänomenen der Geschichte des 20. Jahrhunderts ebenfalls zu beobachten sei. Auschwitz war für Anders nicht die Ausnahme, sondern die extremste Ausformung einer Tendenz. Mit anderen Worten: Anders war einer der wenigen, der die These vertreten hat, daß die unbegreiflichen Greueltaten des Nationalsozialismus weder eine einmalige Entgleisung der Geschichte noch ein Verbrechen wie andere zuvor auch gewesen sind, sondern daß sich in diesen Greueln eine ökonomische und technische *Rationalität* durchsetzte, die ihre Wurzeln in jenem modernen Zivilisationsprozeß hat,

103

der sich auch nach der politischen und militärischen Zerschlagung des Faschismus weiter entfalten konnte: «Wenn es gestern das Monströse gegeben hat, so nicht deshalb, weil es das gestern *noch*, sondern umgekehrt, weil es das gestern *schon* gegeben hat; also weil *die Gestrigen die Vorläufer unserer heutigen und morgigen monströsen Welt gewesen sind.*» (Wir Eichmannsöhne, S. 61)

Das «Monströse» war die Kategorie, mit der Anders das Großverbrechen der Nazis philosophisch benannt hatte. Und unter demselben Begriff verhandelte er auch jenes Ereignis, das vielleicht wie kein anderes sein Denken und Handeln nach 1945 bestimmt hat: den Abwurf der ersten Atombombe über Hiroshima. Die historischen Ereignisse, um die das Denken des Günther Anders' kreiste und in denen er die radikalsten Konsequenzen einer technischen Zivilisation sah, waren also immer Auschwitz *und* Hiroshima. An beiden Orten, wenn auch in unterschiedlicher Weise, geschah das Ungeheuerliche, das «Monströse». In dem kleinen Text *Das monströseste Datum* reflektiert Anders den 8. August 1945, den Tag, an dem in Nürnberg die Charta des Internationalen Militärtribunals den Terminus «Verbrechen gegen die Menschlichkeit» zum erstenmal kodifiziert hatte – und niemandem, so Anders, war aufgefallen, daß dieses Datum genau zwischen den Abwürfen der Atombomben auf Hiroshima und Nagasaki lag: «Kein Datum der Weltgeschichte ist abenteuerlicher. Und wohl keine Tatsache tiefer deprimierend als die, daß es unter den Milliarden von Zeitgenossen, die von den zwei Fakten Nürnberg und Atombombe gehört haben, keinen einzigen gegeben hat, dem deren Koinzidenz in die Augen gesprungen wäre.» (Atomare Drohung, S. 169)

Das Monströse ist für Anders der extremste Ausdruck des prometheischen Gefälles – etwas, das alle Vorstellungskraft des Menschen überschreitet, etwas, das wohl technisch *hergestellt*, aber in seinen furchtbaren Auswirkungen und Konsequenzen nicht mehr *vorgestellt* werden kann.[2] Das Monströse bestand im Fall von Auschwitz für Anders darin, daß es eine «institutionelle und fabrikmäßige Vertilgung von Millionen von Menschen» gegeben hat, die nur durchgeführt hatte werden können, weil der

Prozeß der massenhaften Vernichtung organisiert worden war von Menschen, «die diese Arbeiten annahmen wie jede andere» (Wir Eichmannsöhne, S. 19). Natürlich, und Anders verschweigt es nicht: Es gab unter den Beteiligten Karrieristen und Feiglinge, Sadisten und Machtgierige, Fanatische und Fatalisten – aber all diese Motive erscheinen sekundär gegenüber der Tatsache, daß nur die *rationelle* Verwaltung der Vernichtung und die *passive* Beteiligung von Millionen in Form eines freiwillig-gezwungenen *Nichtwissens* das Monströse in seinen letzten Konsequenzen Wirklichkeit werden lassen konnte. Präzise heißt es in der *Antiquiertheit des Menschen*: «Der Angestellte im Vernichtungslager hat nicht ‹gehandelt›, sondern, so gräßlich es klingt, er hat gearbeitet.» (Antiquiertheit I, S. 291)

In einem Nachtrag zu dem Brief an Klaus Eichmann, geschrieben im April 1988, stellte Anders noch einmal klar, daß das Entscheidende, bislang Einzigartige und Erstmalige und damit tatsächlich mit anderen Formen von Menschenvernichung vorerst Unvergleichbare an Hitler und den Seinen genau diese «fabrikmäßige Liquidierung von Menschenmassen» war, die «systematische Leichenherstellung», eine Leichenproduktion, die nicht Mittel zur Erreichung politischer Ziele, sondern selbst das Ziel war. Auch im Vergleich mit den Millionen Opfern der Politik von Stalin in der UdSSR – und Anders stellte diesen Vergleich sehr wohl an – hielt Anders daran fest, daß es Stalin nicht um eine «systematische Leichenherstellung» gegangen sei. Auch wenn man in diesem Punkt aus guten Gründen auch anderer Meinung sein könnte, fragte sich Anders mit der ihm eigentümlichen Konsequenz, ob das Bestürzende nicht darin liege, daß man da «zwei Entsetzlichkeiten» miteinander vergleichen und eine davon sogar besser, mindestens weniger schlimm finden müsse als die andere, obwohl es sich doch in beiden Fällen um so Unvorstellbares handele, daß es einem widerstrebe, «eines gegen das andere auszuspielen» (Wir Eichmannsöhne, S. 89 f.). Vielleicht ist dies ein entscheidender Punkt: daß wir, angesichts von Millionen Toten, die eine rücksichtslose sozialistische Kollektivierungspolitik nicht nur in Kauf nahm, sondern auch zumindest zum Teil intendierte, und angesichts der programmatischen Vernichtung der europäischen Juden die massenhafte Vernichtung von Menschen um eines politischen Zieles willen noch immer weniger schlimm finden wollen als die irrationale Vernichtung um ihrer selbst willen. Bei allem Verständnis für diese Position fragt es sich doch, ob es nicht einmal nötig wäre, die tendenzielle Entschärfung eines Massenmordes durch politisch gerade noch irgendwie nachvollziehbare Zielvorstellungen einmal grundsätzlich einer kritischen Reflexion zu unterziehen.

Das Bestürzende und Unbegreifliche der Menschenvernichtungsaktionen der Nationalsozialisten lag auch für Anders darin, daß dieser Massenmord offensichtlich keinem politischen Ziel untergeordnet war, sondern selbst das Ziel darstellte: «Die Ausrottung der Juden. Diese war kein Mittel, sondern ein Zweck.» Daß für die Nazis die Juden zur Verkörperung alles Negativen werden konnten, führt Anders unter anderem darauf zurück, daß die Moderne nicht nur Gott, sondern auch den Teufel für tot erklärt hatte. Für Hitler fungierten die Juden als «Teufelsersatz», als Projektionsfläche für das Negative und als Folie, vor der seine eigene «Gottähnlichkeit» und Heilsbringerschaft um so wirkungsvoller inszeniert werden konnte. Analog zu dieser Strategie Hitlers sah Anders übrigens auch Stalins Selbstvergottung im Zusammenhang mit der «Satanisierung Trotzkis». Den entscheidenden Grund für die Judenvernichtung fand Anders allerdings in der für Diktaturen notwendigen «Ontologisierung des Guten und des Bösen». Nicht Werke oder Tugenden, Laster, Taten oder Gesinnungen werden dabei als gut oder schlecht qualifiziert, sondern es wird behauptet, daß «als ‹gut› oder ‹schlecht› [...] etwas Seiendes gilt» (Besuch im Hades, S. 208 f.). In der Ethik des Totalitarismus ist gut oder schlecht ein Seinsrang, die Zugehörigkeit zu einer Ethnie oder Religionsgemeinschaft, die an sich als gut oder schlecht behauptet wird, entscheidet damit auch über das Schicksal des einzelnen – er kann tun oder lassen, was er will. Mit den Fiktionen des Ariers und des Juden hatten die Nazis solch eine

Seinsordnung des Guten und Bösen entworfen und durchgesetzt.

Das aber bedeutet nach Anders, daß unter solchen Bedingungen die Freiheit als Voraussetzung für eine moralisch qualifizierbare Handlung aufgehoben ist: «Wenn ein Seiendes (der Arier) von Natur aus und unwiderruflicherweise das Gute verkörpert, und ein anderes Seiendes (der Jude) gleichfalls von Natur aus und unwiderruflich das Böse, dann ist *kein Platz* mehr gelassen *für Freiheit* (der Wahl zwischen Gut und Böse), und das ebenfalls unwiderruflicherweise; und ebenso unwiderruflicherweise ist dann kein Raum mehr *übrig* für das ‹Sollen›, das nun gewissermaßen zwischen Sein und Müssen zerquetscht wird.» Unter solchen Bedingungen wird der Kantische Begriff der Pflicht pervertiert. Hatte aus Pflicht zu handeln bei Kant noch bedeutet, sich an einer dem kategorischen Imperativ folgenden Vernunft zu orientieren, also sich bei jeder Handlung zu überlegen, ob die zugrundeliegende Maxime für alle Menschen gelten könnte, wird Pflicht nun zu dem Phantasma, tun zu müssen, was die Natur verlangt. Anders hat dies knapp und präzise in einer Weise formuliert, die wohl auch für andere, ähnlich gelagerte Ontologisierungen des Guten und Bösen gilt: «*Wo Müssen herrscht, darf kein Sollen sein.*» Für den Nationalsozialismus bedeutete dies: Als Arier, der man eben von Natur aus ist, hat man das zu tun, was man tun muß; und für den Juden galt, daß er eben zu erleiden hat, was man als Jude erleiden muß. Die Rede, daß der Nationalsozialismus «unmoralisch» gewesen sei, hat Anders dann auch als das «understatement of the century» bezeichnet, denn die epochale Leistung der Nazis bestand in der «Eliminierung der Kategorie des Sollens als solche»; und daß die Hauptopfer dieser Eliminierung gerade die Nachfahren jener gewesen sind, «die mit Dekalog und Bergpredigt das ‹Sollen› begründet haben», hielt Anders für keine Koinzidenz, sondern für einen «Racheakt von weltgeschichtlichem Ausmaß gegen das Sollen» (Besuch im Hades, S. 211). Der Totalitarismus erscheint damit als eine Aufhebung von Freiheit, weil die Möglichkeit von Moral unter Berufung

107

auf die angeblichen Gesetze der Natur überhaupt dementiert wird.

Die Aktualität dieser Reflexionen ist unübersehbar. Wo immer Menschen, auch unter nichttotalitären Bedingungen, auf eine Natur, ein genetisches Programm, ein determinierendes Milieu festgelegt werden, wo immer ihnen ein Sollen oder Können abgesprochen wird, weil sie auf ein Müssen oder Nichtanderskönnen fixiert werden, steht die Freiheit prinzipiell zur Disposition. Auch wenn die Freiheit des Menschen eine Fiktion sein sollte, erfordert die Idee der Humanität diese Fiktion, denn nur unter der Annahme der Freiheit, nur unter der Annahme, daß ein Mensch in seiner Seinsweise nicht festgelegt, sondern immer auch nicht determinierte Optionen hat, kann ich ihm mit Achtung begegnen, weil nur so ich ihm und er mir verantwortlich sein kann.[3] Die Unterstellung, daß der Mensch ein freies Wesen ist, wird uns nicht vor politischen Verbrechen und Greueln schützen; aber sie wird zumindest eine Einspruchsmöglichkeit gegen die These ermöglichen, daß bestimmte Menschen oder Menschengruppen von Natur aus kein Lebensrecht auf dieser Erde hätten.

Was Auschwitz betrifft, schärfte Anders den Blick noch für ein weiteres brisantes Problem. Zwar gehört es mittlerweile zum *common sense*, in der bürokratisch durchorganisierten und fabriksmäßig betriebenen Form des Massenmordes an den Juden dessen Einzigartigkeit zu sehen, es fällt aber aus dieser Erkenntnis kein Schatten auf das Phänomen der Fabrik selbst. Anders ging hier weiter. Es mag auf den ersten Blick verstörend sein, und mit ein Grund für das Schweigen, mit dem man diesen Analysen von Anders bis heute begegnet, daß Anders die Massenvernichtungen des Nationalsozialismus als ersten kumulativen *negativen* Ausbruch jenes Systems von Arbeitsorganisation sah, der wir in unserem zivilisatorischen Selbstverständnis ansonsten gerne den Fortschritt zuschreiben. Die Aufsplitterung der Arbeit in maschinengestützte Einzelschritte macht es unmöglich, den Gesamtprozeß zu überblicken und die möglichen Effekte des eigenen Tuns abzuschätzen. Gleichzeitig aber werden die Arbeitsvorgänge der verschiedensten Produktionszweige ihrer technischen *Form* nach einander angeglichen, so daß die Produktion einer Vernichtungswaffe, ja die Vernichtung von Menschen von der Herstellung irgendeines anderen Produkts oder Verfahrens kaum mehr differiert. Der Form nach ist der Abschuß einer Interkontinentalrakete von einem Computerspiel nicht mehr zu unterscheiden. Das führt nach Anders dazu, daß wir das Interesse am «Mechanismus als ganzem und an dessen Letzteffekten» einfach verlieren. Damit büßen wir aber auch die Fähigkeit ein, uns überhaupt von diesem Prozeß noch eine angemessene *Vorstellung* machen zu können. «Ist ein maximaler Grad von Indirektheit überschritten», schreibt Anders in dem *Offenen Brief*, «dann versagen wir, nein, dann wissen wir noch nicht einmal, daß wir versagen, daß es unsere Aufgabe wäre, uns vorzustellen, was wir tun.» Und dieser maximale Grad von Indirektheit wird in der heutigen industriellen und administrativen Arbeit nach Anders der «Normalfall». Je schärfer das Tempo des Fortschritts, je größer die «Effekte unserer Produktion» und je verwickelter die «Struktur unserer Apparate», um so blinder werden wir (Wir Eichmannsöhne, S. 26).

Diese Blindheit ist aber kein Ausdruck eines subjektiven Versagens, sondern die Form einer grundsätzlichen, fundamentalen *objektiven* Unfähigkeit, dem Überschwelligen, dem, das für unsere Wahrnehmung zu groß ist, dem Monströsen, angemessen begegnen zu können: auf der kognitiven und der emotionalen Ebene. Die moderne Gesellschaft produziert notwendigerweise «emotionale Analphabeten»: «Sechs Millionen bleiben für uns eine Ziffer, während die Rede von zehn Ermordeten vielleicht noch irgendwie in uns anzuklingen vermag, und uns ein einziger Ermordeter mit Grauen erfüllt» (Wir Eichmannsöhne, S. 26 f.). Versuchte man aber nun, sich das Monströse dadurch zugänglich zu machen, daß man es am berührenden Einzelfall, am Schicksal eines Individuums studiert, verfehlt man auch das Problem: denn die Tragik der Einzelnen ähnelt sich immer und überall – gerade am Besonderen kann die Monströsität des Allgemeinen nicht mehr angemessen begriffen werden. Und wer am eigenen Leib erfahren hat, wie schnell wir uns an die Bilder von Völkermorden und Menschenvernichtung aus Kambodscha, aus Bosnien, aus Ruanda gewöhnt haben, wird auch darüber nachdenken müssen, ob das rituelle moralisch-ästhetische Beschwören von Auschwitz nicht auch jenen Gewöhnungs- und Abstumpfungseffekt erzeugt, dem es entgehen möchte.

Entscheidend war aber für Günther Anders, daß solche monströsen *Untaten* wie Auschwitz und eben auch Hiroshima längst nicht mehr die Untaten Einzelner waren, sondern sich zusammensetzten aus einer Kette ganz «normaler» Taten. Das große Verbrechen als ein Kontinuum von an sich harmlosen Akten: das unterscheidet die Barbarei der Moderne von den Greueln und Untaten der Vormoderne, und das führt zu jener *Unschuldshaltung*, die Anders einmal den «Legitimationseffekt» genannt hat: Weil keiner etwas Böses, sondern jeder nur seine Arbeit macht, kann auch niemand schuld sein an dem letztlich produzierten Effekt (Besuch im Hades, S. 193). Die Kette hochtechnifizierter Entscheidungen und aufgespaltener Handlungssegmente von der Planung über den Bau bis zum Einsatz der ersten Atombomben über Japan folgte offensichtlich ähnlichen Prinzipien. Und niemand hat wie Günther Anders darüber nachgedacht, was Auschwitz und Hiroshima gemeinsam ist und was diese Formen der Massenvernichtung dennoch gravierend voneinander unterscheidet.

Für Anders nämlich ist Auschwitz «moralisch ungleich *entsetzlicher*» gewesen als Hiroshima – aber dieses faktisch »ungleich *schlimmer*» als jenes. Dies deshalb, weil trotz aller Mechanisierung des Todes die direkte Beteiligung von Individuen, mit all ihren Sadismen, Grausamkeiten, Haßgefühlen, Zynismen gegenüber den Opfern, Brutalitäten, Karrieresüchten und vielleicht auch Zweifeln im Falle von Auschwitz noch gegeben war, weil es einen körpernahen Kontakt zwischen Tätern und Opfern immer noch gegeben hat, während die Piloten von Hiroshima und Nagasaki mit dem buchstäblich emotionslosen Knopfdruck das Leben von Hunderttausenden, zu denen sie überhaupt keine Beziehung mehr hatten, in einer Sekunde vernichteten. Was aber bedeutet das? In Notizen, die sich Anders nach der Ausstrahlung der Fernsehserie *Holocaust* im Jahre 1979 gemacht hatte, heißt es: «Wenn *ein* Mensch im Bruchteil einer Sekunde [Millionen Mitmenschen] auslöschen kann, so sind daneben die paar Tausend SS-Männer, die nur peu à peu Millionen umbringen können, [...] harmlos. Während die atomaren Waffen im wörtlichsten Sinne ‹apokalyptisch› sind, waren oder sind die Lager ‹apokalyptisch› nur im metaphorischen Sinne. Verglichen mit den modernen Massenmordmethoden, ist, was in den drei Jahren vor Hiroshima in den Vernichtungslagern geschehen ist (ich wage das Wort kaum niederzuschreiben), harmlos gewesen. Die Technologie und der output der Lagerinstallationen war, verglichen mit dem technischen Standard und der möglichen Leistung heutiger Raketenbasen, noch plump und dem Typ nach 19. Jahrhundert gewesen [...]. Keine Frage: Die ‹Zukunft› gehört dem moderneren Massenmord (sofern man den Zukunftslosigkeit produzierenden Geräten ‹Zukunft› zuerkennen kann). Das schließt freilich nicht aus, daß in noch nicht höchst industrialisierten Ländern *Auschwitz sich noch lange als Vorbild* halten wird. Die Mächte, die noch nicht so weit sind, Hiroshimas herzustellen, die werden mit der Anlage von ‹Auschwitzs› vorliebnehmen. Auch das Prinzip Auschwitz hat also, weil noch nicht überall ‹die Zukunft begonnen› hat, noch eine Zukunft. Die zwei Methoden des Genozids, die moderne und die nicht ganz so moderne, werden, sofern uns ein Überleben überhaupt vergönnt bleibt, noch lange ‹überlappen›.» (Besuch im Hades, S. 206 f.)

Das «Prinzip Auschwitz»: Anders gebrauchte diese Formulierung nicht nur beiläufig. Damit ist auch der Versuch zum Ausdruck gebracht, zwischen der Apotheose der Absolutheit von Auschwitz und seiner Banalisierung und Relativierung einen Begriff zu finden, der es erlaubt, den historischen Massenmord als ein Ereignis zu begreifen, das keiner Pathologie oder Dämonie, sondern eben einem Prinzip gehorchte, das unter

111

den Bedingungen der Moderne nicht außer Kraft gesetzt, wohl aber durch die avancierte Technologie der Kernwaffen in seiner Wirkung überboten, in seiner moralischen Ungeheuerlichkeit aber unterlaufen werden kann. Die Tatsache, daß Auschwitz gegenüber Hiroshima technisch rückständig war, erlaubte es Anders nämlich, dieses als moralisch ungleich entsetzlicher zu bezeichnen, weil es noch einen Kontakt zwischen den Tätern und ihren Opfern, weil es Orte der Tat gegeben hatte. Der Abwurf der Bomben über Hiroshima und Nagasaki war aber ein Massenmord ohne Mörder und vollzog sich in einer Sekunde ohne Bosheit, während in den Vernichtungslagern der Nazis der Massenmord als *full time job* Tag und Nacht betrieben wurde. Dieser Rest an Menschlichem – daß nicht nur vernichtet, sondern auch selektiert, gefoltert und gequält wurde, daß es eine inhumane und brutale Logik des Lagers gab, daß es Reste von individueller Verantwortlichkeit gab – macht die besondere Unmenschlichkeit dieses Genozids aus, während das deshalb ungleich schlimmere Töten mit der moderneren Atombombe auf jede Beziehung zwischen Täter und Opfer verzichten kann.

Bosheit ist also nach Anders letztlich genauso antiquiert wie der *Haß*. Die Tendenz unserer Zivilisation, zu einer gigantischen Maschine zu werden, in der nur mehr der Sachzwang gilt, liquidiert schleichend den Menschen als Urheber seiner Taten, für die er noch zur Verantwortung gezogen werden könnte. Genau darin liegt die fatale *Möglichkeit* einer Selbstdestruktion der Menschheit durch vordergründig *anständige* Arbeit. Je größer der Effekt einer Tat, so formulierte Anders einmal dieses «Harmlosigkeitsgesetz», desto kleiner ist die für dessen Verursachung erforderliche Bosheit (Atomare Drohung, S. 189). Aber in dem Moment, in dem die Täter zur Durchführung ihrer Taten, die in Summe die monströse Untat ergeben, Bosheit nicht benötigen, haben sie auch ihre Chance verloren, «ihre Untaten zu bedenken oder zu revidieren». Daraus folgert Anders, so brutal wie hellsichtig: «Während nämlich Untaten alten Stils dadurch unmenschlich gewesen waren, daß deren Täter in actu oder ante actum ihr Menschsein suspendiert hatten, werden die neuen es nun dadurch, daß sich die menschlichen Täter als Täter suspendieren. *Unmenschliche Taten sind heute Taten ohne Menschen.*» (Atomare Drohung, S. 191 und 200)

Das bedeutet aber auch, daß die «bisherigen religiösen und philosophischen Ethiken ausnahmslos und restlos obsolet geworden sind, sie [sind] in Hiroshima mitexplodiert und in Auschwitz mitvergast worden.» (Besuch im Hades, S. 195) Moral, die sich immer an die Verantwortung von einzelnen richtet, versagt, wenn diese Verantwortung nicht mehr definiert werden kann, da das Handeln des einzelnen hinter dem Sachzwang der Maschinen verschwindet. Ist diese Analyse auch nur in ihren entscheidenden Punkten triftig, dann erklärt sie unter anderem genau jenes Phänomen, mit dem eine aufgeklärt-moralisierende Öffentlichkeit solche Schwierigkeiten hat: die Biederkeit und Reuelosigkeit sogenannter Nazitäter, die scheinbar in keinen Zusammenhang mehr gebracht werden kann mit den Ungeheuerlichkeiten, die sie vollbracht haben: die von Hannah Arendt so genannte *Banalität des Bösen.* Was mit Anders erkannt, zumindest diskutiert werden müßte: Es geht nicht nur um individuelle Schuldzuschreibungen, es geht entscheidend um die Einsicht, daß unsere Begriffe von Tat und Schuld, und die daraus abgeleiteten Rechtsfolgen, der *Struktur* dieser und ähnlicher Taten immer *unangemessener* werden. Mit Appellen an individuelles Gewissen, Verantwortungsbewußtsein und dergleichen ist nichts auszurichten, wenn jemand erst gar nicht gewissenlos handeln muß, um monströs zu sein, sondern wenn es einfach genügt, nicht einmal daß er seine *Pflicht* tut, nein, daß er einen *Job* erledigt.

Die Provokation in diesen Überlegungen liegt darin, daß ein unterschwelliger Zusammenhang zwischen Auschwitz, Hiroshima und der modernen Industriegesellschaft postuliert wird, der sein Fundament in der Tendenz einer *universellen Maschinisierung* hat: «Die Welt wird zur Maschine», heißt es in *Wir Eichmannsöhne*, und gemeint ist damit der «technisch-totalitäre Zustand, dem wir entgegentreiben». Anders konstatiert eine Entwicklung, die der Technik das Primat des Handelns überläßt, dem die Artikulation der menschlichen Bedürfnisse hinterherhinkt und eingegliedert wird. Tendenziell wird der Mensch zu einem Teil der von ihm geschaffenen Maschinerie. An dem Tag, so Anders, an dem sich das «chiliastische Reich des technischen Totalitarismus» erfüllt, «werden wir dann nur noch als Maschinenstücke dasein oder als Stücke des für die Maschine erforderlichen Materials: *als* Menschen werden wir dann also liquidiert sein». Und genau in dieser Hinsicht, in der totalen und reibungslosen *Funktionalisierung* des Menschen, in seiner Eingliederung in ein System von Zwängen, das er nicht einmal als Zwang imstande ist zu begreifen, weil es keinen Punkt mehr zuläßt, von dem aus es anders gesehen werden könnte, in der Degradierung des Menschen zu einem Material, zu Rohstoff, liegt die «Ähnlichkeit dieses drohenden technisch-totalitären Reiches mit dem monströsen gestrigen» (Wir Eichmannsöhne, S. 53 ff.).

Die fundamentale Diskrepanz zwischen Vorstellen und Herstellen hat Anders dann auch die Frage, wie etwa die Taten der Nazis und ihrer Handlanger moralisch zu beurteilen seien, ein wenig anders beantworten lassen als gegenwärtig üblich. Anders hatte etwa moniert, daß das aus der «amerikanischen Vulgärpsychoanalyse» stammende Konzept von Traumatisierung, Verdrängung und Bewältigung für die Täter keinen Sinn ergibt, da diese unfähig waren, «das Unsägliche, das sie begingen oder dessen Zeugen sie waren, als entsetzlich zu erleben, das Grauenhafte als grauenhaft wahrzunehmen und aufzufassen» – und dies nicht nur, weil sie moralisch insuffizient waren, sondern auch, weil ihre Taten eine Dimension hatten, die weder emotional noch sprachlich zu bewältigen war (Besuch im Hades, S. 185 f.). Günther Anders war letztlich überzeugt davon, daß es keine artikulierbare «Bewältigung» des Grauens geben kann. Wohl aber gibt es viele Strategien, sich dem Problem erst gar nicht zu stellen. Und dazu gehören nach Anders die gegenwärtig unübersehbaren Versuche, das Entsetzliche pathetisch und ästhetisch zu überhöhen. Anders nannte diesen Vorgang «Solennifizierung»: Das «Furchtbare in die Sprache des Ästhetischen» zu übersetzen ist für ihn eine Form der Lüge. Die feierliche Beschwörung der Massenmorde, oft mit Vokabeln aus dem religiösen Bereich – von «Selbstaufopferung» bis «Holocaust» – ist für Anders, da es sich «um die Möglichkeit der Liquidierung der Menschheit handelt, blanke Obszönität» (Atomare Drohung, S. 128). Mit ähnlichen Worten hat Anders auch die von prominenten Dirigenten geleiteten Gedenkkonzerte für die Opfer von Hiroshima gegeißelt. Unschwer, sich vorzustellen, was ein Gedenkkonzert der Wiener Philharmoniker im ehemaligen Konzentrationslager Mauthausen für Reaktionen bei ihm ausgelöst hätte.

Anders hat aber nicht nur weihevollen und medienwirksamen Gedenkveranstaltungen, sondern auch der avancierten Kunst die Möglichkeit und damit das Recht abgesprochen, die industrielle Leichenproduktion der Nazis und die Bedrohung der Menschheit durch die Atombombe angemessen darzustellen. Gemessen an dem Ernst der Situation wird jede Kunst prinzipiell zu Unernst. Schon Auschwitz, so Anders, der in diesem Punkt durchaus mit Adorno sympathisierte, war durch die Poesie nicht mehr zu begreifen. Anders wies etwa die Behauptung, daß dies etwa Paul Celan durch seine «Todesfuge» sehr wohl gelungen sei, mit der Bemerkung scharf zurück, dies sei «modischer Unsinn derer, die in den sechziger Jahren einen risikolosen Antifaschismus als Mode trugen» (Besuch im Hades, S. 191). Ähnlich scharf urteilte er auch über Arnold Schönbergs «Ein Überlebender aus Warschau» (Ketzereien, S. 69), aber auch über Luigi Nonos «Sul Ponte da Hiroshima», eine Komposition, die ja auf Anders Tagebuchaufzeichnungen aus Hiroshima beruht (Günther Anders antwortet, S. 110).[4]

Was Auschwitz betrifft, so hatte Günther Anders in den *Philosophischen Stenogrammen* angedeutet, wie eine Rede über diese Monströsität auszusehen hätte – eine Überlegung, die gerade im Zeitalter der Mahnmäler und Gedenkstätten von einer provozierenden Aktualität zu sein scheint: «Wenn du von

Auschwitz sprichst, dann vermeide Feierlichkeit. Der feierliche
Tonfall ziemt sich nicht, er ist noch zu human, er könnte noch
so klingen, als wenn es irgendwo doch noch eine Möglichkeit
von Sinn oder Versöhnung gebe – und diese Möglichkeit offen
zu lassen, das wäre eine tödliche Entwürdigung des Monströsen,
das sich abgespielt hat. Sprich nicht von ‹Toten›. Noch nicht einmal von ‹Ermordeten›. Beides wäre Hohn. Getötet worden ist
niemand. Und ermordet worden ebenfalls niemand. Wie tief
dich das auch erschrecken mag, wie schwer dir das auch fallen
mag, die einzige angemessene, die einzige wahre, die einzige
der Millionen Entwürdigten würdige Rede ist die zynische. Zu
sprechen hast du also von dem Material, das, der Maschine zur
Verarbeitung zugeliefert, die ungewöhnliche Eigenschaft be-
sessen hat, sehen, hören und fühlen zu können. Und (wenn du
die Zeugen erwähnst, die heute auftreten): von den zufällig un-
verarbeitet gebliebenen Materialresten, die die gleichfalls ungewöhnliche Eigenschaft besitzen, sich erinnern, berichten und
anklagen zu können. – Nur so. Anders zu sprechen, ist uner-
laubt und läuft beinahe schon auf Entschuldigung heraus.»
(Philosophische Stenogramme, S. 53) Damit aber – und Anders ist sich dessen wohl bewußt – ist nicht nur die Frage nach
der Möglichkeit von Kunst überhaupt gestellt, sondern auch
die, ob das Ungeheuerliche überhaupt eine kommunizierbare
Form finden kann, die nicht verharmlosend wirkt.

Das «Prinzip Auschwitz» war für Anders die Realität einer
planmäßigen und industriell praktizierten Menschenvernichtung in bisher ungeahntem Ausmaß. Der Abwurf der Atombombe über Hiroshima signalisierte hingegen die von nun an
möglich gewordene Vernichtung des Menschen schlechthin.
Anders verzichtete bei seinen Reflexionen über Auschwitz und
Hiroshima auf eine genaue Analyse der jeweiligen politischen
Umstände und Beweggründe. Das mag man als einen Mangel
empfinden. Ihm ging es jedoch darum zu zeigen, daß die Wirklichkeit und Möglichkeit einer bis zur Vernichtung der
Menschheit steigerbaren Barbarei untrennbar verbunden ist
mit dem Fortschritt der technischen Zivilisation. Vielleicht ist

diese Barbarei nur eine negative Nebenfolge des Fortschritts, die wir politisch zähmen können. Vielleicht aber, und zu dieser These neigte wohl Günther Anders, ist diese Barbarei, diese grundlegende Enthumanisierung, eine notwendige Konsequenz der Technisierung, die wir vielleicht eine Zeitlang aufhalten, aber letztlich nicht mehr außer Kraft setzen können.

Die Frist

Der 6. August 1945 – der Tag des Abwurfs der Atombombe über Hiroshima – war für Günther Anders wahrscheinlich die entscheidende Zäsur seines Lebens. Zwar hatten schon der Erste Weltkrieg, der Machtantritt Hitlers, die Nachrichten von Auschwitz seinem Leben und Denken entscheidende Wendungen gegeben, er hatte auch versucht, auf all diese Ereignisse literarisch und philosophisch zu reagieren, aber nach Hiroshima blieb er erst einmal stumm. Und zwar nicht deshalb, weil er «die Ungeheuerlichkeit der Ereignisse nicht verstanden hätte, sondern umgekehrt deshalb, weil mein Vorstellen, Denken, mein Mund und meine Hand vor der Ungeheuerlichkeit der Ereignisse streikten». Ohne daß er es sofort hätte formulieren können, war Anders von der mehr als nur epochalen Bedeutsamkeit dieses Ereignisses überzeugt: «Ich begriff sofort, wohl schon am 7. August, einen Tag nach Hiroshima und zwei Tage vor dem absolut unverzeihlichen zweiten Atomangriff, dem auf Nagasaki, daß der 6. August den Tag Null einer neuen Zeitrechnung darstellte: den Tag, von dem die Menschheit unrevozierbar fähig war, sich selbst auszurotten.» (Günther Anders antwortet, S. 52 und S. 42)

Günther Anders hatte, seit der Publikation der ersten Reflexionen über die atomaren Bedrohungen in den fünfziger Jahren, unablässig an dieser Herausforderung weitergearbeitet: theoretisch, in zahlreichen Aufsätzen und Artikeln, und praktisch, als Mitinitiator der ersten Anti-Atombewegung, durch seine Reisen nach Hiroshima und Nagasaki und nicht zuletzt durch den berühmt gewordenen, umstrittenen Briefwechsel mit dem Hiroshima-Piloten Claude Eatherly. Es ist sicher nicht übertrieben, wenn man im intellektuellen und politischen Kampf gegen die atomare Aufrüstung den zentralen Punkt von Anders' philosophischer und politischer Arbeit nach dem Zweiten Weltkrieg sieht. Anders hatte diesen Kampf stets als Kampf um den Fortbestand der Gattung Mensch betrachtet, den er durch das Potential der Massenvernichtungswaffen und durch die diesen gegenüber geübte Ignoranz gleichermaßen bedroht sah. Wenn er sich irgendwo auch als Warner und Prophet sah, dann sicher im Zusammenhang mit der möglich gewordenen atomaren Apokalypse.

Heute ist man geneigt, gerade diese Warnungen und Prophezeiungen nach dem Ende des Kalten Krieges selbst als antiquiert zu betrachten. Wohl stießen die Thesen von Günther Anders zur atomaren Bedrohung Mitte der 80er Jahre noch einmal auf viel Resonanz, als, am letzten Höhepunkt des Kalten Krieges, bei Strategen und in der Öffentlichkeit viel von Auf- und Nachrüstung, von Erst- und Gegenschlagskapazitäten die Rede war, als die Opfer eines Dritten Weltkriegs in Megacorps, die Schlagkraft einer Armee in globalen Overkill-Kapazitäten berechnet und die Folgen eines atomaren Winters abgeschätzt wurden und manch frivoler Zeitgeist die Selbstvernichtung der Menschheit geradezu anempfahl und ein «anthropofugales» Denken für beachtliche Aufregung im Feuilleton sorgte.[1] Die offenbar unüberwindbare Konfrontation der Supermächte, ihre aufgerüsteten atomaren Arsenale, die immer kürzer werdenden Vorwarnzeiten und die erwartbare Logik der Eskalation schufen eine apokalyptische Stimmung, die selten die Präzision der Andersschen Analysen erreichte, aber doch auch den atmosphärischen Hintergrund für seine Philosophie der Endzeit bildete. Aber so plötzlich, wie die atomare Bedrohung nach 1989, nach dem Zusammenbruch der Sowjetunion, aus dem allgemeinen Bewußtsein verschwunden ist, sind nicht nur Anders' diesbezügliche politischen Aktivitäten, sondern auch seine daraus abgeleiteten geschichtsphilosophischen Reflexionen vergessen worden. Wohl fühlen sich viele Menschen nach wie vor durch mancherlei Gefahren in einem gattungsspezifischen Sinne bedroht – aber die Atomkriegsgefahr und ihre immanente Logik der Menschheitsvernichtung tauchte nicht einmal am Rande des durch einen brutalen Terroranschlag be-

dingten Feldzuges der USA gegen Afghanistan Ende 2001 auf –
eine Konstellation, die vor etwas mehr als einem Jahrzehnt die
Welt sofort an den Abgrund einer atomaren Katastrophe geführt
hätte. Gleichzeitig allerdings wächst die Angst, nicht nur Staaten, denen offenbar zugetraut wird, Massenvernichtungswaffen
zu entwickeln, aber nicht einzusetzen, sondern auch skrupellose
Terroristen könnten in den Besitz solcher Waffen gelangen.

Hat sich Anders also geirrt? War er in seiner geschichtsphilosophischen Einschätzung des 6. August 1945 zu weit gegangen? Oder hatte er in einem Maße recht, das sich gerade darin
bestätigt, daß wir die Atombombe kaum mehr als Bedrohung
empfinden, weil wir bei der ersten sich bietenden Gelegenheit
dem von ihm so scharf kritisierten Hang zur «Apokalypseblindheit» nachgegeben haben? Um diese Fragen zu beantworten,
scheint ein rekonstruktiver Blick auf Anders Philosophie der
atomaren Drohung geboten.[2]

Im Zuge der Auseinandersetzung mit den Abwürfen der
Atombomben über Hiroshima und Nagasaki und den damit verbundenen Folgen hatten sich für Anders drei Fragenkomplexe
herauskristallisiert: Erstens: Was für ein Wesen – phänomenologisch betrachtet – ist das eigentlich: die Atombombe; welche
Maximen lassen sich aus ihr ableiten und was bedeuten diese für
die Weltpolitik? Zweitens: Was bedeutet die Existenz der Bombe
und das damit verbundene Vernichtungspotential geschichts-
philosophisch für das Selbstverständnis der Menschheit? Und
drittens: Was hindert die Menschen eigentlich daran, die atomare Situation angemessen wahrnehmen zu können, welchen
Verharmlosungsstrategien unterliegen sie mehr oder weniger
bereitwillig, und wie läßt sich dieser Blindheit begegnen?

Zum ersten Punkt: Einer der Ansatzpunkte für die Analyse der
Bombe war die Beobachtung, «daß wir die Bombe, wenn wir sie
auch nur denken, in einer falschen Kategorie denken» – nämlich
als Waffe, das heißt als Mittel. Das Denken in Mittel-Zweck-Re-
lationen ist nach Anders der Atombombe gegenüber völlig unangemessen, denn «zum Begriff des *Mittels* gehört es, daß es, seinen Zweck *vermittelnd*, in diesem aufgehe, [...] daß es also als

eigene *Größe* verschwinde, wenn das Ziel erreicht ist» – und dafür ist die Bombe «absolut zu groß». Absolut zu groß: das meint, daß der Einsatz der Bombe einen Effekt auslösen würde, der größer ist als jeder noch so große vom Menschen gesetzte politische oder militärische Zweck, und daß – bedenkt man die mögliche Vernichtung allen Lebens – jede weitere Setzung von Zwecken und damit jede weitere Verwendung von Mitteln verschwinden würde (Antiquiertheit I, S. 248 f.). Damit allerdings, so Anders, verhält sich die Bombe subversiv gegenüber der «Geheim-Losung» unserer Epoche, die da lautet: «Die Mittel heiligen die Zwecke». Die Zweckrationalität des industriellen Zeitalters ist ein Euphemismus. In der Tat werden nicht Zwecke diskutiert und dann angemessene Mittel gesucht, sondern allem, was auf den Markt geworfen wird, muß ein Zweck zukommen, das heißt: es muß ein Mittel sein. Was nutzlos ist, kein Mittel, also nicht um seiner Verwertbarkeit willen existiert, hat unter diesen Bedingungen seine Lebensberechtigung verloren. Die Devise muß also lauten: alles zu einem Mittel zu machen und, was sich nicht zu einem Mittel machen läßt, zu eliminieren: «Der Zweck von Zwecken besteht heute darin, Mittel für Mittel zu sein» (Antiquiertheit I, S. 252 f.).

Diesen Kosmos von Mitteln droht die Bombe aufzusprengen – es muß also zu ihrer Ideologie gehören, sie zu verharmlosen, und das heißt: sie muß als Mittel unter anderen Mitteln, als eine Waffe unter anderen Waffen dargestellt werden. Als ein Mittel zur gegenseitigen Abschreckung etwa. Das allerdings führt in eine paradoxe Situation: Als Mittel ist die Bombe nur einsetzbar, wenn sie nicht eingesetzt wird. Nicht eingesetzt wird sie aber, wenn jederzeit mit ihrer Einsetzbarkeit gedroht werden kann und gerechnet werden muß. Dieser Sachverhalt hat Anders dazu bewogen, die Bombe als ontologisches Unikum zu beschreiben, ja, er sprach sogar einmal von dem anarchischen Charakter der Bombe. Vor allem bezeichnete er die Bombe mit jenem Begriff, mit dem er auch das Unvorstellbare von Auschwitz benannt hatte – mit dem Begriff des *Monströsen*: «Wesen, die man nicht klassifizieren konnte, nannte man früher *monströs.* [...] Ein solches Wesen ist die Bombe. Sie ist da, obwohl wesenlos. Und ihr Unwesen hält uns in Atem.» (Antiquiertheit I, S. 254)

Die Dynamik des Monstrums beginnt allerdings nicht erst, wenn mit seinem Einsatz kalkuliert wird. Im Gegensatz zu den Ideologemen der Gleichgewichtsstrategien insistierte Anders darauf, daß es nicht nur um die Frage geht, was geschieht, wenn die Bombe zur Explosion gebracht wird, weil sie als Drohmittel immer schon eingesetzt ist. Dies macht seine Analyse bis heute, genauer, so lange aktuell, solange irgendwo auf dieser Erde atomare Sprengköpfe oder vergleichbare Massenvernichtungswaffen gelagert sind. Die Existenz der Bombe an sich ist immer schon eine Form ihres Einsatzes – nämlich in ihrer experimentellen Erprobung und als ultimatives Druckmittel. An der Bombe tritt eine Maxime des technischen Zeitalters am klarsten zu Tage: Es gibt keine nicht eingesetzten Geräte. Haben und Verwenden fallen zusammen. Anders betonte, daß die übliche Differenz von «Probe» und «Ernstfall», von experimentellem Versuch und tatsächlichem Einsatz im Falle der Atombombe tendenziell hinfällig geworden ist. Die «Insularität des Probefeldes», Vorbedingung des technischen Experiments, die Unterscheidung zwischen Labor und Wirklichkeit, ist bei Versuchen mit nuklearen Sprengkörpern nicht mehr gegeben. Die Versuchsdetonationen in der Atmosphäre ebenso wie die unter der Erde waren keine Experimente mehr, sondern Varianten des Ernstfalles – das verseuchte Bikini-Atoll zeugt bis heute davon; solche Versuche sind «Stücke unserer geschichtlichen Wirklichkeit» – wenn auch gut abgeschirmt. Die Experimente selbst sind geschichtlich geworden – ja, wie Anders vermutete, sogar «geschichtlich überschwellig»: «Vielmehr ist die Kraft der Experimente, die ihres Experimentalcharakters entkleidet sind, so elementar, daß die geschichtliche Welt im Augenblicke dieses Einbruchs auch schon mit zu zerbrechen droht» (Antiquiertheit I, S. 259 ff.).

Die Rolle, die Nuklearversuche in der Politik der Supermächte spielten, bestätigte nur zu gut Anders' frühe Vermutung, zeigte aber auch, daß dieser geschichtliche Charakter des

Experiments selten vollständig begriffen, wohl aber zynisch akzeptiert wurde und wird. Daß diese Logik auch nach dem Ende des Kalten Krieges noch eine gewisse Gültigkeit hat, zeigte nicht zuletzt die Kündigung des ABM-Vertrages durch die USA und der damit zusammenhängende immer wieder ins Spiel gebrachte Versuch, einen Raketenschutzschild über den USA zu errichten. Die dafür notwendigen Experimente werden nicht im Labor stattfinden – von den militärisch-politischen Konsequenzen einmal abgesehen. Und eine besonders zynische Variante dieser «Überschwelligkeit» liegt darin, daß es, auch beim besten Willen zur Abrüstung, kaum möglich ist, die nuklearen Sprengköpfe sauber und problemlos zu entsorgen. Die Kosten, die dem Westen erwuchsen, um etwa der Ukraine zu helfen, ihr Atom- und Raketenarsenal einigermaßen sauber und kontrolliert zu verschrotten, waren enorm. Und unzählige Sprengköpfe werden, auch ohne gefechtsbereit zu sein, noch für Jahrzehnte, vielleicht Jahrhunderte, als unbeseitigbarer Abfall menschliche Ressourcen binden und menschliches Leben bedrohen.

Sofern funktionsfähig, ist jede Existenz eines nuklearen Sprengkörpers auch weiterhin immer schon eine Form seines Einsatzes. Die Bombe ist eine «Ding gewordene Erpressung» – es ist *unmöglich*, sie zu besitzen, und damit *nicht* zu drohen. Genau das macht, etwa für Drittweltländer, womöglich auch für terroristische Gruppierungen, vorerst ihren Besitz, nicht ihre Explosion, so attraktiv. Das Drohpotential erscheint damit einerseits eingeschränkt – die «kleinen» Atommächte wie Pakistan, Indien oder Israel verfügen nicht über Weltvernichtungskapazitäten –, andererseits könnte damit aber auch die Schwelle für den Einsatz gesenkt werden. Weil aber auch solche Erpressungen mit dem totalen Einsatz, das heißt, mit dem letzten, kalkulieren müssen, sind sie immer ultimativ – sie müssen, wie Anders es formulierte, «grundsätzlich über ihr Ziel hinausschießen». Wer die Bombe hat und nicht bereit ist, damit auch alles aufs Spiel zu setzen, hat sich die Bombe umsonst gebaut. Damit wird der Einsatz taktischer Kernwaffen und deren Punktgenauigkeit nicht angezweifelt – nur: auch die lange propagierte Strategie einer *flexible response* konnte die Logik der Expansion nicht willkürlich außer Kraft setzen. Die Allmacht der Bombe, so Anders, «ist ihr Defekt». Ihre Alternative ist endgültig: «Sie kann nur alle erpressen oder niemanden». Die atomare Erpressung ist immer Selbsterpressung und Erpressung der gesamten Menschheit. Das ist – wie entspannt die Verhältnisse an der politischen Oberfläche auch sein mögen – der status quo seit 1945 (Antiquiertheit I, S. 257 f.).

Das Hauptaugenmerk der Reflexionen von Günther Anders über die Atombombe galt allerdings den geschichtsphilosophischen und moralischen Konsequenzen. Seit Hiroshima gibt es ein neues Spezifikum der Menschheit: daß sie als ganze tötbar ist. Das bedeutet aber auch, daß die Menschheit einen ihrer Träume erfüllt hat, nämlich allmächtig zu werden – allerdings im Negativen: «An die Stelle der, omnipotenzbezeugenden, *creatio ex nihilo* ist deren Gegenmacht getreten: die *potestas annihilationis*. […] Die prometheisch seit langem ersehnte Omnipotenz ist, wenn auch anders als erhofft, wirklich unsere geworden. Da wir die Macht besitzen, einander das Ende zu bereiten, sind wir die *Herren der Apokalypse*.» (Antiquiertheit I, S. 239) Der Mensch ist, wie es in den *Thesen zum Atomzeitalter* heißt, «modo negativo allmächtig geworden» – und das bedeutet aber auch, da «wir jeden Augenblick ausgelöscht werden können», daß wir seit dem 6. August 1945 «total ohnmächtig» geworden sind. Die negative Allmacht schlägt um in Ohnmacht, und dies ist die Voraussetzung für die Allmacht. Demgemäß heißt es dann auch von unserem Zeitalter: «Gleich wie lange, gleich ob es ewig währen wird, dieses Zeitalter ist das letzte: Denn seine differentia specifica: die Möglichkeit unserer Selbstauslöschung kann niemals enden – es sei denn durch das Ende selbst.» «Die Epoche, in der wir leben, ist, selbst wenn sie ewig währen sollte, die endgültig letzte Epoche der Menschheit. Denn wir können nichts verlernen.» (Atomare Drohung, S. 93 und S. 55) Daß, auch bei weitestgehender Abrüstung, das nicht mehr revidierbare Wissen um die Technik der Vernichtung dieses Zeitalter zum absolut letzten machen muß – wie lang immer es auch dauern mag –, bestimmt für Anders die Grundstruktur der Epoche. Der negativ allmächtige Mensch steht hilflos der Unbegrenztheit seines Tuns gegenüber; es ist nicht rückgängig zu machen, die Zukunft damit ein für alle Mal definiert: «Dasjenige was uns begrenzt, ist die Unbegrenztheit der Effekte unseres Tuns. Omnipotenz ist unser fatalster Defekt». (Gewalt – ja oder nein, S. 138 f.) Schon früh hatte Anders für diese widersprüchliche Situation des Menschen im Atomzeitalter die Formulierung gewählt: «Der Titan, der verzweifelt wieder Mensch sein will.» (Antiquiertheit I, S. 241). Das Ende des Kalten Krieges und die damit schlagartig zunehmende Zahl bewaffneter Konflikte und Kriege könnte übrigens auch als eine, wenn auch paradoxe Bestätigung dieser These gedeutet werden. Befreit von der Gefahr, daß jeder lokale Konflikt durch die weltpolitische Konstellation in einen atomaren Flächenbrand münden kann, war und ist der begrenzte, oft mit unvorstellbarer Grausamkeit geführte Krieg wieder zu einer fast alltäglichen Dimension menschlichen Daseins geworden – der Titan darf zumindest hin und wieder Mensch sein.[3]

Die atomare Drohung, die auch als Synonym für die technische Möglichkeit der Selbstvernichtung der Menschheit gelesen werden konnte, hört aber durch das Ende des Kalten Krieges nicht einfach auf. Zwar erhöhen sich dadurch die Chancen, daß die «Frist», die der Menschheit gegeben ist, sich verlängert, aber zum Wesen des Monströsen gehört es, daß es auch als Idee präsent ist, ja gerade darin eine spezifische Wirksamkeit entfaltet. Wir leben, so Anders, nicht im Zeitalter des Materialismus, sondern im «zweiten platonischen Zeitalter»: Die Idee wird wichtiger als ihre allfällige Realisierung (Antiquiertheit II, S. 37). Das meint natürlich alles andere als eine Renaissance der Ideenlehre, vielmehr deren pointierte Negation als Verwirklichung durch die Mechanismen der Industriegesellschaft: denn erst in der Epoche der Massenproduktion, so Anders, kommt dem einzelnen Objekt ein geringerer Seinsgrad zu als seiner Idee – seinem *blue print* nämlich, dem Konstruktionsplan, radikaler noch: dem Wissen um seine Konstruier- und Produzierbarkeit, dem *know how*. Ein spezifisches gesellschaftliches Wissen wird dann auch notwendig das Kriterium zur Bestimmung der Epoche: «Nicht dadurch sind wir 1945 in das atomare Zeitalter eingetreten, daß wir drei Atombomben fertiggestellt haben, sondern dadurch, daß wir das nicht-physische Rezept für zahllose andere besaßen.» (Antiquiertheit II, S. 37) Es ist wohl auch dieser «zweite Platonismus», der Anders zu der Bestimmung unseres Zeitalters als schlechthin letztem führte. Aufschiebbar ist das Ende der Zeiten; unwiderruflich aber ist, daß wir in der Zeit des Endes leben. Denn jenseits aller Auf- und Abrüstungsspiralen, jenseits der Zahlen der gelagerten realen Atomsprengköpfe und jenseits mehr oder weniger erfolgreicher Abrüstungsbemühungen bleibt das Entscheidende die Idee, das unvergeßbare Wissen um den Bau von Massenvernichtungswaffen, damit das Wissen um die Technik der Liquidierbarkeit der Gattung.

Trotz dieser fundamentalen Neubestimmung geschichtsphilosophischen Denkens, das – zumindest seit der Neuzeit – die Zukunft prinzipiell offen gedacht hat und die Permanenz der Existenz der Gattung jederzeit fraglos unterstellen konnte, warnte Anders davor, eine Metaphorik zu übertreiben, die der Menschheit den Status eines Subjekts verleiht, das willentlich einen globalen Suizid in Erwägung ziehen könnte: «Der atomare Untergang [ist] kein Selbstmord, sondern eine Ermordung der Menschheit». Anders differenzierte sehr wohl zwischen der Menschheit als potentiellem Opfer und jener «Pluralität von Mächten», die als Täter in Frage kommen (Atomare Drohung, S. 61 ff.). Und das Vernichtungspotential liegt bis heute nicht in den Händen weniger Staaten, sondern in denen weniger Staatsmänner, wie komplex die Kontrollmechanismen auch sein mögen. Das schafft auch eine völlige Umkehrung des Verhältnisses zwischen Einzelnen und Masse: «Je enormer die Effizienz der technischen Apparate, umso geringer die der Masse. Je enormer die Effizienz der technischen Apparate, umso enormer auch die der Einzelnen, die nun durch solistische Launen, genannt ‹politische Entscheidungen›, in der Lage sind, [...]

Millionen Menschen oder die Menschheit als ganze untergehen zu lassen. Nicht nur im Zeitalter der monströsen Vermassung leben wir [...], sondern gleichzeitig im Zeitalter der monströsen Solistik.» (Hiroshima ist überall, S. XXXI f.) Anders wandte sich deshalb auch gegen die Auffassung, in der Formulierung: die Menschheit *könne* Selbstmord begehen, schwinge so etwas mit wie eine stoische Freiheit zum kollektiven Freitode – solche ethisch-metaphysische Verbrämung der atomaren Bedrohung nannte er «Falschmünzerei». Denn die Möglichkeit der Selbstgefährdung der Gattung Mensch bedeute nur, daß wir «unfähig bleiben, die Verwendung dessen, was wir erzeugt haben [...], zu meistern; und unfähig, diejenigen Mächte, in deren Händen sich die Vernichtungsmittel befinden, zu kontrollieren» (Atomare Drohung, S. 65 f.).

Falschmünzerei – in diesem Zusammenhang erwähnt Günther Anders den Namen von Karl Jaspers. Der Rückblick auf die Art und Weise, wie Jaspers sein ganzes Renommee als Existenzphilosoph in die Waagschale geworfen hatte, um der Atombombe philosophisch zu begegnen, zeigt mehr als nur ein seltsames Kapitel deutscher Philosophiegeschichte: Die Argumentationsstrukturen von Jaspers in seiner vielbeachteten Rundfunkrede *Die Atombombe und die Zukunft des Menschen* im Jahre 1956 und dem darauf basierenden erfolgreichen Buch wiederholten sich in der deutschen und internationalen Nach- und Abrüstungsdebatte immer wieder. Auch wenn diese Debatte aus heutiger Perspektive kaum mehr nachvollziehbar erscheint, enthält sie doch Überlegungen, die unter nur wenig veränderten politischen Bedingungen sofort wieder an Aktualität gewinnen können. An diese Auseinandersetzung zu erinnern, hat also nicht nur historische Gründe.

Wenngleich Jaspers, was Günther Anders anerkennend vermerkt hat, die reale Gefahr der atomaren Situation und die damit verbundene Perspektive der Menschheitsvernichtung durchaus erfaßte, bettete er diese Analyse in eine politische Philosophie ein, die den heroischen Opfertod der Gattung als Grenzerfahrung stilisierte – denn, so Jaspers, «das Leben, das zu retten der zur Freiheit geborene Mensch alles tut, was möglich ist, ist mehr als Leben. Darum kann das Leben als Dasein, wie das einzelne Leben, so alles Leben, eingesetzt und geopfert werden, um des lebenswürdigen Lebens willen»[4]. Jaspers' Opferwille beruhte auf einem, wie Anders es nannte, «Zwei-Höllen-Axiom»: daß die «freie Welt» nur die Wahl habe zwischen dem Risiko des atomaren Untergangs oder dem sowjetrussischen Totalitarismus (Atomare Drohung, S. 41). Dazu kam noch, daß Jaspers unterstellte, daß das Leben unter dem Totalitarismus kein menschliches Leben und deshalb opferbar sei.[5] Den Widerspruch, alles Leben zu opfern um des Lebens in Freiheit willen, das ja gerade diesem Heroismus zum Opfer fiele, konnte Jaspers dann auch nur auflösen, indem er weit ins Transzendente blickt: noch im «Scheitern von Dasein» wird Hoffnung bleiben in der «Gegenwärtigkeit des Ewigen».[6] Günther Anders hat diese von Jaspers vorgebrachte Alternative: Freiheit oder Vernichtung, als «einfach indiskutabel» zurückgewiesen. Wohl mit Recht wies Anders darauf hin, daß die Aufrechnung der vollständigen Vernichtbarkeit allen Lebens gegen eine kontingente historische und gesellschaftliche Situation aufs Tiefste beschämend ist: «daß ein Philosoph die Gefahr durch ein Wandelbares der Gefahr einer Auslöschung des Menschengeschlechts gleichsetzt» (Atomare Drohung, S. 41). An seiner Abneigung gegenüber Jaspers, der immerhin der Doktorvater und lebenslange Freund seiner ersten Frau Hannah Arendt gewesen war, hat Anders übrigens sein Leben lang festgehalten.[7]

Argumentationsfiguren, die denen von Jaspers nicht unähnlich sind, sind am Höhepunkt des Kalten Krieges, in den Debatten der 80er Jahre, auch in der Philosophie wieder aufgetaucht: «Die atomare Drohung enthüllt letzten Endes die allgemeingültige existentielle Wahrheit, daß man nämlich, um sein Leben zu retten, im Stande sein muß, es zu opfern», schrieb der französische Meisterdenker André Glucksmann.[8] Ähnlich wie Anders, logisch vielleicht noch prägnanter gefaßt, hatte damals Ernst Tugendhat dieses Argument überzeugend zurückgewiesen: «Die Drohung mit dem Atomkrieg, deren Perversität die meisten von uns über die Jahrzehnte durch schiere Gewöhnung vergessen haben, impliziert einen bei Lichte besehen geradezu phantastischen atlantischen Ethnozentrismus. [...] In einem Atomkrieg opfert sich keiner mehr *für* das Ganze, sondern das Ganze würde von uns geopfert».[9] Und wie rasch die Geschichte Anders durch den sang- und klanglosen Zusammenbruch der kommunistischen Staatenwelt recht gegeben hat, hat er, in seinem letzten Lebensjahr, noch erfahren können. Es muß heute nahezu unbegreiflich erscheinen, daß die Angst vor solch einem tönernen Gebilde, wie es die Sowjetunion in ihrem letzten Jahrzehnt gewesen war, auch scharfsinnige Menschen dazu bewogen hat, den kollektiven Tod der Menschheit einer Bedrohung durch einen ideologischen Feind vorzuziehen, der dann innerhalb weniger Monate in sich selbst zusammenbrach. Die kritische Analyse, der Anders seinerzeit das Argument, wonach der Atomtod dem Totalitarismus vorzuziehen sei, unterzogen hatte, war allerdings von noch prinzipiellerer Natur gewesen: «Die Atomdrohung [...] ist nämlich nicht die Alternative zum Totalitarismus, sondern die außenpolitische Version des Totalitarismus. Die heute endgültige Alternative lautet nicht ‹Totalitarismus oder Atomdrohung›, sondern: ‹Entweder bedient sich eine Macht der Atomdrohung, weil sie ohnehin totalitär ist, oder eine Macht wird dadurch totalitär, daß sie sich der Atomdrohung bedient.›» (Atomare Drohung, S. 43)

Die Existenz der Bombe, und das ist ein Aspekt, der alle tagespolitischen Dimensionen transzendiert, destruiert nach Anders allerdings auch den Begriff der Geschichte selbst: «Die nicht-mehr-seiende Geschichte wird auf eine fundamental andere Art etwas Nicht-mehr-Seiendes sein als die nicht-mehr-seienden individuellen Geschichtsereignisse. Denn sie wird eben nicht mehr ‹Vergangenheit› sein, sondern etwas, was so gewesen sein wird [...], als wenn es niemals gewesen wäre.» Die an die Sprache der Ontologie erinnernden Termini gebrauchte Anders nicht von ungefähr. Die Heideggersche Formulierung vom Menschen als Dasein, dem es als Seiendem um sein Sein geht, gewinnt für Anders unter dem Aspekt der atomaren Bedrohung erst ihre evidente Rechtmäßigkeit. Nun nimmt Heideggers ontologische Differenz, die Scheidung zwischen Sein und Seiendem, einen fatalen Sinn an: «Allein dem eisigen Schatten, den heute das mögliche Nichtsein in das Seiende hineinwirft, verdankt die *ontologische Differenz* ihr Dasein» (Atomare Drohung, S. 175 ff.). Daß es für den Menschen gleichgültig sein könne, ob nach seinem individuellen Tode die Geschichte sich fortsetze (ein seinerzeit nicht unbeliebtes Argument), scheint allerdings Anders' Betonung der ontologischen Dimension der Bombe, die durch sie bewirkte Vernichtung der Kategorien Vergangenheit und Zukunft zu entwerten. Zu betonen bleibt jedoch, daß menschliches Handeln, auch und gerade unter der Perspektive des individuellen Todes, bislang sich immer vom Horizont der Zukunft her motivierte – stattfand unter der Annahme, daß die wirkungsgeschichtlichen Aspekte des Handelns die individuelle Kontingenz überschreiten mögen, und sei es auch nur im Bereich der Sorge für die unmittelbaren Nachkommen. Handeln, Leben, auch Investieren unter der Perspektive: ‹Es wird einmal eine Geschichte gewesen sein›, müßte notwendig anders strukturiert sein.

Günther Anders' fiktive *Rede über die drei Weltkriege*, in der er seine Zuhörer aufforderte, sich schon zu Lebzeiten zu betrauern, weil es später niemanden mehr geben werde, der trauern könne, sollte unterstreichen, was diese Antiquiertheit der Geschichte bedeuten muß (Hiroshima ist überall, S. 366 f.).[10] Allenthalben hatte Anders betont, daß in der vollständigen Vernichtung des «Gewesenen» – also Geschichte, die in der Erinnerung aufbewahrt blieb – die Menschheit einen «zweiten Tod» sterben wird: «so daß das Gewesene sogar nicht einmal mehr Gewesenes sein wird» (Antiquiertheit I, S. 244 f.). Die Aufforderung, jetzt zu trauern, sollte deshalb eindringlich klar machen, daß unser Zeitalter tatsächlich nur mehr als «Frist» aufzufassen ist, als «Zeit des Endes», die jederzeit in ein «Ende der Zeiten» umschlagen kann. Was den Menschen bleibt, ist eine «Frist» – wie immer diese aussehen mag und wie lange diese auch immer dauern möge. An diesem Endzeitcharakter, so Anders, ist nichts mehr zu ändern. Man kann höchstens danach trachten, daß diese «Endzeit endlos» werde (Atomare Drohung, S. 220 f.).

Dieser Gedanke enthält eine geschichtsphilosophische These, die von einer entscheidenden Bedeutung jenseits aller politischen Aktualität ist. Seit der Erfindung von Massenvernichtungswaffen hängt das Damoklesschwert der Selbstauslöschung über der Gattung, auch dann, wenn aktuell niemand damit droht und die Bomben in ihren Silos vor sich hin dämmern. Indem Anders diese Frist zum Zentrum seines Begriffs von Geschichte macht, verzichtet er darauf, weiterhin ein Telos der Geschichte zu unterstellen, und sei es auch nur in der Form der Utopie. Das war der Punkt, an dem sich Anders von Ernst Bloch abzugrenzen pflegte. Bloch, mit dem Anders befreundet gewesen war, galt ihm als letzter Vertreter einer «messianischen Geschichtserwartung», als ein «professioneller Hoffer [...], der sich durch kein Auschwitz und kein Hiroshima» hatte einschüchtern oder enttäuschen lassen. Daß Bloch diese Wendung vom «Noch-Nicht» zum «Nicht-Mehr» nicht mitvollziehen konnte, führte Anders unter anderem auch auf Blochs Judentum zurück: «Darin war er jüdischer als ich. [...] Fixiert an den Gedanken an das kommende oder von uns zu errichtende Reich, sind die meisten [Juden] unfähig geblieben, den Gedanken einer *Apokalypse ohne Reich* zu denken» (Antiquiertheit II, S. 277 und S. 452).[11] Gerne zitierte Anders in diesem Zusammenhang auch den Spruch, der angeblich im Seminartisch einer deutschen Universität eingeritzt worden war, tatsächlich aber von ihm selbst stammte:

Prinzip Verzweiflung oder einmal etwas anders
ernst bloch spricht:
«wir sind noch nicht.»
ernster als bloch
wäre: «gerad' noch.»
anders wär:
«nicht mehr.»
(Antiquiertheit II, S. 452)

131

Die Verse verwiesen tatsächlich auf eine, wenn man so will, substantielle ontologische Differenz zwischen Anders und Bloch: Ließe sich die Philosophie von Bloch als eine des Noch-Nicht-Seins beschreiben, so die von Anders korrekterweise als eine des Gerade-Noch oder des Gerade-noch-nicht-Nichtseins (Antiquiertheit II, S. 278). Dort, wo für Bloch die Kategorie der Möglichkeit zum zentralen Scharnier seines utopischen Denkens wird,[12] das selbst zu einem Moment der Befreiung werden soll, da ist für Anders die Kategorie des Möglichen selbst schon durch den Gang der Ereignisse in jeder Form außer Kraft gesetzt: «Die Möglichkeit unserer endgültigen Vernichtung ist, auch wenn diese niemals eintritt, die endgültige Vernichtung unserer Möglichkeiten» (Atomare Drohung, Motto). Später wollte Anders allerdings seine Kritik an Bloch weniger auf dessen Werk bezogen wissen als vielmehr auf den Gestus des Hoffens, der sich den Erfahrungen von Hiroshima verweigert und die dadurch notwendig gewordene Revision auch der marxistischen Geschichtstheorie nicht durchführen will: «Und diese hoffnungslos auf Hoffen eingestellte, eigentlich feige Attitüde, hat mich peu à peu tief verstimmt» (Günther Anders antwortet, S. 101). Betrachtet man diese Auseinandersetzung unter gegenwärtigen Perspektiven, so läßt sich vielleicht hinzufügen, daß wir zwar durchaus in einer Zeit nach dem Ende der gesellschaftspolitischen Utopien à la Bloch leben, aber deshalb noch lange nicht die negativistische Position von Anders einnehmen. Eher ließe sich sagen, daß wir unser Hoffen wieder einmal auf technische Utopien verlegt haben, dort nach der geschichtsphilosophischen Vernichtung aller Möglichkeiten eine Reihe ungeahnter Möglichkeiten entdecken, was, anders als er es vielleicht vermeint hatte, dann doch wieder Anders zum aktuelleren Denker macht, weil er letztlich in den sich rasant entwickelnden Technologien den Motor, aber auch das Verhängnis des letzten Zeitalters der Menschen gesehen hat.

Ein gravierendes Moment – und damit thematisieren wir den dritten Aspekt dieses Problemkomplexes –, das Anders' Analysen der atomaren Situation von Anfang an mitbestimmt hatte, war, neben der Frage nach dem Wesen der Bombe und ihren politischen und philosophischen Konsequenzen, vor allem das fassungslose Erstaunen darüber gewesen, daß die Menschen offensichtlich nicht nur unwillig, sondern geradezu unfähig waren – und immer wieder sind –, diese Situation, ihre eminente Gefahr angemessen wahrzunehmen: «Apokalypseblindheit» hatte Anders diese Blockade genannt.

Im Zusammenhang mit einer möglichen atomaren oder auch ökologischen Vernichtung der Erde von Apokalypse zu sprechen, hat längst etwas Abgestandenes, ja Unerträgliches an sich. Die Rede von der Apokalypse war für Anders zu Lebzeiten selbst schon problematisch geworden: «Ich kann das Wort schon nicht mehr hören», bekannte er einmal (Günther Anders antwortet, S. 45). Dennoch waren «Apokalypse» und «Apokalypseblindheit» Zentralbegriffe seiner Philosophie. Als Anders diese Begriffe in den frühen fünfziger Jahren zur Kennzeichnung der Situation nach Hiroshima einführte, hatte er zumindest versucht, ihnen vor der Folie des christlichen Apokalypse-Gedankens einen präzisen Sinn zu verleihen. Gemeinsam ist beiden Apokalypse-Vorstellungen nach Anders etwa die Idee der Frist, die Vorstellung des letzten Zeitalters, die Bestimmung des Daseins als Gerade-noch-Sein. Die Differenz zwischen beiden Konzeptionen sah dann Anders darin, daß die moderne Untergangserwartung, im Gegensatz zur christlichen, «objektiv gerechtfertigt» ist, darin, daß «damals das Ende als durch unsere Schuld verursacht» galt, diesmal dagegen «die Schuld in der Herstellung des Endes» besteht, darin, daß die «frohe» Botschaft gegen eine «schreckliche» getauscht wurde, darin, daß statt des zu erwartenden Reiches die Apokalypse das Ende aller Geschichte bedeuten würde. Die entscheidende Wendung, mit gravierenden moralischen Konsequenzen, lag nach Anders allerdings darin, daß «die Katastrophe, wenn sie einträte, Menschenwerk wäre» – nicht Strafe als Folge menschlichen Tuns, sondern Resultat menschlichen Handelns selbst (Atomare Drohung, S. 217 ff.). Genau diese Differenz unterschlagen allerdings bis heute jene, die darauf verweisen, daß diejenigen, die von Apokalypse sprechen, nur einer biblischen Metaphorik verhaftet seien – als wäre mit diesem Aufweis die Gefahr schon gebannt.

Keine Frage: In den achtziger Jahren ist die Rede von der Apokalypse inflationiert worden, der Begriff selbst zur fast bedeutungslosen Spielmarke postmoderner Diskurse herabgesunken. Zwar zeigen die Überlegungen von Anders, welche Bedeutung die Rede von der atomaren Apokalypse gerade vor dem Hintergrund europäisch-christlichen Denkens hätte haben können,[13] aber es bleibt das hartnäckige Problem, daß für die mögliche letzte Katastrophe der Menschheit keine angemessene Bezeichnung gefunden werden kann – jede, käme sie in Gebrauch, suggerierte, das Unvorstellbare ließe sich bereden. Die zeitweilig gerne gebrauchte Formel vom «atomaren Holocaust» scheint fast noch prekärer. Nicht nur macht sie, im Gegensatz zum Begriff der Apokalypse, die atomare Vernichtung vergleichbar mit etwas, das sich schon ereignet hat – als ließe das Absolute sich einordnen. Zudem hat der Ausdruck «Holocaust», schon auf Auschwitz angewandt, eine affirmierende Konnotation: Brandopfer – so die Übersetzung – suggeriert einen Heroismus und einen Sinn des Opfers gerade dort, wo es, wie Anders es einmal angedeutet hat, lediglich um die industrielle Produktion von Leichen ging. Es gibt schon – und Anders ist, wie oben gezeigt wurde, einer der wenigen, der dies ohne falsches Pathos analysiert hat – Affinitäten zwischen Auschwitz und Hiroshima; der Begriff «Holocaust» aber, und wie er verwendet wird, deckt diese jedoch eher zu, als daß er sie analytisch betonte.

Wir stehen so vor dem Problem, daß jede Sprache, die das Ungeheuerliche zu fassen sucht, dieses notgedrungen verfehlt. Auch die Termini, die Günther Anders verwendete, sind davor nicht gefeit. Das Maß zu finden zwischen zynischer Nüchternheit und dem Pathos des Entsetzens ist kaum möglich. Die am 13. 7. 1957 in der *Frankfurter Allgemeinen Zeitung* von Günther Anders veröffentlichten «Gebote des Atomzeitalters» zeugen in ihrem heute kaum mehr erträglichen pastoralen Pathos von solcher Schwierigkeit. Es bleibt andererseits aber die unbedingte Notwendigkeit, der man sich nicht entziehen kann, trotzdem davon zu sprechen. Die so vielleicht wirklich unlösbare Frage einer angemessenen Terminologie weist zurück auf jenes Phänomen, auf das sich Günther Anders mit seiner ersten größeren Studie in Zusammenhang mit der atomaren Drohung konzentriert hatte – jener eklatanten Wahrnehmungsunfähigkeit, der Apokalypseblindheit. Diese «Unfähigkeit zur Angst» (Antiquiertheit I, S. 264) ist nach Anders das prekäre, aber konsequente Resultat jenes «Prometheischen Gefälles», das des Menschen Verhältnis zu den von ihm hergestellten Dingen überhaupt kennzeichnet. Daß wir etwas herstellen können, was wir uns nicht mehr vorstellen können, führt im Fall von modernen Massenvernichtungswaffen zu einem absolut lebensbedrohenden Defizit der Wahrnehmungskapazität. Die Gefahr ist «überschwellig» geworden: «Nicht obwohl [die Reize] zu groß sind, bleibt die Bedrohung unsichtbar, sondern umgekehrt, weil sie so groß, nämlich *zu groß* ist.» (Atomare Drohung, S. 110) Und dies mag auch für andere selbstproduzierte Gefahren gelten, bis hin zur vieldiskutierten Klimakatastrophe, die sich in Dimensionen abspielt, die in der Regel auf Erdzeitalter, nicht auf die Dauer eines Menschenlebens bezogen werden.

Da der Tod von Millionen die Vorstellungskraft übersteigt, da das Vorstellungsvermögen dieses Massentodes aber die Voraussetzung dafür ist, die Situation einigermaßen erkennen zu können – die Angaben von Zahlen besagen da bekanntlich gar nichts –, war die Ersetzung der Erfahrung durch die Phantasie eine der von Günther Anders immer wieder erhobenen Forderungen. Es ging ihm dabei um so etwas wie eine «moralistische Erkenntnistheorie» (Antiquiertheit I, S. 284). Erkenntnistheorie deshalb, weil die unmittelbare Erfahrung, nicht zuletzt aufgrund des Aussehens der Vernichtungswaffen wie der Geräte überhaupt, fast nichts mehr besagt. Aus der reinen Anschauung der Dinge ist nicht mehr auf ihre Funktion, auf die durch sie auslösbaren Effekte, auf ihr Wesen zu schließen. Anders nannte diese Facette des prometheischen Gefälles einmal die negative Protzerei der Dinge: sie sehen nach nichts aus. Gestalt, Größe,

Form von Massenvernichtungsmitteln stehen in keinem wahr-
nehmbaren Verhältnis zu ihrer Effizienz – das traf schon auf die
Zyklon-B-Gas-Dosen von Auschwitz zu, das trifft auf Atomsprengköpfe zu, aber auch und vor allem auf bakteriologische
und chemische Waffen. Daß ein harmlos aussehendes weißes
Pulver massenhaften Tod bringen kann, war nicht zuletzt ein
wesentliches Moment der Panik, die die Anschläge mit Anthrax-
Viren im Oktober 2001 in Amerika hervorriefen.

Die Frage nach den Möglichkeiten und Grenzen, Menschenvernichtungsaktionen, deren Ausmaß die Wahrnehmungs- und
Vorstellungskapazität übersteigen, angemessen zu thematisieren, rührt an ein Problem, dem sich Günther Anders wie wenige stellen wollte: der Frage nach der angemessenen Erinnerung an die ersten Atombombenabwürfe und ihre Opfer. Aus
heutiger Sicht betrachtet muß es erstaunlich anmuten, daß die
Erinnerung an die Atombombenabwürfe über Hiroshima und
Nagasaki fast gänzlich aus dem öffentlichen Bewußtsein getilgt
erscheint, während die Erinnerung an Auschwitz unter dem
Stichwort «Holocaust» nicht nur in Deutschland breiten Raum
einnimmt und auch kulturindustrielle Konnotationen aufweist,
die auch bei jenen Skepsis über die Vertretbarkeit solch einer
Erinnerungskultur aufkommen läßt, die sich über den Stellenwert dieser Ereignisse im kollektiven Gedächtnis durchaus im
klaren sind.

Günther Anders hat natürlich nie daran gedacht, Auschwitz
und Hiroshima zu parallelisieren oder gar gegenseitig aufzu-
rechnen. Aber der Abwurf der Atombomben schien ihm nicht
nur als faktisches Ereignis monströs, sondern auch ein Menetekel als Antizipation künftiger Menschenvernichtung. Vor allem
der Abwurf der zweiten Bombe über Nagasaki war für Anders
etwas noch «Böseres» als der erste Abwurf, ein Kriegsverbre-
chen ersten Ranges. Dem Abwurf über Nagasaki kam keinerlei
strategisch-militärische Bedeutung mehr zu, die Kapitulation
Japans war nach Hiroshima so gut wie sicher; die Vernichtung
von Nagasaki war nach Anders dann auch gar nicht mehr an die
Adresse Japans gerichtet, sondern eine Drohung an den zu-

künftigen Gegner im Kalten Krieg, eine Drohung an die UdSSR, für die mehr als 70 000 Menschenleben geopfert wurden: «Die 70 000, die man umbrachte, wurden also nicht deshalb umgebracht, weil sie noch Feinde, geschweige denn gefährliche Feinde, gewesen wären; sondern allein deshalb, weil man durch deren Massentod ein Exempel statuieren konnte, weil man 70 000 Leichen eine Funktion zuerteilen konnte, weil man diese *verwenden* konnte, und zwar als ‹Droh-Material›» (Hiroshima ist überall, S. 111 f.). Ein zentraler Gedanke von Anders' Zivilisationskritik findet darin seine Zuspitzung: die Degradierung des Menschen zum puren Rohstoff, zum Material, zum reinen Mittel.

Der Erinnerung an Hiroshima und Nagasaki maß Anders deshalb eine große Bedeutung bei, aber er mußte dennoch zur Kenntnis nehmen, daß die Frage, wie angemessen zu erinnern sei, kaum eine adäquate Antwort finden kann. Daß sogar das unmittelbare Erlebnis des Schreckens von der reinen Erfahrung weder emotional noch reflexiv bewältigt werden kann, gehörte wohl zu den erschütterndsten Ergebnissen der Reise von Günther Anders, die er 1958 nach Hiroshima und Nagasaki unternahm. Die Überlebenden des Bombenabwurfs konnten keine wie immer geartete Verbindung zwischen dem gesichteten einsamen Flugzeug und der Katastrophe herstellen, und die Tendenz, das Ereignis auch aus der Erinnerung zu streichen, hat sich – so zumindest die Interpretation von Anders – in einem Wiederaufbau Hiroshimas niedergeschlagen, der alle Spuren des 6. August, mit Ausnahme einer als Mahnmal gedachten Ruine, verschwinden ließ. Mit der ihm eigenen sprachlichen Konsequenz hat Günther Anders diesen Wiederaufbau Hiroshimas dann auch die «zweite Zerstörung» dieser Stadt genannt. Man hätte, so seine These, das ganze verwüstete Hiroshima aufbewahren müssen, als Symbol eines möglichen Weltzustandes (Hiroshima ist überall, S. 95 ff.).

Letztlich stellt sich so noch immer und immer wieder die Frage, wie der Möglichkeit der Menschheitsvernichtung und der technischen Welt, deren Produkt diese ist, angemessen zu begegnen sei, wie darauf reagiert werden müßte oder könnte. Denn eines der entscheidenden Gebote des Atomzeitalters, das über kurz oder lang auch auf andere Waffensysteme übertragen werden kann, lautet für Günther Anders: «das Ziel, das wir zu erreichen haben, kann nicht darin bestehen, das ‹Ding› *nicht* zu haben; sondern allein darin, das ‹Ding› niemals zu verwenden, obwohl wir nichts dagegen tun können, daß wir es haben; es niemals zu verwenden, obwohl es niemals einen Tag geben wird, an dem wir es nicht verwenden *könnten*. Dies also ist deine Aufgabe: Der Menschheit beizubringen, daß keine physische Maßnahme, keine Zerstörung physischer Objekte jemals eine restlose Garantie darstellen wird, daß wir vielmehr fest dazu entschlossen sein müssen, den Schritt niemals zu machen, obwohl er immer möglich sein wird.» (Hiroshima ist überall, S. 226) Unwiderruflich ist die Einsicht, daß auch nur die mittelfristige Kontinuität menschlichen Lebens auf dieser Erde seit 1945 keine Selbstverständlichkeit mehr ist.

Die verdampfte Moral

Günther Anders wurde immer wieder als *Moralist* bezeichnet, und er war nicht abgeneigt, sich selbst so zu nennen: «Ja, die Frage ist nicht: Wie wird man Moralist? Vielmehr hat die Frage zu lauten: Wie kann es einem passieren, das nicht zu werden?» (Lesebuch, S. 297) Er wurde aber auch als Moralist «verhöhnt»: nicht zuletzt wiederum von sich selbst (Ketzereien, S. 258). Der Moralismus des Günther Anders bestand einerseits in der bohrenden und unablässigen Intensität, mit der er sich geweigert hatte, sich mit dem Faktum der atomaren Bedrohung zu arrangieren; er bestand in seinem persönlichen Engagement, mit dem er, solange er physisch dazu imstande war, überall dort auftrat, wo es galt, gegen Unrecht oder Kriegsgefahr einzuschreiten; und er bestand auch in einer selten gewordenen Konsequenz, mit der Anders seine Standpunkte und seine Thesen nicht nur in der Öffentlichkeit, sondern auch im persönlichen Verkehr vertrat – eine Konsequenz, die ihn nicht nur dazu brachte, falsche Ehrungen und Ehrungen von falschen Leuten manchmal höflich, manchmal höhnisch, aber immer bestimmt zurückzuweisen,[1] sondern auch dazu führte, daß seine Beziehung auch zu Menschen gespannt war, die mit ihm in vielen seiner Ansichten, aber eben nicht in allen Punkten übereinstimmten. Sein Verhältnis etwa zu Theodor W. Adorno kann dafür paradigmatisch genannt werden.

Günther Anders war schon frühzeitig – damals noch unter dem Namen Günther Stern – mit Adorno in Kontakt gekommen. 1930 erschien einer der ersten Aufsätze von Günther Anders – *Spuk im Radio* – in der von Adorno redigierten Zeitschrift *Anbruch*; um dieselbe Zeit versuchte sich Anders in Frankfurt mit *Philosophischen Untersuchungen zu musikalischen Situationen* zu habilitieren. Nicht zuletzt aufgrund des Widerstandes von Adorno, der sich an Anders' vermeintlicher Nähe zu Heidegger stieß, konnte dieses Projekt nicht realisiert werden, was zu einer Verstimmung zwischen Anders und Adorno führte, die unterschwellig das Verhältnis der beiden über Jahrzehnte dominiert haben mag. Auch Anders' damalige Frau, Hannah Arendt, dürfte dies Adorno nie verziehen haben. Im amerikanischen Exil hatte Anders wohl Kontakt zu Horkheimer und Adorno, eine Zeitlang wohnte er im Haus von Herbert Marcuse in Santa Monica, er schrieb auch einige wenige Artikel für die *Zeitschrift für Sozialforschung*, hauptsächlich Rezensionen. Anders nahm an Diskussionen des Instituts für Sozialforschung teil, trug dort 1942 auch Thesen zu einer Theorie der Bedürfnisse vor, ohne allerdings zum engeren Kern der exilierten Sozialforscher zu zählen. Das Verhältnis zu Horkheimer und namentlich zu Adorno blieb kühl. Auch nach der Rückkehr aus der Emigration blieb das Verhältnis der beiden zueinander äußerst gespannt. Einerseits konnte es Anders Adorno nicht verzeihen, daß sich dieser einem aktiven Engagement gegen den Atomtod verweigert hatte, und Anders wünschte auch nicht, mit Adorno in einem Atemzug genannt zu werden (Ketzereien, S. 318). Andererseits hatte Anders Adornos philosophische, vor allem musikphilosophische Begabung stets geschätzt. Überdies ist die inhaltliche Nähe dieser beiden Denker so evident, daß eine Feindschaft aus Ähnlichkeit denkbar erscheint. Aus dem Kreis der Frankfurter Schule war Adorno dann auch der einzige, der einen Moment lang, in der *Negativen Dialektik*, deren Heidegger-Kritik ja auch einiges Günther Anders verdankt, in die Nähe von Günther Anders' radikalem Bedenken der menschengemachten Apokalypse kam: «Keine Universalgeschichte führt vom Wilden zur Humanität, sehr wohl eine von der Steinschleuder zur Megabombe. Sie endet in der totalen Drohung der organisierten Menschheit gegen die organisierten Menschen.»[2]

Der im Günther Anders-Archiv in Wien aufbewahrte – allerdings nicht vollständige – Briefwechsel zwischen Anders und Adorno aus den Jahren 1951 bis 1968 zeichnet, abgesehen von historisch-biographischen Details, ein deutliches Bild von den grundsätzlichen Differenzen dieser eigenwilligen Charaktere, vor allem was Fragen der persönlichen Moral betrifft.[3] Streitpunkt war insbesondere die Frage, wie sich die aus der Emigration nach Europa zurückgekehrten Intellektuellen zu den in Deutschland gebliebenen Sympathisanten und Mitläufern des Systems verhalten sollten. Ausgangspunkt des Streits war ein Treffen gewesen, bei dem Anders in Anwesenheit Adornos Arnold Gehlen den Handschlag verweigert hatte, was Adorno auch als «Affront» gegen sich empfunden hatte, da er mit Gehlen, bei dem, so seine Worte, alles aus einer radikalen Verdüsterung entspringe, weit besser und ernster reden könne als mit zahllosen Menschen des von Adorno sogenannten mittleren Fortschritts. In einem ausführlichen Brief vom 27. August 1963 hat Anders darauf Bezug genommen und Adorno insgesamt seine Doppelexistenz als Gesellschaftskritiker und Universitätsprofessor vorgeworfen: «Es ist mir nämlich unbegreiflich, wie es möglich ist, auf der einen Seite als philosophischer Autor im prägnantesten Sinne ein Avantgardist zu sein; auf der anderen Seite aber eine offizielle Stellung zu bekleiden und sich von denjenigen, denen man durch das, was man schreibt, die Achtung versagt, ehren zu lassen. Mir scheint, man kann nicht als ein Professor Nietzsche leben oder als ein surrealistischer Geheimrat. Etwas von dieser Kreuzung haben Sie aber in meinen Augen an sich. Solche Doppelexistenz muss sich, glaube ich, rächen.» Nicht einverstanden zeigt sich Anders auch mit Adornos Position in Bezug auf Arnold Gehlen: «Gewiss, dass alles bei ihm der Verdüsterung entspringt, das gebe ich zu. Und dass er, was Denklust, Denkkraft und Geschmack betrifft, dem, wie Sie sagen ‹mittleren Fortschritts›-Vieh, das ununterbrochen ‹fördert›, und dessen blökend guter Wille mich genauso zur Raserei treibt wie Sie, turmhoch überlegen ist, darüber gibt es gar keinen Zweifel. Aber seit wann ist Verdüsterung ein Verdienst, seit wann bringt Denkkraft oder Geschmack Schuld zum Verschwinden? Nein, mein nun dreizehnjähriges Zurücksein kann mich nicht dazu verführen, die Intransigenz aufzugeben, und mich nicht dazu veranlassen, mit noch so philosophischen Männern zu sprechen, wenn sie, wie Gehlen, als Erwachsene den Nazismus lauthals mitgemacht haben. Mit Heidegger würden Sie sich ja auch nicht zusammensetzen.» Anders versucht, diesen rigiden Standpunkt aus der grundsätzlichen Verpflichtung zu erklären, der sich die Überlebenden von Auschwitz gegenübersähen: «Da die Nachhitler-welt so tut, als wäre nichts gewesen, muss, so scheint mir, das ‹Es *ist* gewesen und ist deshalb auch heute noch› von uns ausdrücklich betont werden». In seiner Antwort hatte Adorno dann darauf insistiert, daß er, in dem Moment, in dem er nach Deutschland zurückkehrte, auch damit rechnen mußte, mit Sympathisanten des Nazi-Regimes in Kontakt zu kommen – einen Kontakt, den er auch nicht verweigern wollte, sofern diese keine unmittelbare Schuld auf sich geladen hatten. Anders, und das war charakteristisch für seine moralische Rigidität, war auch in dieser Sache unversöhnlich. Wie wenig er Menschen auch nur die Andeutung einer Annäherung an die Nazis hatte verzeihen können, zeigt sich auch daran, daß er seinem alten Lehrer Husserl, dem immerhin von den Nazis das Betreten seiner Universität verboten worden war, noch in einem Brief an den einstigen Studienkollegen Hans Reiner aus dem Jahre 1988 «würdeloses Verhalten» vorwarf, weil Husserl angeblich einmal ein amtliches Schreiben mit «deutschem Gruß» unterzeichnet haben soll.[4]

Der Moralismus des Günther Anders bestand aber nicht nur in einer höchst rigiden persönlichen Vorstellung von Moral, die keine Kompromisse kannte, sondern auch in philosophischen Reflexionen, die als höchst aktuelle und provozierende Beiträge zu den in letzter Zeit intensiv geführten Ethik-Debatten gewertet werden können. Das neue Interesse an ethischen Fragestellungen ist ja nicht zuletzt durch technische Entwicklungen vor allem auf dem Gebiet der Reproduktionsmedizin, der Gen- und Biowissenschaften provoziert worden und entscheidend durch die Frage motiviert, wie mit den aus dem technischen Fortschritt gewonnenen Möglichkeiten und Freiheiten umzugehen sei, ohne die Würde des Menschen zu verletzen. Ein Blick auf die verstreuten moralphilosophischen Bemerkungen von Günther

Anders zeigt allerdings, daß er auch und gerade in der Frage, was die Entwicklung der modernen Industrie und Technik für die Probleme der Moral bedeutet, scharfsichtiger und radikaler gedacht hat als so mancher seiner professionellen Kollegen.

Die Ausgangsthese von Günther Anders' Moralphilosophie ergibt sich, wie schon angedeutet wurde, aus seinen geschichtsphilosophischen Überlegungen zu den monströsen Katastrophen des 20. Jahrhunderts: «Die bisherigen religiösen und philosophischen Ethiken sind ausnahmslos und restlos obsolet geworden, sie sind in Hiroshima mitexplodiert und in Auschwitz mitvergast worden» (Besuch im Hades, S. 195). Mit diesem Diktum hat Anders die Situation der Moral in einer Weise gekennzeichnet, die keine Möglichkeit läßt, aus der Tradition der Moral, aus den ethischen Reflexionen der Vergangenheit noch einen entscheidenden Nutzen für die Gegenwart zu ziehen. Dabei war Anders weit davon entfernt, pathetisch nach einer «neuen», dem «Fortschritt» angemessenen Moral zu rufen. Vielmehr ging es ihm darum zu analysieren, inwiefern die technisch veränderte Welt die bisherigen Moralen liquidiert; aus der Analyse lassen sich dann aber sehr wohl Schlüsse ziehen, nach welchen Maßstäben das Handeln sich richten könnte, soll der Anspruch auf Humanität – und das heißt in der Diktion von Anders schlicht: auf den Fortbestand des Menschen – nicht vollends aufgegeben werden.

Günther Anders verzichtet deshalb auch auf alle Versuche, Moral prinzipiell zu begründen. Er weiß: Die Konsequenz aus seinen Überlegungen ist «moralischer Nihilismus». Ethik bleibt für ihn ein «utopisches», das heißt: unmögliches Unternehmen. Er, der Berufsmoralist, ist also diesbezüglich «Nihilist». Unverblümt stellte sich Anders die einst von Heidegger ängstlich ausgeklammerte «extreme Verzweiflungsfrage des Nihilismus»: «Warum soll man sollen?» (Über Heidegger, S. 56) Das wirklich Erstaunliche liegt nicht darin, daß sich Anders im Gegensatz zu Heidegger diese Frage stellte; das Erstaunliche liegt darin, daß er – und dies fundierte seinen theoretischen Nihilismus – eine positive Beantwortung dieser Frage nicht nur verweigerte, sondern schlechthin für unmöglich und indiskutabel hielt. Die Moral läßt sich sowenig begründen wie die Existenz der Gattung Mensch. Anders machte den Letztbegründungszirkus der Philosophen nie mit. Hans Jonas' Versuchen etwa, die Notwendigkeit des Menschen aus einer metaphysischen Ordnung des Seins abzuleiten, konnte Anders nichts abgewinnen. Der Mensch ist keine privilegierte Gattung, die irgendein Seinsrecht für sich beanspruchen könnte. Natürlich kommt die Erde, erst recht das Universum gut ohne Menschen aus. Aber auch aus dieser Einsicht machte Günther Anders kein schwarzes, anthropofugales Programm. Daß die Existenz der Gattung Mensch nicht positiv begründet werden kann, bedeutet nicht, daß sie deshalb nicht sein soll. In den *Ketzereien* rühmte er sich seines doppelten Nihilismus, der ihn allerdings als handelndes Wesen nie beeinflußt habe. Anders zog weder praktische noch theoretische Konsequenzen aus seinem Nihilismus. Darin liegt seine Anstößigkeit: daß er als Nihilist auf das Überleben der Menschheit mit «eiserner Inkonsequenz» bestand (Ketzereien, S. 197 f.). Nicht nur Philosophen haben ihm diese eiserne Inkonsequenz nicht verziehen, die von Anders gelebte «barbarische», weil unvermittelte Einheit von theoretischem Nihilismus und praktischer Humanität schien vielen suspekt, die dem die angeblich «zivilisierte» Einheit von theoretischer Humanität und praktischem Nihilismus bis heute vorziehen. Getrost konnte Anders so auch seine Maxime formulieren: «Sei moralisch, obwohl du, daß *Sollen sein soll*, nicht begründen kannst, nein sogar für unbegründbar hältst.» (Philosophische Stenogramme, S. 48 ff.)

In letzter Instanz war für Anders nicht nur die Existenz des Menschen unbegründbar, sondern auch der Sinn seines Lebens. Der in der populären praktischen Philosophie so beliebten «Sinnfrage» hatte Anders stets eine harte und konsequente Absage erteilt. Schon in den frühen Studien zur Philosophie Heideggers heißt es: «Säkularisiert man das Dasein, so begibt man sich der Möglichkeit einer Sinn-Philosophie [...] Denn der Sinnbegriff ist ohne Transzendenz ‹sinnlos› [...]. Wir haben keinen Sinn. Denn ‹Sinn› hat nur das Unfreie.» (Über Heidegger, S. 249 f.) Nur solche Dinge haben einen Sinn, deren Zweck von jemandem bestimmt ist und über die verfügt werden kann. Das Leben des Menschen, auch das der Gattung Mensch, hätte nur dann einen Sinn, wenn es von einer übergeordneten Instanz als Zweck, als Mittel für etwas anderes ausersehen wäre. Dem Leben einen Sinn geben, hieß für Anders immer, sich seiner Freiheit und damit der Möglichkeit der Selbstbestimmung zu berauben, also «für» etwas anderes oder für jemand anderen dazusein.

Später hat Anders diese in der Auseinandersetzung mit Heidegger entwickelte Kritik des Sinnbegriffs in einer Analyse der «Antiquiertheit des ‹Sinnes›» verallgemeinert: «‹*Sinn haben für…*› bedeutet (immer): *heteronom sein*, Mittel für einen Zweck sein, unfrei sein. Ist es wirklich so gewiß, daß Sinn-Haben ein Ehrenprädikat, und daß keinen Sinn zu haben, ein Manko ist? Läuft nicht vielleicht letztlich unsere Suche nach Sinn auf Suche nach Dienstbarkeit hinaus, auch wenn wir diesen Sinn (weil wir ihn nicht finden) ‹tief› nennen […]?» (Antiquiertheit II, S. 387) Darüber hinaus wies Anders darauf hin, daß die philosophische Tradition fast nie nach dem «Sinn von ‹Positivem›» gefragt hatte, sondern immer nur nach dem Sinn von Leid, sich also an den Negationen des Lebens entzündete, deren «Dasein» mit dem «Willen Gottes» nicht hatte vereinbart werden können und deshalb Rechtfertigung erforderte. Die modisch gewordene Sinnfrage erweist sich also als die «säkularisierte Version der Theodizee-Frage». Sie ist die «getarnte Rechtfertigungsfrage des Atheisten» (Antiquiertheit II, S. 385 f.). Will man keinen Gott annehmen, der mit den Menschen etwas «im Sinn» haben könnte, gibt es keine vorgeordnete Bestimmung oder Funktion des Menschen. Mit «Gottes Tod» sei auch der «Tod des Sinnes» zu proklamieren – wir sind «Nichtgemeinte», die «ungesteuert durch den Ozean des Seienden treiben» (Antiquiertheit II, S. 385).

Allerdings: nicht in dieser metaphysischen Leere wurzelt nach Anders das Sinnlosigkeitsgefühl unserer Epoche, sondern darin, daß dem Menschen das, was wirklich Sinn hätte, nämlich für selbst entworfene Ziele zu leben, durch die Struktur von Gesellschaft und Arbeitswelt verwehrt wird. Sinn-Therapien bestätigen und verfestigen nur diesen Zustand, indem sie Sinn versprechen, wo keiner ist. Sinn wird dabei «künstlich» hergestellt – ein Betäubungs- und Ablenkungsmanöver (Antiquiertheit II, S. 370 ff.). Unter Bedingungen allerdings, in denen «der letzte Sinn eines bescheidenen Handgriffs Genozid heißen kann», weigerte sich Anders, nach dem letzten Sinn der Menschheit zu fragen: «Erkennen wir als letzten Sinn eines Produktes, an dem wir mitarbeiten, die Vernichtung der Menschheit, dann wissen wir, was wir zu tun, bzw. zu unterlassen haben. Die weitere Frage, etwa die, welchen Sinn es haben solle, daß es eine Menschheit gebe und nicht vielmehr keine, ist höchstens im Bereich der theoretischen Vernunft sinnvoll (wenn auch unbeantwortbar), für die ‹praktische Vernunft› dagegen uninteressant. Den Moralisten geht sie nichts an. Er begnügt sich mit dem Vorletzten.» (Antiquiertheit II, S. 390)

Das Leben der Menschen bedarf, um als lebbar verteidigt zu werden, keines metaphysischen Sinns. Der Sinn des Lebens ist deshalb ebenfalls ungeeignet, das Fundament für die Letztbegründung einer Moral abzugeben. Das bedeutet allerdings nicht, daß deshalb Moral für Anders unsinnig oder unnotwendig gewesen wäre. Bei aller Skepsis gegenüber der Tauglichkeit von traditionellen Moralsystemen angesichts der Großkatastrophen des 20. Jahrhunderts: natürlich wußte Anders, daß Moral überhaupt die Antwort des Menschen auf seine Instinktinsuffizienz ist. Weil wir nicht vollständig in unserem Handeln determiniert sind, sind wir mit Freiheit, das heißt, mit der Notwendigkeit, bestimmte Handlungen zu wählen oder zu unterlassen, konfrontiert. Diese Freiheit erschien Anders durchaus als eine Form von Zwang, die dem Menschen das Daß des Sollens schlechthin auferlegt: «Es bleibt uns gar nichts anderes übrig: *wir müssen sollen*» (Ketzereien, S. 258). Daß der Mensch sich Gesetze, Regeln, Normen geben muß, da die natürlichen Instinkte nicht ausreichen, war für Anders vorerst einmal eine Not, keine Tugend. Immanuel Kants Apotheose des Sittenge-

146

setzes wurde deshalb von Anders scharf kritisiert: «die philosophische [...] Grundfrage muß die nach den *Bedingungen der
Nötigkeit* sein, nicht die transzendentale nach den *Bedingungen
der Möglichkeit*» (Ketzereien S. 258). Anders griff damit übrigens ebenfalls einen Gedanken auf, den er schon in seiner frühen
Auseinandersetzung mit Heidegger formuliert hatte, dem er in
der Studie über dessen *Scheinkonkretheit* vorgeworfen hatte, nur
nach den Bedingungen der Möglichkeit der Freiheit, nicht
nach der «Bedingung der Nötigkeit» gefragt zu haben (Über
Heidegger, S. 89). Anders ging es also um die Analyse jener Faktoren, die, obwohl fallweise sogar Produkt der Freiheit menschlichen Handelns, dieses selbst wiederum bestimmen.

Die Bedingungen der Nötigkeit – sie haben sich im Zeitalter
der industriellen und technologischen Revolution gewaltig verändert. Es gehört zu den entscheidenden, allerdings kaum
wirklich beachteten Thesen von Günther Anders, daß mit der
Maschinisierung der Welt, mit dem Erscheinen von Technik als
geschichtlichem Subjekt, die Prämissen menschlichen Handelns radikal andere geworden sind. Die Handlungsmöglich-
keiten, die Bedingungen der Nötigkeit, sind dem Menschen
nicht mehr durch göttliche oder menschliche Gebote oder Verbote vorgegeben, sondern durch die Produkte, die er verwendet: «Unsere Produkte sind bereits, ob wir das wollen oder
nicht, unsere Taten» (Atomare Drohung, S. 38). Es wäre, wie
schon im Kapitel über die prometheische Scham angedeutet,
nach Anders ein Irrtum zu glauben, es gebe so etwas wie einen
allzu großen Spielraum freier Entscheidungen den Dingen gegenüber. Tatsächlich sind es genau diejenigen, die die Freiheit
des Menschen gegenüber der Technik beschwören, die, geht es
um relevante Entscheidungen, ständig von Sachzwängen sprechen. Ideologisch ist die Rede von der Freiheit, realistisch die
von der Sache, die den Menschen zwingt: Sind Automobile einmal produziert, werden sie verwendet. Und werden sie verwendet, ist es keine Frage von freier Entscheidbarkeit, daß Straßen
gebaut, Parkplätze geschaffen, Infrastrukturen verändert, Le-
bensweisen revolutioniert werden müssen – was wir befolgen,

147

ist tatsächlich, wie Anders es formulierte, die Maxime der Geräte, nicht die des Willens. Der oft natürlich propagandistisch vorgetragenen Rede vom Siegeszug des technischen Fortschritts, dem man sich nicht entgegenstellen kann, wohnt deshalb durchaus eine Wahrheit inne. Zumindest in dem Maße, in dem sich eine technische Innovation durchsetzt, schafft sie sich eine neue technische, soziale und kulturelle Umgebung, in der auch für die Handlungen des Einzelnen jene Gesetze gelten, die aus dem Charakter der Innovation selbst ableitbar sind.

Natürlich läßt sich immer eine Gesellschaft denken, in der alles ganz anders ist, und natürlich läßt sich unter dieser Perspektive immer behaupten, daß es unter geänderten gesellschaftlichen Verhältnissen die verhaltensstrukturierende Dominanz von Technik nicht gäbe. Aber einmal abgesehen davon – und Anders wies auch immer darauf hin –, daß die ehemaligen sogenannten sozialistischen Gesellschaften ab einem gewissen Grad der Technisierung in ähnliche Sachzwänge kamen, bleibt es ein Faktum, daß es zumindest im Rahmen der wettbewerbsorientierten hochindustrialisierten Informationsgesellschaft – und eine andere ist nirgendwo in Sicht – eine verhaltenssteuernde Komponente von Maschinerien und Medien gibt, deren Kraft von der philosophischen Handlungstheorie, die allenthalben noch nach Letztbegründungsmöglichkeiten des Freiheitspostulates sucht, bislang wohl unterschätzt worden ist. Günther Anders ging sogar so weit, den Willen selbst als antiquierte Kategorie zu bezeichnen, der vom Umgang mit den Maschinen und Geräten in sein pures Gegenteil verkehrt wird: nicht mehr ursprüngliches Motiv des Handelns zu sein, sondern nachträgliche Rechtfertigung dessen, was immer schon geschehen ist: «Wir tun, also haben wir es gewollt» (Antiquiertheit II, S. 191).

Strenger als mit den folgenden Sätzen läßt sich die «Antiquiertheit der Freiheit» dann auch kaum beschreiben: «Produkte, also *Dinge*, sind es, die den Menschen prägen. In der Tat wäre es kaum eine Übertreibung, zu behaupten, daß *Sitten* heute fast ausschließlich von Dingen bestimmt und durchgesetzt werden.» Die Umgangsformen zwischen den Menschen werden also geprägt durch Medien und Maschinen: «Sofern wir heute einen Benehmenskodex haben, ist dieser von Dingen diktiert» (Antiquiertheit II, S. 260 f.). Am Siegeszug des Mobiltelefons etwa ließe sich nicht nur diese These trefflich illustrieren, sondern auch zeigen, wie unter der Voraussetzung der Philosophie von Günther Anders eine zeitgenössische Analyse und Kritik der technischen Lebenswelt in Grundzügen aussehen könnte.

Wenn die Behauptung von Günther Anders stimmt, daß in technischen Zivilisationen die Einsatzmöglichkeiten technischer Geräte die moralischen Standards setzen, dann bedeutete dies für die Kommunikationstechnologien, daß aus den neuen Freiheiten des Kommunizierens sehr rasch Verpflichtungen, Verbote und Imperative werden müßten. Und in der Tat sind die unausgesprochenen neuen Kodizes schon in Kraft: Wer erreichbar sein kann, muß erreichbar sein, wer antworten könnte, muß antworten; wer sich verweigert oder auch nur unangemessen viel Zeit verstreichen läßt, hat damit ein eindeutig negatives Signal gesetzt und zudem einen neuen kommunikationsethischen Standard verletzt. Daraus resultieren bis in die Organisation von Tagesabläufen hinein neue Verhaltensweisen und Formen der Kommunikation. Die Grundfragen des Mobiltelefonierens etwa lauten dann auch: Wann darf, wann soll und wann muß ich ausschalten. Wenn Erreichbarkeit die durch die Technologie vorgegebene Maxime ist, muß die Ausnahme gerechtfertigt werden. Die an fixen Orten installierten Telefone hatten durch diese Fixierung schon bestimmte Parameter der Erreichbarkeit und der damit zusammenhängenden Ethik festgelegt: Zu Bürozeiten im Büro, außerhalb der Bürozeiten war man privat, und je nach Abstufung der Nähe waren solche Privatanrufe gestattet oder nicht. Wer verreiste, teilte seine Nichterreichbarkeit oder die temporäre Nummer mit. Niemand, der die Nummer eines Mobiltelefons wählt, weiß, wo dieses sich befindet. Die Frage, wo der Angerufene sich gerade aufhalte und ob man wohl nicht störe, wird obligat, der Imperativ der Erreichbarkeit erfordert es allerdings nahezu, sich nirgendwo mehr gestört zu fühlen, und aufgrund der Perfektibilität und Transportabilität der Peripheriegeräte wie Laptops etc. tut man auch gut daran, jederzeit und an jedem Ort seine Auskunftsbereitschaft und Arbeitsfähigkeit unter Beweis zu stellen.

Wir sind also im kommunikationstechnologischen Zeitalter, im doppelten Sinn dieser Phrase, einander stets verbunden. Schärfer formuliert: Wir müssen es sein, wollen wir nicht aus dem sozialen Netz fallen, das heute durch digitale Leitungen geknüpft ist. Andererseits bedeutet dies, daß Nichterreichbarkeit interpretationsbedürftig wird. Wer sein Mobiltelefon zu oft oder zu ungewöhnlichen Zeiten abschaltet, wird damit, auch und gerade im privaten Bereich, unter einen Rechtfertigungsdruck geraten. Das Verbindende schlägt in das Verstörende um, die unterbrochene Verbindung wird zu einem negativen Signal, die Beziehungsgespräche haben ein neues Thema: Warum hast Du abgeschaltet? In dem Maße, in dem Verbundenheit zum Standard wird, wird Unerreichbarkeit zu einer riskanten Aktion. Es wird allerdings über kurz oder lang zu einem neuen Statussymbol werden, genau diese prinzipielle oder partielle Unerreichbarkeit für sich beanspruchen zu können. Der Snob der Zukunft wird so tun, als könne er es sich leisten, sich aus den Kommunikationsnetzen auszuklinken. Und manche werden es sich auch wirklich leisten können.

Das Mobiltelefon hat überhaupt einige Dimensionen des Telefonierens verschoben. Rief man früher Apparate an, bei denen sich Menschen befanden, so ruft man heute Menschen an, bei denen sich Apparate befinden. Tatsächlich erzeugt die Körpernähe der Apparate einige bemerkenswerte Ambivalenzen. Galt in den archaischen Zeiten des Telefonierens das Gespräch als eine intime Verrichtung, die deshalb in schallgeschützten Zellen vorgenommen wurde, gilt es heute als zumindest nicht unschicklich, seine Mitwelt an seinen mehr oder weniger intimen Befindlichkeiten teilnehmen zu lassen. Wer heute Telefongespräche abhören will, braucht keine Abhörgeräte, es genügt, sich in die Straßenbahn zu setzen. In diesem Zusammenhang einer neuen Ethik des Kommunikationsverkehrs gehört auch die Maxime: Geräte haben Vorrang. Das bedeutet, daß sich Geräte jederzeit in eine laufende unmittelbare Kommunikation einschalten dürfen. Kein Gespräch, das Menschen etwa in einem Caféhaus führen, kann so intensiv sein, daß es nicht durch die klingelnde Anmeldung eines mobilen Gesprächs unterbrochen werden dürfte. Es fühlt sich auch niemand mehr beleidigt, wenn das Gegenüber auch intime Gespräche unterbricht, weil sein Mobiltelefon läutet. Wir fühlen uns auch durch die Klingel- und Warntonkonzerte in öffentlichen Räumen kaum mehr gestört, und man ist schon froh, wenn sich die Zeitgenossen einigermaßen daran halten, Mobiltelefone während Konzert- und Theatervorführungen und bei Vorträgen abzuschalten. Im Kino ist es nicht ganz so dramatisch, weil auf der Leinwand seit einiger Zeit ohnehin auch ständig Mobiltelefone läuten. Die Veränderung der akustischen Umwelt durch diese Signalkaskaden erzeugt gleichsam die omnipräsente und stets wahrnehmbare Begleitmusik zu einer stets verbundenen Kommunikationsgemeinschaft.

Daß die Körpernähe der neuen Kommunikationsapparate in existentiell zugespitzten Situationen auch ihre tragischen Seiten offenbaren können, konnten wir nicht zuletzt im Zusammenhang mit den Terroranschlägen vom 11. September 2001 beobachten. Ohnmächtig wurden Angehörige von Passagieren der entführten Flugzeuge über Mobiltelefon bis zum Aufprall und Absturz der Maschinen über die Vorgänge an Bord informiert. Wir sind über diese Techniken in einer Weise miteinander verbunden, die es erlaubt, in einer bisher ungekannten Weise Schicksale mitverfolgen zu können. Das oft namenlose Grauen, das früher aufstieg, wenn man die Nachricht Stunden oder Tage nach einer Katastrophe erhielt, wird nun zu einer Form des Mitvollzugs. Die alte Formel: verbunden bis in den Tod, gewinnt eine neue, dramatische kommunikationstechnische Bedeutung. Und so fern die Stimmen in solchen Momenten auch sein mögen, sie sind dabei wahrscheinlich immer zu nah. Die neue Technologie fordert nicht nur eine Veränderung unserer Verhaltensweisen, sondern, wie Günther Anders es prognostiziert hatte, eine Veränderung unseres Gefühlshaushalts, wobei fraglich ist, ob diese Umstellungen ohne Verluste zu bewerkstelligen sein werden.

Es mag, weil alltäglich geworden, über weite Strecken gar nicht mehr auffallen, wie sehr die Formen des Sprechens, der Gestik und Mimik, des Verhaltens im privaten und öffentlichen Raum von Apparaturen wie Automobil, Mobiltelefon, Fernsehen, Computer modelliert werden. Anders' Analysen und Prognosen berührten sich hier mit einer wohl immer noch zutreffenden Beobachtung Adornos aus dem 19. Stück der *Minima Moralia*: «Die Technisierung macht einstweilen die Gesten präzis und roh und damit die Menschen. [...] Man wird dem neuen Menschentypus nicht gerecht ohne das Bewußtsein davon, was ihm unablässig, bis in die geheimsten Innervationen hinein, von den Dingen der Umwelt widerfährt. [...] Welchen Chauffierenden hätten nicht schon die Kräfte des Motors in Versuchung geführt, das Ungeziefer der Straße, die Passanten, Kinder und Radfahrer, zu Schanden zu fahren? In den Bewegungen, welche die Maschinen von den sie Bedienenden verlangen, liegt schon das Gewaltsame, Zuschlagende, stoßweis Unaufhörliche der faschistischen Mißhandlungen.»[5] Was Adorno mit dieser Beobachtung andeutete und worin ihm Günther Anders wohl zugestimmt hätte, war eine andere Art von «Alltagsfaschismus» – eine Brutalität, die sich nicht aus dem Ressentiment, einer korrumpierten Gesinnung oder einem ideologischen Antisemitismus speist, sondern schlicht aus dem Umgang mit Maschinen resultiert, deren Struktur und Potential auf Gewalttätigkeit hin ausgelegt sind. Und wer unvoreingenommen das Verhalten von Menschen im Straßenverkehr beobachtet und sieht, wie Autofahrer sich zum Beispiel gegenüber unmotorisierten Verkehrsteilnehmern verhalten, wird zugestehen müssen, daß sich die Situation seit Adornos Bemerkung kaum verbessert hat.

Solche Erfahrungen hatte Günther Anders zu einer grundlegenden ethischen Reflexion verdichtet und in der Sprache der traditionellen Moralphilosophie beschrieben, was eine durchaus erhellende Kontrastwirkung zur Folge hat: Der «kategorische Imperativ» von heute, der, so Anders, fast überall de facto in Kraft sei, wenn auch selten ausgesprochen, laute: «Handle so, daß die Maxime deines Handelns die des Apparats, dessen Teil du bist oder sein wirst, sein könnte» – oder negativ formuliert: «Handle niemals so, daß die Maxime deines Handelns den Maximen der Apparate, deren Teil du bist oder sein wirst, widerspricht.» (Antiquiertheit II, S. 290) Während die konventionellen Vorstellungen von Moral, wie sie nicht zuletzt auch in den gegenwärtigen Debatten um Gentechnik und Bioethik zum Ausdruck kommen, noch immer davon ausgehen, daß es moralische Normen und Richtlinien geben sollte, die den Umgang mit den Möglichkeiten, die der technische Fortschritt mit sich bringt, regeln sollen, insistierte Günther Anders in einer radikalen Umdeutung der moralischen Grundsituation darauf, daß nicht unsere moralischen Maximen den Gebrauch der Geräte regeln, sondern die Maximen der Geräte uns die Richtlinien des Handelns vorgeben. Das bedeutet nicht nur, daß alles, was technisch möglich ist, auch gemacht werden wird, sondern auch, daß das, was erlaubt, geboten oder verboten ist, einzig davon abhängt, was die Geräte und die Technologien zulassen.

Den technischen Apparaturen und Verfahren «Maximen» zuzuschreiben meinte aber noch etwas anderes: Viele Geräte können bekanntlich in unterschiedlicher Weise gebraucht, oft auch «mißbraucht» werden. Welche Handlungsweisen die Verwendung eines Geräts erfordert, hängt entscheidend von seiner immanenten Logik ab – die übrigens mitnichten mit den Intentionen und Absichten seiner Konstrukteure zusammenfallen muß. Der Blick von Günther Anders, auch und gerade wenn er die moralische Dimension technologischer Revolutionen erfassen wollte, richtete sich deshalb nicht mehr auf den Menschen, sondern auf das, was man die immanente moralische Potenz der Maschinen und der Technologien nennen könnte. Daran, und nur daran läßt sich in einer modernen Gesellschaft ablesen, was Menschen tun und zu welchen Taten sie bereit sein werden.

Allerdings: Günther Anders konstatierte auch Ausnahmen, «ideologische Situationen», in denen zeitgemäße Handlungsmaximen der Geräte mit antiquierten Moralvorstellungen auf paradoxe Art und Weise kollidieren: Es kann geschehen, daß Geräte etwas dürfen, was dem Menschen untersagt ist. Der Vietnam-Krieg, den Anders einer semantischen Analyse unterzogen hatte, ist ihm dafür ein erschreckendes Beispiel gewesen: Das, was Geräte tun durften – etwa ein Dorf mit Bomben und Napalm auszurotten –, durfte direkt und mit nackter Hand nicht mehr oder noch nicht durchgeführt werden. Aber: «Eine solche Differenz, ein solches Gefälle zwischen Apparat- und Humanmoral auf die Dauer durchzuhalten, das kann nun niemand leisten». Das Massaker von My Lai stellt so nach Anders ein signifikantes Ereignis dar: Die G.I.s beanspruchten, so handeln zu dürfen wie ihre Apparate. Sie lehnten sich dagegen auf, vom gigantischen, durch eine große Maschinerie vermittelten Massenmord, der zwischen Militärs und Zivilisten, zwischen Männern, Frauen und Kindern keine Unterschiede machte, ausgeschlossen zu sein. Was im Massaker stattfand, war eine «Rückübersetzung»: Die indirekte Handlung wurde in «terms of direct action» transformiert unter der Voraussetzung, daß die Maximen der Maschinen als selbstverständlich und legitim akzeptiert wurden. Der Mensch will auch in dieser Hinsicht werden wie seine Maschinen: «sicut machinae» (Antiquiertheit II, S. 290 ff.).

Auch wenn man Anders' Interpretation des Massakers von My Lai nicht in allen Punkten folgen will, bleibt es doch bemerkenswert, daß in der Tat unterschiedlichen Technologien negative Effizienzen zugestanden werden, die dem Individuum allemal verboten sind. Wer als vorgeblich willentlich Handelnder die Luft so verpesten würde wie die Autos, die Menschen so verstümmeln würde, wie es nach einem Chemieunfall an der Tagesordnung ist, wer seine Umgebung so verstrahlen würde wie ein AKW – er gälte noch immer als Auswurf der Menschheit. Anders ging, in seiner Tendenz zur Übertreibung in Richtung Wahrheit, sogar noch einen Schritt weiter. In den Philoso-

154

phischen Stenogrammen findet sich ein entsetzlicher Satz: «Neben der Schnulze, die Millionen von uns banal und gemein macht, ist die Ermordung eines Einzelnen zum Verbrechen minderen Grades geworden.» (Philosophische Stenogramme, S. 80) Dem Philosophen erschienen die psychischen und physischen Verwüstungen, die moderne Massenmedien und die Unterhaltungsindustrie an unzähligen Menschen verüben, moralisch wesentlich schlimmer als der verbrecherische Einzelfall. Auch wenn man solche Vergleiche unpassend, vielleicht sogar geschmacklos finden wird – das Problem, das Anders damit anschnitt, läßt sich nicht wegdisputieren: Daß noch der größte Unsinn, noch die größte Gemeinheit, eingebettet in ein technisch vermitteltes Universum, in der Regel gegen moralische Kritik immun geworden ist. Wer heute noch einen schädlichen Einfluß der allabendlichen TV-Dummheiten behauptet, gilt zumindest als notorischer Kulturpessimist, wenn nicht als gefährlicher Reaktionär und Menschenfeind.[6]

In dieser antiquierten Individualmoral, die den Kinderschänder zur Bestie stilisiert, die Luftverschmutzung, an der Hunderte Kinder erkranken, vielleicht sterben, aber als moralisches Problem nicht einmal zur Kenntnis nimmt, ist dann wohl auch einer der Gründe dafür zu sehen, daß alle Bemühungen um eine ökologische Ethik, die die moralische Eigendynamik von Technologien nicht berücksichtigten, in einem fruchtlosen Voluntarismus enden mußten. Möglich, daß eine intensivierte Rezeption der moralphilosophischen Thesen von Anders auch der Ökologie-Debatte, sofern sie sich um die Neuformulierung einer ökologischen Ethik bemüht, immer noch neue Impulse verleihen könnte. Die Schwierigkeiten der «ökologischen Kommunikation»[7] im juristischen Bereich etwa bestehen nicht zuletzt in der von Günther Anders beschriebenen Verschränkung von Technologien und der darin integrierten Arbeit: «Der Gedanke, daß das Produkt, an dem man arbeitet, und wäre es das Verwerflichste, das Arbeiten infizieren könnte, wird psychologisch als Möglichkeit noch nicht einmal in Betracht gezogen. Produkt und Herstellung des Produktes sind, moralisch gesprochen, auseinandergerissen; der moralische Status des Produktes (zum Beispiel von Giftgas oder der der Wasserstoffbombe) wirft keinen Schatten auf den moralischen Status dessen, der arbeitend an dessen Produktion teilnimmt.» (Antiquiertheit I, S. 289)

Dieser Zustand entlastet den Einzelnen, der seine Arbeit tut, so gut wie den, der nur Arbeitsplätze sichert: «Es gibt keine moralisch bösere Situation als diejenige, in der das Böse bereits so sehr zum integrierenden Bestandteil der Situation selbst geworden ist, daß sie es dem Individuum ersparen kann, selbst böse zu sein.» Analog zu einer Hegelschen Begriffsbildung sprach Anders an dieser Stelle deshalb auch von einer zum «objektiven Geist gewordenen Unmoral» – es ist die Unmoral der Apparate, Strukturen und Prozesse, der ökonomischen und technologischen Zwänge, die tatsächlich keine individuell Schuldigen oder Bösen mehr kennt oder benötigt (Atomare Drohung, S. 88). Was allein benötigt wird, damit der Betrieb funktioniert, sind Arbeitende, die ihre Arbeit als nicht weiter zu befragendes «Mit-Tun» akzeptieren und nach dem «Gelöbnis» agieren: «Nicht zu wissen, was sie tun». Der Verzicht auf Wissen ist das Apriori eines reibungslosen Ablaufes. Es ist dasselbe Apriori, das Auschwitz und Hiroshima mitbedingte (Antiquiertheit I, S. 291 f.). Der Verzicht auf Wissen bedingt eine vollständige Gewissenlosigkeit: «Schlecht zu handeln ist heute nicht mehr nötig. Schlecht ist man bereits, ist man immer schon gemacht, da man, ob man das will oder nicht, ein Teil der objektiv schlechten Welt ist. [...] Schuldig zu werden ist uns durch die Apparate unserer Welt genau so abgenommen wie Brotbacken oder Statistiken ausrechnen.» (Atomare Drohung, S. 88)

Daß nicht nur Wissen, sondern auch ein Nicht-wissen-Wollen zur Voraussetzung einer technischen Zivilisation gehört, muß natürlich in einer Zeit als Provokation wirken, die ständig von der «Wissensgesellschaft» redet und im «Wissen» die alles entscheidende Ressource der Zukunft sehen will. Anders ging es nicht um das Wissen, das Menschen benötigen, um am Markt fit zu bleiben und bei den diversen Innovationsschüben mithalten zu können, sondern um jenes Wissen, das Aufklärung über die immanenten Tendenzen der technischen Entwicklungen in Hinblick auf das Selbstverständnis des Menschen geben könnte. Solches Wissen allerdings, das von Skeptikern ja auch hin und wieder angestrebt und formuliert wird, gilt als Sand im Getriebe des Fortschritts. Gemessen an den ungeheuren Veränderungen, die technische Revolutionen im Bereich der Informationsmedien und der Biowissenschaften in den letzten Jahren mit sich gebracht haben und noch bringen werden, war eine kritische Begleitmusik ohnehin kaum mehr zu hören. Mit Anders wäre allerdings auch in diesen Bereichen darauf zu insistieren, daß es nicht um eine moralisch motivierte Ablehnung technischer Entwicklungen aus ideologischen oder religiösen Motiven gehen kann, sondern vorerst um eine Analyse, was diese Entwicklungen am Menschen selbst verändern werden. Ob man das dann will oder nicht will, wäre immer noch eine andere Frage. Mit Anders kann allerdings vermutet werden, daß sich diese Frage gar nicht stellen wird, weil die Maximen der Technologien uns vorgeben, was wir zu wollen haben werden. Diese technischen Imperative kleiden sich in der Regel in den Satz, daß es keinen Sinn macht, den technischen Fortschritt aufhalten zu wollen. Wer diesen Satz ernst meint und nicht als Phrase von sich gibt, teilt damit, wenn auch aus einer euphorischen Perspektive, die pessimistische Grundvoraussetzung von Günther Anders: daß die Technik das neue Subjekt der Geschichte sei, dem man sich nicht entgegenstellen kann. In den Netzen der Technologien hört der Mensch auf, im eigentlichen Sinn ein Handelnder zu sein; seinen Zustand nannte Anders, und damit die ganze Paradoxie dieser Situation präzise umfassend, «aktiv-passiv-neutral» (Antiquiertheit I, S. 293). Bei aller hektischen Aktivität bleiben wir den entscheidenden Entwicklungen gegenüber passiv abwartend, um sie dann ohne viel Federlesens mitzuvollziehen.

Natürlich war es Günther Anders selbst darum gegangen, diesen Zustand aufzubrechen. Bei aller Einsicht in die Dominanz des Technischen wollte er nicht ablassen von der hoffnungslosen Hoffnung, daß der Mensch nicht verloren sei. Seine moralistische Erkenntnistheorie wollte auch Grundlage für die Wiedergewinnung eines Handelns sein, das die Souveränität des Menschen gegenüber dem Universum der Maschinen intendierte. Günther Anders hat deshalb immer wieder Vorschläge gemacht und Anregungen gegeben, wie gegen das zerstörerische Telos der Technisierung Widerstand geleistet werden könnte. Selbstredend wußte Anders, daß sich das berühmte Rad der Geschichte nicht zurückdrehen läßt, und keinesfalls wollte er als naiver Rousseauist mißverstanden werden. Es ging ihm überhaupt nicht um ein Zurück zur Natur, sondern um ein Verhältnis zur Technik, das durch die Bedürfnisse und Möglichkeiten des Menschen, und nicht durch die Imperative der Apparate bestimmt sein sollte.

Zum Verhältnis von Mensch und Maschine hat Anders schon früh eine bemerkenswerte Maxime formuliert, die, wenn sie schon nicht befolgt werden kann, doch ein grelles Licht auf unseren Umgang mit Apparaten zu werfen imstande ist: «Habe nur solche Dinge, deren Handlungsmaximen auch Maximen deines eigenen Handelns werden könnten» (Antiquiertheit I, S. 298). Unter all den positiven Neuformulierungen des Kantischen Kategorischen Imperativs – man denke etwa an die von Hans Jonas: «Handle so, daß die Wirkungen deiner Handlung verträglich sind mit der Permanenz echten menschlichen Lebens auf Erden»[8] – trifft die von Anders vorgeschlagene zumindest in den innersten Kern unseres Verhältnisses zu den uns umgebenden Technologien. Das Postulat, aus dem dieser Imperativ kritisch abgeleitet ist, lautet dann auch: «Jeder hat diejenigen Prinzipien, die das Ding hat, das er hat» (Antiquiertheit I, S. 296). Nicht blinde Technikfeindlichkeit resultierte aus diesem Imperativ, wohl aber eine vernünftige Reflexion eines jeden über die immanenten Ziele unserer Apparaturen.

Auch Anders, der schon frühzeitig Technologien als Systeme, als Netze, als Strukturen gesehen hat, konnte gegen inhumane Effekte derselben also letztlich nichts anderes mobilisieren als die Hoffnung auf die Kraft und das Gewissen des Einzelnen.

Das impliziert allerdings, daß der Einzelne trotz aller Ohnmacht angesichts des Monströsen dennoch schuldig werden kann. Diese Frage nach der moralischen Schuld des Einzelnen, der nur eine partielle Aufgabe in einem komplexen Prozeß übernimmt, war dann auch die zentrale Frage, um die sich der berühmt-berüchtigte Briefwechsel zwischen Günther Anders und Claude Eatherly, jenem Hiroshima-Piloten, der von einem Aufklärungsflugzeug das Zeichen zum Abwurf gegeben hatte, rankte. Robert Jungk hatte diesen Briefwechsel 1961 unter dem Titel *Off limits für das Gewissen* herausgegeben und damit eine heftige Debatte über diesen Fall ausgelöst. Eatherly, dessen bohrendes Fragen nach der Schuld von der Öffentlichkeit pathologisiert worden war, wurde für Anders zum paradigmatischen Fall, in dem «über den Menschen im Zeitalter der Technik» entschieden wird (Hiroshima ist überall, S. 277). In einem offenen Brief an den damaligen Präsidenten der Vereinigten Staaten, John F. Kennedy, hatte Anders geschrieben: «Eatherly ist eben nicht der Zwilling von Eichmann, sondern dessen großer und für uns tröstlicher Antipode. Nicht der Mann, der die Maschinerie als Vorwand für Gewissenlosigkeit ausgibt, sondern umgekehrt der Mann, der die Maschinerie als furchtbare Bedrohung des Gewissens durchschaut». Eatherly stellte für Anders die vielleicht entscheidende moralische Frage nach der Legitimität des Mittuns: «Wo und wie weit dürfen wir oder dürfen wir nicht mittun?» (Hiroshima ist überall, S. 327)[9]

Wo aber sind diese Grenzen? Um diese zu erkennen, hatte Günther Anders schon in den fünfziger Jahren ein «Exerzitium», eine konzentrierte «Ausbildung der moralischen Phantasie» gefordert, die es möglich machen sollte, die Diskrepanz zwischen Vorstellen und Herstellen zu überwinden und die tatsächlichen Folgen unseres Tuns kognitiv und emotional zu antizipieren, aber auch das Gefühl für die Wahrnehmung des Undenkbaren zu schulen (Atomare Drohung, S. 97). Als nächsten – aufsehenerregenden – Schritt empfahl Anders dann den «Produktstreik». Anders versuchte einen «universellen hippokratischen Eid» zu formulieren, dessen zentraler Abschnitt folgendes Gelöbnis enthalten sollte: «keine Arbeiten anzunehmen und durchzuführen, ohne diese zuvor darauf geprüft zu haben, ob sie direkte oder indirekte Vernichtungsarbeiten darstellen; die Arbeiten, an denen wir gerade teilnehmen, aufzugeben, wenn diese sich als solche direkte oder indirekte Vernichtungsarbeiten erweisen sollten» (Atomare Drohung, S. 137). Anders war sich wohl bewußt, daß die Organisation des Arbeitsprozesses, die «Janusköpfigkeit» der Forschung, bei der die Verwertbarkeit der Ergebnisse nicht prognostiziert werden kann, die Unwissenheit der Arbeitenden und letztlich die «Janusköpfigkeit» der Produkte selbst – vieles kann für unterschiedlichste Zwecke eingesetzt werden – diesen Produktstreik vor immense Schwierigkeiten stellt, daß er aber in Produktion und Wissenschaft zumindest dort zu fordern sei, wo eine Eindeutigkeit zerstörerischer Ziele vorliegt. Nachdenklich räumte Anders allerdings ein, daß es durchaus denkbar sein könnte, «daß es aus den Schwierigkeiten, in die wir Heutigen geraten sind, keinen wirklichen Ausweg gibt» (Atomare Drohung, S. 166).

Allerdings: der Kampf um die Existenz der Gattung Mensch, die für Anders unbefragbares Kriterium für moralisches Handeln war, sollte seiner Ansicht nach auch radikalere Mittel erlauben. Anders erregte großes Aufsehen, als er Mitte der achtziger Jahre, am Höhepunkt der sogenannten «Nachrüstungsdebatte», auch über den Einsatz von Gewalt nachdachte, um die Stationierung atomarer Sprengköpfe in der Bundesrepublik zu verhindern. In mehreren Gesprächen, Glossen und Artikeln hatte Anders in die Debatte um die Strategien der Friedensbewegung mit der Überlegung eingegriffen, daß «wir wirklich in einem Zustand [sind], der juristisch als Notstand bezeichnet werden kann. Nein, muß. Millionen von Menschen, alles Leben auf der Erde, sind tödlich bedroht» (Gewalt – ja oder nein, S. 23). Aus diesem «Notstand» folgerte Anders, daß dieser Bedrohung gegenüber «Notwehr» bis hin zum Einsatz gewaltsamer Mittel als ultima ratio gerechtfertigt sein kann, womöglich sein muß: «Wenn wir ernsthaft versuchen wollen, unser Überleben, aber auch das der kommenden Geschlechter, zu sichern, dann bleibt uns nichts anderes übrig, als diejenigen Zeitgenossen, die uns effektiv bedrohen, effektiv einzuschüchtern. [...] Die heute fällige Aufforderung hätte, hat daher schrecklicherweise zu lauten: ‹Macht diejenigen kaputt, die bereit sind, euch kaputt zu machen›.» (Gewalt – ja oder nein, S. 151 ff.)

Die darüber einsetzende breite öffentliche Diskussion[10] beschränkte sich – sieht man einmal von den Versuchen ab, Günther Anders damit zum geistigen Ahnherrn eines künftigen Terrorismus zu stempeln – auf die moralische Beurteilung von Gewalt als Mittel der Durchsetzung letztlich pazifistischer Ziele. In der Tat hat die Argumentation von Anders, daß, geht es um die Frage nach dem Überleben der Menschheit, die Frage nach der moralischen Qualität der dazu notwendigen Mittel recht zimperlich sei, einiges für sich. Ein höheres Gut als die Menschheit kann kaum auf dem Spiele stehen – und gegenwärtig sind die westlichen Staaten um geringerer Ziele willen bereit, Gewalt in großem Stil einzusetzen, wie die Intervention der NATO im Kosovo und der USA in Afghanistan sowie die intellektuellen Debatten dazu zeigen. Die Kritik von Anders an der Sorge um die individuelle Moral mag so durchaus berechtigt gewesen sein: «Es gibt aber nichts Heuchlerischeres als deshalb das Böse zu vermeiden, weil man ein gutes Gewissen zu haben wünscht.» (Gewalt – ja oder nein, S. 145) Im Falle des gewaltsamen Widerstands gegen die atomare Bedrohung lag und liegt der Kern des Problems wohl aber gar nicht auf der moralischen Ebene, sondern in der Frage, ob die von Anders vorgeschlagene Form der Notwehr tatsächlich das, rein strategisch gesprochen, adäquate Mittel gewesen wäre, um das Ziel, das Ende der atomaren Bedrohung, zu erreichen. Aus heutiger Sicht muß man wohl froh darüber sein, daß es zu keinen bürgerkriegsähnlichen Situationen im Zuge der «Nachrüstung» gekommen ist. Immerhin kam Anders das vielleicht auch zweifelhafte Verdienst zu, in einer nur allzu oft von moralischem Voluntarismus gekennzeichneten Debatte mit einem Tabu gebrochen zu haben, das mittlerweile auch für die Vertreter der ehemaligen Friedensbewegung längst kein Tabu mehr ist.

In Summe: wie fatal seine Analysen auch immer ausfielen; wie aussichtslos die globale Entwicklung sich für ihn auch gestaltete; wie nüchtern er versuchte, die Katastrophen zu antizipieren – für Anders selbst gab es eine moralische Devise, die vielleicht die ganze Diskrepanz zwischen dem, was er an übermächtigen Selbstzerstörungstendenzen beschrieben und erkannt hatte, und dem, was dagegen getan werden könnte, nur allzu deutlich werden läßt: «Wenn ich verzweifelt bin, was geht's mich an! Machen wir weiter, als wären wir es nicht!» (Atomare Drohung, S. 105)

Der andere Anders

Im Zentrum des Denkens von Günther Anders stand zweifellos die Frage nach der schicksalhaften Bedeutung der Technik für den Menschen. Dennoch wurde er immer wieder auch als *Kulturphilosoph* bezeichnet. Er selbst hat sich gegen diese Etikettierung immer gewehrt – sein Thema sei nicht die Kultur, sondern «die Auseinandersetzung mit der nicht endenden Barbarei unseres Zeitalters» (Mensch ohne Welt, S. XXVI). Und dennoch: Günther Anders bekannte durchaus, daß es sein ursprüngliches Ziel gewesen war, Literat zu werden, daß ihn Fragen der Musikphilosophie und Probleme der Malerei stets brennend interessiert hätten (Günther Anders antwortet, S. 61 f.). Doch er hatte sich dafür entschieden, sein Denken und Leben dem Kampf gegen die Bedrohungen, denen er die Menschheit seit dem August 1945 ausgesetzt sah, zu widmen. Günther Anders deshalb in einen zeitkritischen und philosophischen Autor auf der einen, in einen fast verhinderten Poeten und Kunsttheoretiker auf der anderen Seite teilen zu wollen, wäre aber nicht sehr sinnig. Immerhin: noch im amerikanischen Exil war Anders fast ausschließlich als Dichter bekannt, und ganz hatte er die Literatur auch nie aufgegeben – doch ein Großteil seiner poetischen Arbeiten ist noch immer nicht veröffentlicht.

Vom literarischen und kunsttheoretischen Werk von Günther Anders gilt das gleiche wie vom philosophischen: Es ist vom Engagement des Autors nicht zu trennen. Anders' Begriff von Literatur war ein didaktischer. Schrieb er Gedichte, waren es in einem klassischen Sinn Lehrgedichte. Was er an Bertolt Brecht bewunderte, galt ihm vielleicht als äußerstes Ziel von Kunst überhaupt: «Werk und Werkabsicht fallen bei ihm aufs natürlichste zusammen» (Mensch ohne Welt, S. 147). Daß der Autor etwas sagen, einen Gedanken, eine Idee, eine These zum Ausdruck bringen will, war für Anders eine Selbstverständlichkeit.

Den Begriff «Tendenzdichtung» scheute er allerdings; aber nicht, weil er sich aufgerufen fühlte, die fragwürdige Reinheit weltabgewandter Poesie zu verteidigen, sondern weil er diesen Begriff selbst für einen «Pleonasmus» hielt: Dichtung ist Tendenz a priori (Mensch ohne Welt, S. 147). Diesem Konzept war dann auch der große, in den frühen dreißiger Jahren entstandene, antifaschistische Roman *Die molussische Katakombe* verpflichtet.

Günther Anders arbeitete in den Jahren 1930 bis 1932 an diesem umfangreichen epischen Werk, das die ideologischen Mechanismen des Nationalsozialismus, seine Verblendungsstrategien und Betrugsmanöver freilegen sollte – ein ironisches, in Swiftscher Manier gehaltenes mehrdeutiges Werk sollte es werden, im Vorwort einmal als «Handbuch der Lüge», ein andermal als «Handbuch der Wahrheit» bezeichnet.[1] Bertolt Brecht selbst hatte das Manuskript noch an den Kiepenheuer-Verlag vermittelt, der es annahm, aber nicht mehr publizieren konnte: die Nazis waren schneller gewesen. Es fiel in die Hände der Gestapo, die es aber an den Verlag zurückschickte, da sie es für eine Sammlung von Südsee-Märchen hielt: Kiepenheuer hatte das Manuskript in eine alte Landkarte von Indonesien, mit einer neu eingezeichneten Insel «Molussien», eingebunden. Über Brecht bekam Anders das Manuskript zurück. Da er aber wußte, daß sein Name in Brechts Adreßbuch, das in die Hände der Gestapo gefallen war, stand, flüchtete er nach Paris. Das Manuskript wagte er nicht mitzunehmen. Freunde versteckten es, in Pergament eingewickelt, zwischen «Dauerwürsten und Schinken» in einem Rauchfang. Monate hing es dort, bis Anders' damalige Frau, Hannah Arendt, ebenfalls nach Paris emigrierte. Sie brachte den wundersam duftenden Roman mit, der nun einer anderen Bestimmung dienen sollte: «Da wir nämlich zuweilen nicht gerade ganz satt wurden, benutzte ich das Manuskript gewissermaßen als *Duftsauce*. Ich roch an ihm, wenn ich mein Baguette aß», erzählte Anders einmal. Der Versuch, die *Molussische Katakombe* nun in Paris zu publizieren, scheiterte aber am Lektor des einzigen deutschsprachigen Verlages in Paris, der dafür in Frage gekommen wäre: Ein «gewisser Herr Sperber» hatte es mit den Worten: «Und das halten Sie für linientreu?» zurückgewiesen (Günther Anders antwortet, S. 31). Manès Sperber, damals noch orthodoxer Stalinist, spürte wohl, daß es Anders in der Tat nicht um Parteilichkeit, sondern um Wahrheit ging. Später, viel später sagte Anders zum Fall dieses Intellektuellen, der sich alsbald als Antikommunist bejubeln lassen sollte: «Ich halte es für moralisch abgeschmackt, wenn sich Männer (oder Frauen) die Tatsache, daß *sie nicht mehr die sind, die sie einmal gewesen waren*, als Tugend loben lassen.» (Günther Anders antwortet, S. 90) Der Roman aber, der ein poetisches Schlüsselwerk für die Analyse des Faschismus hätte werden können und wohl nicht zuletzt deshalb einem Stalinisten mißfallen mußte, ist sechs Jahrzehnte lang unveröffentlicht geblieben.[2]

Aber wovon handelt nun dieses Buch? *Molussien* – das ist ein fiktives, von einem totalitären System beherrschtes archaisches und archetypisches Land am Vorabend einer Revolution. In seinen Gefängnissen, den Katakomben, erzählt seit Generationen immer der ältere Gefangene, der stets den Namen Olo annimmt, dem jüngeren, dem Neuankömmling, der immer Yegussa genannt wird, die «für die Fortführung des Freiheitskampfes notwendigen Lehren» in Form einer Reihe von politischen Parabeln, die der Ältere selbst einmal von einem Olo gehört hat; Yegussa muß sie auswendig lernen, um sie weiterzugeben, für jene Stunde, zu der die Wahrheit wieder ans Tageslicht wird treten können. Wie in einer Stafette werden die Geschichten weitergereicht, die Gefangenen sind die «Meldereiter» der Wahrheit. Und wie in 1001 Nacht wird, in der absoluten Dunkelheit der Katakombe, in der sich die Gefangenen nie sehen und die Wahrheit der Vernunft tatsächlich nur *vernehmen*, das Erzählen der Geschichten zur Methode des Überlebens, die sich erst am Schluß, als die Wirklichkeit die Parabelkette einholt, aufhebt. Der letzte Yegussa nämlich, den der Leser kennenlernt, wird sein Leben für den Freiheitskampf opfern und damit einen Generalstreik und die siegreiche Revolution auslösen. Aufgeschrieben aber – und dies ist eine der pointierten Konstruktionen des Romans – werden diese Dialoge von den «Angestellten des Terrors: den Gefängniskalfaktoren, die gezwungen waren, die Worte der Gefangenen Tag und Nacht abzuhören.» (Molussische Katakombe, S. 9 f.)

Der fiktive Herausgeber dieser Gespräche schreibt aber selbst in einer Zeit der «allgemeinen Verhöhnung des Geistes» und der «organisierten Verdummungen» – und das ist vielleicht mehr als nur eine deutliche Anspielung auf den Nationalsozialismus: es ging Anders stets um den Kampf «gegen die Lüge für die Sache der Vernunft». Wie vertrackt allerdings das Verhältnis von Lüge und Wahrheit ist – davon will dieser Roman zeugen. Denn seine These ist, daß in einer Zeit, in der «jede Lüge [schreit]: *Auch ich bin wahr*», die Wahrheit selbst nur Gehör findet, wenn sie sich als *Lüge* präsentiert (Molussische Katakombe, S. 7 ff.). Darauf hinzuweisen, daß solches jenseits der Propagandamechanismen des Faschismus seine Gültigkeit behält, ist wohl überflüssig angesichts eines Denkers, der als erster die strukturelle Lügenhaftigkeit moderner Medientechnologien analysierte und angesichts einer Gesellschaft, in der Verlogenheit längst zum guten Ton ihrer höchsten Repräsentanten gehört.

Die Situation der Gefangenen in den Katakomben konstituiert den Rahmen, in dem sich das eigentliche Geschehen des Romans, die *Fabel*, ereignet. An einer Stelle reflektiert Olo den Sinn und Gebrauch der Fabel selbst: «Fabeln sind nicht Abbilder, sondern Apparate», belehrt der Ältere den Jüngeren, ein Apparat nämlich, der «richtig stellt und handgreiflich sichtbar macht, was wir handgreiflich behandeln und bekämpfen wollen». Die Fabel wirkt wie ein Mikroskop. Sie ist deshalb auch keine literarische Form, die einer Deutung bedürfte: «Es ist peinlich, [...] Fabeln oder Sprichwörter zu erklären. Sie selbst sind Erklärungen. Und eine bessere Sorte als alle anderen: denn zugleich sind sie Warnungen. Müssen sie übersetzt werden, so beweist das die schlechte Qualität. Und sind sie übersetzt, so klingen sie gewöhnlich und sind wirkungslos.» (Molussische Katakombe, S. 97 f.)

Die Fabel selbst also wird zum Instrument des Kampfes: im Roman. Die Schärfe des Spotts muß sich so auch über jene Kunst ergießen, die im «Museum für zweckfreie Kunst» steht, und dort, wie der Wegweiser mit der Aufschrift «Zur Volksküche» den Hungrigen solange narrt, bis dieser begriffen hat, daß Kunst nur etwas für Satte ist (Molussische Katakombe, S. 92 ff.). Die Fabel also soll unmittelbar wirken: ein Verfahren zum Öffnen der Augen. Die Fabel stellt die Dinge unverblümt dar – vergrößert vielleicht, aber verzerrt nicht. Die Geschichten aus, um und über Molussien werden zu *fabelhaften* Paradigmen der Weltgeschichte, der sozialen Lage, der politischen Situation. Es ist die bis ins Groteske fortgetriebene Wahrnehmung, die in der Fabel die Wirklichkeit zur Erscheinung zitiert. Wenn Yegussa vom Brauch der molussischen Magnaten erzählt, sich neben ihren Hauslehrern, Haushunden, Hausgärtnern und Hausmusikern auch «Hausbettler» zu halten, «um so ihren sozialen Pflichten nachzukommen und ebenso wie ihre ästhetischen und geistigen auch ihre seelisch-moralischen Bedürfnisse zu befriedigen», was so weit gehen kann, daß sich manche Wohlhabende in ihren Parks ganze Pariaviertel anlegen, so erhellt dies zum Beispiel drastisch eine Beziehung zwischen Wohlstand und Not, die quer zu allem Moralismus gerade diesen als den eigentlichen Zynismus entlarvt (Molussische Katakombe, S. 290 ff.).

Bei allem aber ist die Fabel nahezu frei von jener falschen Euphorie, die ihrem Autor wahrscheinlich *Linientreue* bescheinigen hätte können. Bevor er noch sein Leben für eine Revolution geopfert haben wird, weiß Yegussa schon: «Die Revolution ist schwerer, als ich gedacht hatte. Denn sie beginnt einen Tag nach dem Siege der Revolution.» (Molussische Katakombe, S. 177) Die Radikalität der Fabel aber wendet sich auch gegen diese selbst. An einer Stelle fragt Yegussa den Älteren: «Ziehst Du Deine Kraft *nur* aus der Verzweiflung und gar nicht aus der Hoffnung», um dann dessen Schweigen mit folgenden Worten zu quittieren: «Ich glaube, *Du bist verliebt in die Größe Deines Unglücks. Und Du hassest die willkommenen Erleichte-*

rungen.» (Molussische Katakombe, S. 105) Es erstaunt, wie sehr schon beim jungen Günther Anders das Oszillieren zwischen der produktiven Kraft der Verzweiflung und der Kritik an der Hoffnung das Denken bestimmte, und es gehört vielleicht zu den Erfahrungen dieses Jahrhunderts, daß Yegussas Vermutung ihr Recht völlig verloren hat, ohne deshalb womöglich an Gültigkeit eingebüßt zu haben.

Die *Molussische Katakombe* kann aber auch als philosophisch-politischer Schlüsselroman gelesen werden. Hinter dem in Molussien herrschenden Burru und seinen Anhängern kann man unschwer die Nationalsozialisten erkennen, hinter Prem und den Premisten Marx und die Kommunisten, das Land Ursien, in dem zwar die Revolution gesiegt hat, aber auch nicht alles zum Besten steht, ist als UdSSR zu entziffern, und der molussische Staatsphilosoph Regedie, der mit seiner Lehre vom Sein zum Tode die Sklaven davon abhält zu erkennen, daß sie, unrentabel geworden, ganz profan zum Tode verurteilt sind, ist leicht als der verkehrt geschriebene (H)eideg(g)er zu dechiffrieren.

Natürlich ist die *Molussische Katakombe* didaktische Literatur. Allerdings eine, die versucht, dieses Prinzip in sich aufzunehmen, indem sie es tatsächlich zum Konstituens ihrer Form machen möchte: Die Fabel will nicht plump nur den Leser belehren, sie belehrt auch die Protagonisten des Romans und wird so zu dessen Strukturprinzip. Was sich damit aus den Gesprächen der beiden Gefangenen in der molussischen Katakombe kristallisieren läßt, was als Kosmos dieser Fabeln erscheint, sind die Konturen eines imaginären Landes, das man als inverses Atlantis bezeichnen könnte. Was Anders angesichts des Faschismus versuchte, war eine *negative Utopie* des totalitären Staates: In der Fabelkette werden Herrschaft, Ausbeutung und Lüge, die Ingredienzien der Macht und die Korrumpierbarkeit der Intellektuellen, die Mechanismen der Infiltrierung und die Subtilitäten der Kontrolle zu einer Satire auf eine historische Epoche, die allerdings beansprucht, die Strukturen totaler Herrschaft in einer über die Zeit hinaus gültigen Weise freizulegen. Ob das literarische Talent von Günther Anders dafür tatsächlich ausgereicht hat, mag man aus guten Gründen bezweifeln – der Roman bleibt trotz mancher kompositorischer Schwächen und zahlreicher Längen dennoch ein erstrangiges kulturhistorisches Dokument.

Darüber hinaus aber wurde *Molussien* für Günther Anders selbst zu einer einzigartigen Chiffre seines Denkens. Eingestreut in seine theoretischen Analysen der modernen Industriegesellschaft, versteckt in seinen Reflexionen über die atomare Bedrohung, eingeschmuggelt in seine Philosophie der Technik zitiert Anders immer wieder Sprichwörter und kleine Geschichten, fiktive Texte und Gedichte aus diesem nie näher bestimmten Land, so, als ob damit ernstzunehmende Belege für seine Thesen gefunden wären. *Molussien* – das wurde für Günther Anders so etwas wie ein selbstentworfener Privatmythos, ein magischer Bezugspunkt des Denkens, der es ihm erlaubte, Beobachtungen, Ideen, Einsichten und Reflexionen in einer Weise zu formulieren, die jenseits der Regeln wissenschaftlicher Verbindlichkeit liegen, aber gerade deshalb unverblümter, direkter, unmittelbarer gesagt werden können. Das fiktive, nur vordergründig archaische Molussien, eingeschmuggelt in eine philosophische Abhandlung über den Zustand einer hochtechnifizierten Gesellschaft, wird zu einer metaphorischen Geste, die pointiert und ironisch auf jene Wahrheiten verweisen will, deren nahezu unannehmbarer Charakter Direktheit kaum mehr zuzulassen scheint. So verweist Anders im ersten Band seines Hauptwerkes über die *Antiquiertheit des Menschen* zur Erläuterung seines Begriffs der *prometheischen Scham* auf ein «molussisches Industrielied»: «Ach, im Umkreis des Genauen / ziemt uns kein erhobnes Haupt. / Dingen nur ist Selbstvertrauen, / nur Geräten Stolz erlaubt.» Und als «Nachweis» für diese Belegstelle heißt es dazu noch in einer Fußnote: *«An die Zahnräder. Aus den Molussischen Industriehymnen.* Deutsch von G. A.»* (Antiquiertheit I, S. 26 und 326) Und im zweiten Band der *Antiquiertheit* wird, zur Entlarvung der Mechanik des Konsumterrors, aus einer «fragmentarischen Hymne» der molussischen Industriellen zitiert. Sie trägt den ironisch-makabren Titel *Kraft durch Freude*, und ihr Refrain lautet: «unsere Kraft – durch ihre Freude [...] Lob und Preis den Konsumenten, / Unseren Geheimagenten!» (Antiquiertheit II, S. 174) Nicht selten beginnt oder endet ein Kapitel bei Anders mit der Weisheit eines «molussischen Gnomikers»: «Mißtraue den Ersten. Denn wo du zwei rennen siehst, da ist, der den Vorsprung hat, gewöhnlich der Dieb, und der hinterherrennt, gewöhnlich der Bestohlene.» (Antiquiertheit II, S. 135) Und unter den Gedichten von Günther Anders findet sich das Lied einer *Molussischen Hofsängerin*, in dem es heißt: «Ich bin ein gut molussisch Kind./Nur daß meine Mutter trank,/nur daß wir eben Gesindel sind,/nur daß ich abends als Findelkind/ausziehe auf Männerfang.» (Tagebücher und Gedichte, S. 341) Die brillante Erzählung *Der Ahnenmord* fingiert eine ethnologische Abhandlung über Molussien und zitiert ungeniert aus *Molussic Studies, a Symposion, Princeton 1952* sowie aus dem Standardwerk *Molussic Proverbs, London 1949*. Und in einer Fußnote dieser «Abhandlung» heißt es: «Daß die molussische Sprache für *Lieben* und *Bestätigen* nur ein einziges Zeitwort kennt, das ist philosophisch ertragreicher als manche dickleibige Liebesmetaphysik.» (Kosmologische Humoreske, S. 241 ff. und S. 271) So hat Anders selbst auch keine Liebesmetaphysik geschrieben, aber immerhin über seine diesbezüglichen Beobachtungen im amerikanischen Exil Aufzeichnungen geführt, die unter dem Titel *Lieben gestern* erschienen sind und unter ganz anderen Bedingungen sehr viel von dem ausführlich reflektieren, was diese molussische Fußnote andeutet.

In seinen «Notizen zur Geschichte des Fühlens», so der Untertitel zu *Lieben Gestern*, hatte Günther Anders Beobachtungen und Reflexionen zu Fragen der Erotik und des Sexus, der Geschlechterdifferenz und der Sexualmoral versammelt, die er zwischen 1947 und 1949 in New York gemacht hatte. Diese tagebuchartigen Aufzeichnungen enthalten bei aller situativen Bedingtheit einige noch immer bemerkenswerte theoretische Ansätze zu einer Theorie des Eros, die sich nicht zuletzt aus dem Kontrast speiste, der sich durch die Konfrontation eines bewußt europäisch denkenden und fühlenden Menschen wie Günther Anders mit dem amerikanischen Lebensstil ergab. Die Reduktion des Eros auf das Ideal einer unmittelbaren Bedürfnisbefriedigung war ihm suspekt. Daß Kultur und Kultiviertheit das Gegenteil von Unmittelbarkeit darstellen, nämlich «Umwege», behauptete Anders auch und vor allem für den Bereich des Erotischen, denn: «Kultur besteht aus Umwegen. Und Umwege sind zumeist Umwege um Tabus». Der Reiz des Erotischen besteht gerade in den Hindernissen, die umkreist werden müssen, in der Distanz, die zumindest eine Zeitlang gewahrt bleiben muß, im Spiel der Annäherung und Verführung, im kunstvollen Aufschub einer Begierde, denn: «Das Prompte ist das Barbarische» (Lieben gestern, S. 116). Aus ähnlichen Erwägungen wandte sich Anders auch gegen die pseudoaufgeklärte Attitüde, Sexualität und die damit verbundene Lust nicht als Ziel menschlichen Handelns, sondern als ein Mittel zur Erreichung anderer Zwecke wie Gesundheit oder erhöhte Leistungsfähigkeit zu bestimmen. Dahinter sah er eine «Bejahung, um loszuwerden» – eine Tendenz, die er insgesamt hinter der Detabuisierung des Geschlechtlichen vermutete (Lieben gestern, S. 121).

Das Geschlechtliche allerdings definierte Anders strikt über die Differenz der Geschlechter – und er vermutete, daß zumindest unter den Bedingungen der patriarchalisch-bürgerlichen Gesellschaft die Frau in einer anderen und intensiveren Weise mit ihrem Geschlecht verwoben sei als der Mann, dem zumindest der Anschein der Geschlechtsneutralität gelingen kann. In einigen Passagen antizipierte Anders damals den erst viel später wirksam gewordenen Gedanken, daß die Geschlechtszugehörigkeit auch das Denken und Philosophieren maßgeblich beeinflußt: «Sehr wahrscheinlich ist es mir, daß gewisse philosophische Motive niemals aufgetaucht wären, wenn nicht Männer, sondern Frauen den Faden der Geschichte der Philosophie gesponnen hätten [...]. Ebenso scheint mir plausibel, daß der Begriff ‹Welt› anders aussehen würde, wenn er seine Artikulierung durch Wesen erfahren hätte, die andere Wesen ‹zur Welt bringen› können, also durch Frauen.» (Lieben gestern, S. 76) Diese Ansätze zu einer von ihm selbst geforderten «Sexologie der Erkenntnis» hat Anders nicht weiter verfolgt, vielleicht auch, weil er selbst in mancher Hinsicht durchaus in den Beschränktheiten seiner Zeit und seines Geschlechts verhaftet blieb. Wenn er etwa das Zusammentreffen von osteuropäischen Emigrantinnen und «‹native›-Mädchen aus New England» bei einem privaten Fest als das Auftreten «zweier ganz verschiedener schöner Tierarten» beschreibt, so mag das für heutige Ohren zumindest ebenso befremdlich klingen wie die daran anschließende Theorie, daß die Kultur der Sinnlichkeit dort am entwickeltsten war, wo die Frauen, weil sonst aller Rechte beraubt, in der Verfeinerung ihrer erotischen Qualitäten die einzige Chance zur Gewinnung von Aufmerksamkeit und Anerkennung sehen konnten: «Vermutlich steht Kultur der Sinnlichkeit im umgekehrten Verhältnis zu den Rechten der Frau. Rechte ruinieren Charme.» (Lieben gestern, S. 63 und S. 69) Gerade weil Anders diesen Verhältnissen nicht nachtrauern will, wäre es übrigens verfehlt, dahinter nur ein männliches Phantasma zu sehen. Die unangenehme Einsicht, die Anders auch hier bereithält, liegt generell darin, daß die Kultur der Erotik und die damit zusammenhängende Spannung ganz wesentlich von Differenzen, Unterschieden, Ungleichheiten und Tabus lebt und das eine nicht ohne das andere zu haben ist.[3]

Die grundsätzliche Ambivalenz des Geschlechtlichen, ihren «hegelschen Zug», sah Anders in der Tatsache, daß in der Sexualität «gerade das, was uns gemein ist, ‹was uns eint›, als das Private, ja, als das Privatissimum, gilt.» (Lieben gestern, S. 81) Denn als Geschlechtswesen sind wir in der Tat nur als Angehörige eines Geschlechts definiert und damit reduziert auf ein Merkmal, das wir in der Regel mit der Hälfte der Erdbevölkerung teilen. Der Sexus erscheint, wie Anders an einer anderen Stelle festgehalten hat, geradezu als «der grundsätzliche Widerpart des Individuellen» und hat gerade deshalb «die gleiche philosophische Valenz», darf «die gleichen philosophischen Ansprüche» anmelden (Über Heidegger, S. 224). Die Paradoxie der erotischen Liebe besteht nun darin, daß in ihr die Artikulation und Realisation dieses Allgemeinen des Sexus als Inbegriff des Individuellen und Einzigartigen geschehen soll. Deshalb auch die Geschlechtsscham. In dieser verbergen wir gerade das Allgemeine, das, was wir nicht selber sind, das Geschlecht: «Das Individuum schämt sich seines nicht-individuellen Teiles und macht diesen zum unsichtbaren, dadurch privatesten Teil, den es ‹die Scham› nennt.» Die Schwierigkeit und das Ziel der Liebe bestünde nach Anders nun darin, den Trieb, der ursprünglich schlicht «dem anderen Geschlecht» gilt, so zu kanalisieren, daß er «nur» auf ein einziges Individuum des anderen Geschlechts abzielt. Und die unhintergehbare Paradoxie jeder erotisch-sexuellen Beziehung wird immer darin bestehen, daß der Andere deshalb nie nur als Individuum, sondern immer auch als Exemplar eines Geschlechts gesehen werden muß (Lieben gestern, S. 81 f.).

In den gleichen biographischen und thematischen Kontext wie *Lieben gestern* gehört auch Günther Anders' vielleicht schönste und gelungenste poetische Arbeit, die 1946 entstandene Verserzählung *Mariechen. Eine Gutenachtgeschichte für Liebende, Philosophen und Angehörige anderer Berufsgruppen.* Im Stile eines Lehrgedichts und in trochäischen Rhythmen wird hier als zartes Liebesgeflüster eine Geschichte erzählt, die jenseits der großen Themen, die Anders ansonsten beschäftigten, eine Fülle von Einsichten, Überlegungen, Beobachtungen und wundersam fabulierten Begebenheiten und Pointen bereithält, die vielleicht zum Schönsten gehören, was Anders geschrieben hat. Und immerhin findet sich in diesem Text auch das Eingeständnis von Anders, daß er für eine metaphysisch-ästhetische Auffassung von Philosophie durchaus empfänglich gewesen sei: «Ich gestehe, gar nicht selten / (wenn ich mich moralisch völlig / gehen lasse) scheint mir jede, / selbst die zweifellose Antwort / ein Gemeinplatz, wenn verglichen / mit der Schönheit der Probleme.» (Mariechen, S. 26)

Allerdings: die späteren Erfahrungen hatten Günther Anders

in dieser Hinsicht vorsichtig gemacht – zumindest, was die Durchschlagskraft, vielleicht auch was die Berechtigung von Poesie überhaupt betrifft. Tagebuchnotizen, die Anders 1954/55 veröffentlichte, heben an mit den zweifelnden Sätzen: «Wozu noch dichten? Wen willst du erreichen mit dem, was du machst? In welche Situationen willst du ihn mit deinem Produkt bringen? Und wozu? Stoß die Frage nicht zurück.» Und wenig später heißt es dann, resignierend: «Den heute richtigen Sprachgestus zu finden, scheint mir zuweilen hoffnungslos. Als sei man dazu verflucht, hin und her zu kreuzen zwischen der Scylla des zu *Gebildeten*, zu Künstlichen, zu Esoterischen [...] und der Charybdis der unmittelbaren Massenwirkung oder des falschen Volkstones. Diese letzte Klippe ist wohl die gefährlichste: kein Klassizist, der eine vorgegebene geschichtliche Kunstform als Modell benutzt oder selbst auf eine Manier anspielt, kann je so unglaubhaft sein, so unehrlich wirken, wie der Klassizist des Naiven.» Anders wußte, daß mit der reinen Gesinnung, der lauteren Absicht noch nichts getan ist. Diese realisiert sich erst in einer Weise in sprachlicher Form, daß beide schlechterdings nicht zu trennen sind, in eins fallen: «Denn Stil ist soziale Eindeutigkeit der Sprachgeste». Gerade weil es um Intention und Wirkung, um Engagement und Tendenz geht, wird die Frage nach dem adäquaten Stil zur entscheidenden. Diesen zu finden, wurde für Anders noch aus einem anderen Grund problematisch: «Dazu kommt als kaum zu bewältigende Schwierigkeit, daß die Ohren, die man zu erreichen sucht, durch Falsches oder zu Lautes, Lüge oder Gebrüll, verdorben oder betäubt sind». Schärfer gesprochen: dem Dichter ist der Adressat abhanden gekommen, derjenige, dem es sich überhaupt lohnte, etwas mitzuteilen, weil er es noch verstände: «Dichter anderer Perioden mögen mißverstanden worden sein, weil sie *auch* von falschen Ohren gehört wurden; aber wir singen *für* falsche Ohren, *nur* für diese, *weil* sie die falschen sind. Und wie sollte man da den richtigen Ton treffen?» (Dichten heute, S. 141 f.)

Die Absicht des Lyrikers, des Dichters bleibt so unbestritten;

aber er findet seine Sprache nicht mehr, und er hat sein Publikum verloren. Dem durch die Massenkultur zugerichteten Menschen ist die Fähigkeit zur Wahrnehmung von Kunst abhanden gekommen. Kunst selbst wird anachronistisch: «Unser Bruder», schrieb Anders, «ist der troglodytische Korbflechter, der ein Rohr allein suchte, allein schnitt, allein wässerte, allein wand und allein – verwendete» (Dichten heute, S. 142). Daß Kunst, nehmen wir Lyrik als pars pro toto, so auf sich zurückgeworfen wird, niemanden mehr anspricht, funktionale Kommunikation verweigert, wäre so am wenigsten ihre Schuld. Viel später hat Günther Anders diesen Zustand in einer Positivität gedeutet, aus der die Verzweiflung dennoch mitspricht: In den *Ketzereien* heißt es bei Gelegenheit eines «Vorlesungsabend ‹Konkrete Poesie›»: «Kunst ist der letzte Versuch der zur pausenlosen Produktion von Produktionsmitteln verurteilten Menschheit, doch noch Produkte herzustellen, die nur Produkte sind, nicht aber auch Produktionsmittel. Diese Objekte wünschen die Frage, wozu sie gut sein sollen, zu provozieren, um diese dann mit den Worten ‹zu nichts› beantworten zu lassen.» (Ketzereien, S. 81) Gesellschaftliche Funktionslosigkeit, demonstrative Bedeutungslosigkeit, offenkundiger Unsinn wird zur letzten Funktion, zur letzten Bedeutung, zum letzten Sinn von Kunst. Für Anders allerdings war dies kein Grund zum Triumphieren.

Die Schwierigkeiten, eine Sprache zu finden, die das auszudrücken imstande ist, was gesagt werden soll, teilt der Dichter allerdings mit dem Philosophen. Auch dessen Vokabular ist alles andere als gefeit gegen Mißverständnisse, vor allem, weil die Sprache der Philosophie aus der Alltagssprache gewonnen wird, über diese aber hinaus muß. Die Verlockung muß auch für den Philosophen groß gewesen sein, die Sprachform zu wechseln und das Problem versuchsweise dadurch zu lösen, Philosophie in der Sprache der Poesie zu betreiben. Und hin und wieder wird der Philosoph, wie einstens bei Äsop, auch bei Anders zum Fabelwesen: «‹Worte zu putzen, das überlasse ich dir›, meinte der Halbphilosoph. ‹Mir liegt allein an der Wahrheit.› ‹Ärmster!› rief der Philosoph. ‹Warum Ärmster?› ‹Weil du nun auf beides verzichten mußt.› ‹Auf beides?› ‹Jawohl. Auch auf die Wahrheit.› ‹Auf welche?› ‹Auf die Wahrheit über die Wahrheit.› ‹Und die lautet?› ‹Daß sie nur durch geputzte Scheiben hindurchscheint.›» (Blick vom Turm, S. 46 f.)

Als Fabelwesen ist der Philosoph der Verbindlichkeit des Begriffs vorerst enthoben. Der Weg vom Bild zum Begriff wird hier noch einmal gegangen, allerdings zurück. Die Begriffe werden zu poetischen Bildern, ohne daß sie dabei ihre Geschichte als Begriffe verlören. Indem die Fabel das Bild der Wahrheit als solches deutet, das durch die Sprache scheint, gibt sie den Blick wieder frei auf den Begriff selbst. Folgerichtig erscheint es, daß nun philosophische Begriffe von höchster Dignität und größter historischer Relevanz selbst zu Fabelwesen werden und sich durch die Geschichte, die von ihnen erzählt wird, selbst noch einmal deuten. In der *Kosmologischen Humoreske* hat Günther Anders sogar dies probiert: zu erzählen, wie aus dem *Nichts* das *Sein* wird. Beide Zentralbegriffe abendländischer Ontologie werden personifiziert: Frau Nu, die Göttin des Nichts und der Leere, wird davon überrascht, daß plötzlich nicht mehr nur Nichts, sondern Etwas da ist: Bamba, der Gott, der zudem an seinem selbsterschaffenen Sein noch nicht genug hat und sich seine «Welt» schaffen will, die aber etwas «weniger sein» soll als er: gleichsam mit dem Nichts behaftetes Sein. Dazu bemüht er Frau Nu. Das Ergebnis dieser kosmischen Umarmung ist das Sein einer Welt, zu deren Bestimmung es gehört, einmal nicht mehr zu sein: sie muß sterben (Kosmologische Humoreske, S. 7 ff.).

Nicht nur philosophisches Denken, auch das Problem des Ästhetischen selbst wurde Günther Anders einmal zum Gegenstand einer Geschichte. In seiner vielleicht besten Erzählung *Der Ahnenmord* wird das Verhältnis von Ritual, Kunst und Geschichte zum Thema eines poetischen Textes. Aus dem fiktiven Molussien wird eine Abhandlung archäologisch-ethnologischen Charakters übermittelt, die, versehen mit einem späteren Nachwort und vier Anhängen, den Gestus von Wissenschaftlichkeit

176

imitierend, von einer Gräberstadt handelt, deren Besonderheit darin lag, daß ein uraltes Tabu die Menschen daran gehindert hatte, diese zu vergrößern, so daß im Falle eines Todes erst durch ein kompliziertes Ritual aus einer Grabkammer eine Leiche entfernt und gleichsam noch einmal getötet werden mußte, um Platz für den neuen Toten zu schaffen. Dem fiktiven Kommentator wird dieses komplexe, in allen Einzelheiten aufeinander abgestimmte Ritual zum Paradigma für Geschichte und Kunst überhaupt: «Keine Frage», so deutet er, «die Geschichte selbst ist ein Prozeß nicht abbrechender Selbstliquidierung, selbst eine Art kontinuierlichen ‹Ahnenmordes›». Und er stellt rigoros fest: «Unsere Geschichtsignoranz gehört zum Wesen der Geschichte selbst. [...] Die Entscheidung darüber, was wir heute geschichtlich wissen oder nicht wissen, ist in den Machtkämpfen der Vergangenheit bereits getroffen worden» (Kosmologische Humoreske, S. 286). Die Form dieses Rituals wird dann vom Kommentator als Bedingung des Ästhetischen interpretiert: «Was ich hier im Auge habe, ist also nicht so sehr, daß dasjenige, was wir ‹Kunstwerk› nennen, aus (oft erschütternden oder sogar furchtbaren) Ritualhandlungen hervorgegangen ist – das trifft zwar zu, ist aber bereits eine Binsenwahrheit. Wichtig ist vielmehr in diesem Zusammenhang die Tatsache, daß wir Erschütterndes (also zum Beispiel musikalisch Überwältigendes), sofern wir es nur als geordnetes Ganzes auffassen können, auch ertragen, wenn nicht sogar genießen können. Das geht soweit, daß wir uns, um zu genießen, absichtlich erschüttern lassen, oder schließlich sogar, daß wir uns zum ausdrücklichen Zwecke des Genusses Überwältigendes und Unerträgliches, zum Beispiel Symphonien und Tragödien, selbst herstellen» (Kosmologische Humoreske, S. 281 f.).

Anders griff damit auf Überlegungen zur Ästhetik zurück, wie er sie schon in dem 1946 abgeschlossenen und 1951 veröffentlichten Buch *Kafka – Pro und Contra* formuliert hatte: «Die Schönheit bei Kafka ist gorgonisch», stellte er dort etwas kryptisch fest, und dieser Einsicht wird eine kausale Affinität von Schrecken und Schönheit zugrunde gelegt: die Wurzel des

177

Schönen ist das Schreckliche: «den Alten [war] die Genealogie des Schönen aus dem Geiste des Entsetzens ganz vertraut». Inspiriert zweifellos von Rilkes erster *Duineser Elegie* und in der ästhetischen Tradition des Erhabenen, wie sie vor allem von Edmund Burke und Immanuel Kant grundgelegt wurde, bestimmte auch Anders «das Erhabene (oder das Übermächtige oder Erschreckende) selbst [als] das Schöne, sofern es auf die Ausübung seiner Übermacht verzichtet, sich also in Distanz hält» (Mensch ohne Welt, S. 87).[4] Anders verzichtet aber im Gegensatz zur ästhetischen Tradition auf eine strenge Differenzierung zwischen dem harmlosen Schönen und dem gefährlichen Erhabenen. Die Bedrohung aus der Distanz, die Möglichkeit des Gefährlichen war für ihn die entscheidende Wurzel der Wahrnehmung des Schönen. Dort, wo das Übermächtige darauf verzichtet, den Menschen Gewalt anzutun, wie der Engel bei Rilke oder das Schloß bei Kafka, ist der Boden für die ästhetische Erfahrung bereitet: «Wo aber Distanz ist, da ist ‹Schönheit› auch immer mindestens möglich.» (Mensch ohne Welt, S. 93) Distanz wird gleichsam zur conditio sine qua non von Schönheit, damit von Kunst überhaupt. Man habe, schrieb Anders im *Ahnenmord*, in «der Kunst selbst das Produkt der Spielnötigung zu sehen und zu erkennen, daß das Leben aus sehr reellen Gründen ‹irreale› Attitüden entwickle und zu ‹spielen› beginne: nämlich in der listigen Absicht, übermäßig ernste Situationen, denen es faktisch nicht gewachsen ist, durch deren Entwirklichung zu bewältigen» (Kosmologische Humoreske, S. 292). Als Spiel, als Ritual werden die Situationen eingeübt, so sehr, daß sie, werden sie gelebt, nicht mehr in ihrem vollen Ernst begriffen werden müssen. Kunst trennt so den Menschen von seinem Leben, um es ihm zu ermöglichen – ein Gedanke, der seine Nähe zu Nietzsche nicht verleugnen kann.

Allerdings: Anders konnte der Distanz zwischen Kunst und Leben auch mit einer fundamentalen Kritik begegnen. Betrachtet man diese Distanz unter einer gesellschaftlichen Perspektive, dann bedeutet die Erfahrung des Schönen, gerade noch von der Macht oder Übermacht verschont zu werden. Es ist die

Erfahrungsmöglichkeit eines selbst Ohnmächtigen. Im Buch über Kafka hatte Anders deshalb geschrieben: «Präzisiert man diesen Schönheitsbegriff soziologisch, so kann man ihn nur den Schönheitsbegriff des Unfreien nennen, genauer: den des Gerade-noch-Tolerierten, der, so lange er leben darf, noch bewundert.» Nicht zuletzt unter dem Eindruck des Zweiten Weltkrieges und der Greuel des Nationalsozialismus hat Anders versucht, diesen Schönheitsbegriff radikal zu destruieren: «Aber die Zeit solcher Bewunderung ist vorbei. Die Gaskammern haben sich geöffnet und geschlossen. Es gibt Wichtigeres zu tun heute, als die, als ‹schön› dargestellte, Übermacht anzustaunen. Dieser Schönheitsbegriff muß abgeschafft werden» (Mensch ohne Welt, S. 88 f.).

Nicht zuletzt aus diesen Überlegungen rührte auch Anders' umstrittenes endgültiges Verdikt über Kafka. Denn dieser ist für ihn «ein Realist der entmenschten Welt; aber auch deren Apotheotiker». Und: «Er ist von der Übermacht der verdinglichten Welt erschreckt; aber er gibt den Schreck in Form von Bildern weiter.» (Mensch ohne Welt, S. 121) Am Ende seiner Arbeit über Kafka war Anders zu dem Schluß gekommen, dieser Dichter sei «zu Tode [zu] verstehen» – damit hat er keine dekonstruktive, sondern eine radikal destruktive Lektüre Kafkas vorgeschlagen (Mensch ohne Welt, S. 122). Es fragt sich, ob damit nicht überhaupt eine Möglichkeit angedeutet sein könnte, angemessener, das heißt: radikaler mit Kunst umzugehen. Anders hatte seiner Kafka-Arbeit den Untertitel «Die Prozeßunterlagen» gegeben. Schon früh hatte man es als hybrid empfunden, dem Autor von Der Proceß gleichsam den Prozeß machen zu wollen.[5] Bei aller Fragwürdigkeit solcher Unternehmungen könnte man aber dennoch darüber nachdenken, ob dies nicht auch eine Form der Annäherung sein könnte: der Kunst den Prozeß zu machen, sie ins Kreuzverhör zu nehmen bezüglich ihres ästhetischen, politischen, ökonomischen und moralischen Status. Im Vorwort zu Mensch ohne Welt, einer späten Sammlung seiner verstreuten ästhetischen Schriften, hatte Anders solch ein heute kaum noch vorstellbares Verfahren angedeutet.

Das Verhängnis der Kunst, wie Anders es 1984 diagnostizierte, ist ihre Auflösung in den allgemeinen, vom Marktprinzip beherrschten kulturellen Pluralismus. Pluralismus: das war für Anders ein deutliches Signum für die Weltlosigkeit des Menschen. Ein Gedanke, der manchem befremdlich klingen mag, gilt doch der Pluralismus gerade als jenes Moment, das, wenn überhaupt etwas, für die Freiheit einer bürgerlichen Gesellschaft bürgen soll. Für Anders jedoch ist Pluralismus vorerst säkularisierter Polytheismus, dessen Credo der rituelle Aufruf zur Toleranz darstellt.[6] Deren immanenten Zynismus hatte er stets gegeißelt: Toleranz könne immer nur von oben nach unten praktiziert werden. Anders, der auch das moderne Sakrileg begangen hatte, Lessings Ringparabel «problematisch» zu nennen (Mensch ohne Welt, S. XXV) und damit quer zu aller Toleranzphilosophie, wie etwa der von Karl Popper, stand, gab seiner Entfaltung des Toleranzbegriffes dann eine erkenntnistheoretische Wende mit einer moralischen Implikation: Toleranz ist die Bereitschaft, etwas als falsch Unterstelltes zu dulden. Oder: «die Wahrheit des Pluralismus besteht darin, letztlich kein Interesse an ‹der› Wahrheit zu haben». Resultat ist dann ein «Polykosmismus», das Nebeneinander einer Vielzahl von Welten, das schließlich umschlägt in einen «Akosmismus»: Die vielen Welten, die man gelten läßt, lassen keine Welt, an der man substantielles Interesse haben könnte, mehr übrig. Solcher Pluralismus war für Anders bloße «Simultaneität», reine «Juxtaposition», also ein zusammenhangloses Nebeneinanderstellen von Inhalten oder Weltanschauungen, die einander fremd, ja widersprechend sind und sich dennoch nicht aneinander zu reiben scheinen. Heftig mokierte sich Anders darüber, daß es als Tugend gilt, dieser «kulturellen Promiskuität» zu frönen, während als provinziell, intolerant und unkultiviert derjenige sich beschimpfen lassen muß, der daran Anstoß nimmt: Als Barbar oder als Banause blamiere sich derjenige, der «unfähig bleibt oder sich dagegen sträubt, Wagner *und* Palestrina, Giotto *und* Klee, Nietzsche *und* Franziskus zugleich zu goutieren». Zu erwägen wäre aber, so Anders mit Schärfe, ob nicht Barbarei

180

und Banausentum gerade durch dieses grundsätzliche «Zugleich» zu definieren sei: «das nahezu sakrale Schlüsselwort des Zeitalters lautet *und*» (Mensch ohne Welt, S. XVI ff.). Es ist vielleicht nicht uninteressant, daran zu erinnern, daß Peter Sloterdijk in seiner *Kritik der zynischen Vernunft* seinerzeit zu einer ähnlichen Diagnose gekommen ist: «[Die Massenmedien] haben nur ein intelligibles Element: das *Und*. Mit diesem *Und* läßt sich buchstäblich alles zu Nachbarn machen».[7]

«Kultur» beschrieb Anders in diesem Zusammenhang überhaupt als das «Revier des ungültig Gewordenen oder des von vornherein Ungültigen» (Mensch ohne Welt, S. XX). Religionen, Philosophien, Künste, Hegels Gestalten des objektiven Geistes also: zum Kulturgut geronnen, haben sie jede Verbindlichkeit eingebüßt, sind zur Harmlosigkeit neutralisiert – Gestalten des Ungeists. Kultur definiere sich dadurch, daß in ihr weder nach philosophischer Wahrhaftigkeit noch nach moralischer Glaubwürdigkeit gefragt werde. Damit stand für Anders allerdings die Kunst selbst in Frage. Er insistierte darauf, daß Kunst, sofern ihre Legitimität bewahrt werden soll, nicht nur in einem ästhetischen, sondern auch in einem politisch-moralischen Sinn ernst genommen werden müßte. Daß dies schon lange nicht mehr gelingen kann, daß noch das Schrecklichste und Furchtbarste als Kunstwerk problemlos konsumierbar wird, war für Anders aber «primär keine geistige, sondern eine kommerzielle Tatsache»: Kulturgüter aller Art beanspruchen das gleiche Recht auf Duldung, nicht weil sie etwas darstellten, das seinen Wert aus seiner eigentümlichen Beschaffenheit entfaltete, sondern weil sie das gleiche Recht darauf haben, «als Waren aufzutreten». Dies nannte Anders das «fundamentale Gleichheitsrecht» unserer Epoche: «Die Grundlage der Demokratie im Kapitalismus ist nicht die Gleichberechtigung aller Bürger, sondern die aller Produkte». Auch hier zeigt sich, daß die einstens für Menschen entwickelten Ansprüche auf die Dinge übergegangen sind. Kultur, als freies Fluktuieren von Unverbindlichkeiten, erscheint nur mehr in der Form universaler Prostitution: «Proudhons entsetzliches Wort, daß alle

Frauen gleichberechtigt seien: nämlich als Huren, gilt von allen sog. ‹Kulturprodukten› und -erscheinungen.» (Mensch ohne Welt, S. XXII ff.)

Nicht zuletzt an dieser radikalen Kritik der Kultur wird noch einmal der harsche und widerständige Gestus im Denken des Günther Anders sichtbar. Es sind Überlegungen, wie sie, knapp zwanzig Jahre, nachdem sie formuliert worden sind, unzeitgemäßer nicht sein könnten. Zwar haben sich die Verhältnisse nicht wesentlich geändert, aber unser Verhältnis zu diesen ist fast nur noch apologetisch. Der Markt als allgemeiner Rahmen, dem selbstverständlich auch die Kunst unterworfen ist, ist mittlerweile zu einer Selbstverständlichkeit geworden, die Anders' Polemik gegen den Warencharakter von Kunstwerken als vorgestrig erscheinen lassen muß. Wir trösten uns in der Regel damit, daß im Kapitalismus zwar alles Ware sein muß, dies aber nicht bedeutet, daß alles nichts anderes mehr als Ware sein kann. Daß die Einbettung von Kunstwerken in den Kreislauf des Marktes deren Gehalt selbst verletzen könnte – ein Gedanke, den Anders mit einigen Vertretern der ansonsten von ihm wenig geschätzten Kritischen Theorie der Frankfurter Schule teilte –, erscheint uns heute so unlogisch wie der Gedanke, daß Brot ungenießbar sei, weil es nur mehr im Supermarkt gekauft werden kann. Dennoch kann vielleicht gerade in Zeiten eines triumphierenden Marktes mit Anders daran erinnert werden, daß die Frage, ob ein Kunstwerk am Markt reüssieren kann, noch nie etwas über seine ästhetische oder moralische Qualität ausgesagt hat. Man wird, aus guten Gründen, gegen den Markt als Rahmenbedingung ökonomischen Handelns wenig einwenden können; aber es fragt sich – und Anders' kompromißlose Analysen können dafür allemal noch hilfreich sein – ob der Markt auch den optimalen Rahmen für die Produktion und Verteilung jener «Güter» darstellt, die einmal mit Wahrheits- und Wahrhaftigkeitsansprüchen verknüpft waren. Das ändert aber nichts daran, daß man, setzt man sich heute mit einem Philosophen wie Günther Anders auseinander, sich dem Problem der Unzeitgemäßheit, ob man will oder nicht, stellen muß. Denn was sich schon gegen Anders Kritik an der zum Subjekt der Geschichte gewordenen Technik einwenden läßt, gilt in vielleicht noch höherem Maße für seine Kritik an der zur Ware gewordenen Kunst: wir können sie kaum mehr nachvollziehen. Unter der Voraussetzung, daß Günther Anders ein außerordentliches Sensorium für zivilisatorische Brüche und Entwicklungen ausgebildet hatte, könnte dies durchaus auch als Verlust betrachtet werden.

Nachwort: Die Antiquiertheit
der «Antiquiertheit»

Wer zu früh kommt, der kommt auch nicht zur rechten Zeit –
mehr als einmal hat Günther Anders mit diesem Satz angedeutet, daß seine Philosophie des technischen Zeitalters, gerade
was ihre prognostische Kraft betraf, von den Zeitgenossen noch
gar nicht angemessen wahrgenommen werden konnte. Die
Frage, ob es nun, zehn Jahre nach dem Tod von Günther Anders, allmählich an der Zeit sei, die Aktualität dieser Philosophie zu erkennen, drängt sich geradezu auf. Ein erster Befund
muß allerdings zu einem paradoxen Ergebnis kommen: Obwohl sich vieles von dem, was Anders als die grundlegenden
Tendenzen der technischen Zivilisationen freigelegt hatte, bestätigt, ja intensiviert hat, wirken seine Analysen mittlerweile
selbst auf eine eigentümliche Art antiquiert. Das mag mit der
Sprache von Anders zu tun haben, die ihre Herkunft aus der
deutschen Philosophie des frühen 20. Jahrhunderts nicht verleugnen kann; das mag mit einer kulturpessimistischen Grund-
haltung einhergehen, die seit Jahren schon mit dem Etikett der
Fortschrittsfeindlichkeit bedacht wird; und das mag auch mit einem apokalyptisch-prophetischen Tonfall zu tun haben, der für
heutige, vor allem für junge Ohren wahrscheinlich unerträglich
klingen muß. Und dennoch erklärt dies nicht die mangelnde Resonanz auf Thesen, die trotz aller sprachlichen Distanz auf unsere Zeit und unsere Probleme zugeschnitten erscheinen. Möglich, daß es gar nicht darum gehen kann, den prognostischen
Blick von Günther Anders zu desavouieren; vielleicht verhält es
sich so, daß wir seinen Einsichten mittlerweile in einer völlig un-
aufgeregten Weise zustimmen können. Oder anders formuliert:
Wir teilen seine Analyse von der Technik als dem neuen Subjekt
der Geschichte – aber sie jagt uns keinen Schrecken mehr ein.

Selbstverständlich ist die Technik unser Schicksal – was immer wir von der Gegenwart und der nahen Zukunft erwarten, ist nicht nur an technische Innovationen gebunden, sondern diese erscheinen uns mittlerweile als einziger und verläßlicher Garant zur Einlösung des aufklärerischen Projekts einer Verbesserung des Menschengeschlechts. Entdeckungen, Revolutionen, Umwälzungen gelten im Gebiet der Gesellschaft oder gar des Geistes nichts, in der Technik alles. Die großen Veränderungen erwarten und erhoffen wir uns nicht mehr von der Politik, auch nicht mehr von der Ökonomie, schon gar nicht von Psychologie oder Pädagogik, sondern von den ihrer Eigendynamik überlassenen Technologien, bestenfalls unterstützt von den politischen und wirtschaftlichen Rahmenbedingungen. Die Eigendynamik der Technik wird als ein Naturgesetz aufgefaßt, dem sich entgegenzustellen widersinnig wäre. Man kann, von der Rentenauszahlung bis zum Hochschulzugang, alles bremsen, nur eines nicht: den technischen Fortschritt. Und was immer es an Restbeständen utopischer Hoffnungen noch geben mag – ihre Einlösung können wir uns fast nur mehr als technische Lösung eines technischen Problems vorstellen. Mehr Demokratie, verbesserte soziale Beziehungen, größere Bildungschancen für alle und Verständnis für die Fremden: Das erreicht man selbstverständlich durch das Internet und angeschlossene Kommunikationstechnologien. Erbgesunde, langlebige, krankheitsresistente, aggressionsarme, kluge und schöne Menschen: das verspricht uns die Gentechnik. Und wer trotz allem noch Misanthrop ist, hofft überhaupt, daß die Menschen sich durch hyperintelligente Maschinen evolutionär selbst überbieten, affirmiert also die These von der Antiquiertheit und Unzulänglichkeit des Menschen, um diesen à la longue durch Cyborgs zu ersetzen.

Neue Technologien und Zukunft sind zu den eng verschwisterten Zauberworten der zweiten Moderne geworden, und die Begeisterung, mit der technische Innovationen aufgenommen und sofort in die Lebenswelt integriert werden, ist unübersehbar. Nicht zuletzt die digitale Revolution schuf ein

Klima, das höchst raffinierte und komplexe Technologien zu einem Moment des Alltäglichen werden ließ, das im Grunde niemanden mehr erstaunt und selten zur Sorge Anlaß gibt. Und als der amerikanische Informationstechniker und Softwareunternehmer Bill Joy solch einer Besorgnis einmal beredt Ausdruck verlieh, indem er verkündete, daß vor allem durch Computertechnik und Nanotechnologie die Menschheit im Begriff sei, sich selbst abzuschaffen und er deshalb einen Erkenntnisstop fordere, reichte dies gerade noch für eine feuilletonistische Erregung. Und niemand erinnerte sich daran, daß das, was Joy plakativ formulierte, schon vor Jahren und viel pointierter bei Günther Anders zu lesen war. Die Warnung des Amerikaners blieb ein Strohfeuer; vielleicht war es ohnehin nur als PR-Gag gedacht gewesen. Und wenn man sich schon spekulativ so weit vorwagt, hält man es mittlerweile auch in Europa eher mit den Thesen von Joys Konkurrenten Ray Kurzweil, nach denen uns nichts Besseres passieren kann, als durch unsere eigenen, perfekten Maschinen zu einem Schattendasein degradiert zu werden. Der Traum vom Cyborg, vom Mensch-Maschinen-Mischwesen, scheint seinen Schrecken längst verloren zu haben und stellt nicht nur für Forscher und Technik-Freaks eine aufregende Utopie dar.

Günther Anders, der in den Zeiten des Kalten Krieges das Wesen der neuzeitlichen Technik vor allem im angehäuften atomaren Vernichtungspotential konzentriert sah, diagnostizierte schon damals, daß Technik insgesamt darauf aus sei, die Menschheit zum Verschwinden zu bringen. Die Tendenz aller Technik, ihre immanente Logik lautet: Ohne uns. Technik ist schlechthin das Projekt der Überbietung des Menschen. Anders war einer der ersten, der die grundsätzliche Diskrepanz zwischen der Unvollkommenheit des Menschen und der immer größer werdenden Perfektibilität seiner Maschinen zum Ausgangspunkt einer zivilisationskritischen Analyse gemacht hat. «Prometheisches Gefälle» hat Anders diese Diskrepanz genannt und geglaubt, diese müsse den Menschen die Schamesröte angesichts der eigenen Unzulänglichkeit gegenüber seinen technischen Geschöpfen ins Gesicht treiben. Natürlich: Hin und wieder scheint es Indizien zu geben, die diese Analyse auch heute noch bestätigen. Als der regierende Schachweltmeister Garri Kasparow gegen das Computerprogramm Deep Blue verlor, soll er gesagt haben: Ich schäme mich. Und immerhin war Kasparow angetreten, um nach eigenen Worten die «Ehre der Menschheit» zu verteidigen. Daß Maschinen besser Schach spielen als Menschen, verursacht in der Regel allerdings genausoviel Kopfzerbrechen wie die Beobachtung, daß Automobile schneller sind als Läufer. Unser Verhältnis zur Technik hat sich in den letzten Jahren grundlegend gewandelt. Und das Interessante dabei: Anders' These von der Tendenz aller Technik, den Menschen letztlich überflüssig zu machen, hat sich dabei eher bestätigt denn entschärft. Nur: diese Einsicht löst kaum noch einen Schock aus.

Daß der Mensch hinter seinen Geräten zurückbleibe, daß er als Gattung zur «Antiquiertheit» verurteilt und in seiner Humanität gefährdet sei – diesem Befund hatte allerdings Günther Anders ganze Sorge gegolten. Vor Jahrzehnten hatte er damit auch noch einen Nerv der Zeit getroffen. Keine Frage: die Geschichte der modernen Technik war stets begleitet von einer Mischung aus Faszination und Angst. Der Bewunderung für die Großleistungen technischer Ingenieurskunst und der mitunter enthusiastisch akklamierten Umgestaltung der Lebenswelt durch technische Eingriffe standen immer wieder Befürchtungen gegenüber, die vor der Hybris und den daraus zwangsläufig erfolgenden Katastrophen warnten. Wie Menetekel an der Wand des technischen Fortschritts wurden dann die großen Tragödien der modernen Technik gelesen: Vom Untergang der Titanic bis zum Brand der Hindenburg, vom Abwurf der ersten Atombombe bis zum Super-GAU von Tschernobyl, von der Giftgaskatastrophe in Bhopal bis zur medienwirksamen Explosion der Challenger reichen die Unglücksfälle, die vor allem in den achtziger Jahren ein Klima der Besorgnis, der Angst, ja der Technikfeindlichkeit erzeugten. Es waren die Jahre, in denen die Apokalypse an der Tagesordnung schien, eine ganze Generation glaubte, keine Zukunft zu haben, und die Menschheit ihrem selbst verschuldeten Ende nahe schien. Die Dinge haben sich geändert. Die Generation, die damals glaubte, keine Zukunft zu haben, kontrolliert mittlerweile das Geschäft mit der Zukunft. Aus der Angst vor der Apokalypse wurde ein ungeduldiges Warten auf die neue Welt, aus einer Phobie wurde eine Euphorie. Ein – nicht der einzige – Grund für diesen Einstellungswandel liegt zweifellos in der einfachen Tatsache, daß die Apokalypse schlicht ausgeblieben ist. Die neue Begeisterung für die Technik ist die Kehrseite der enttäuschten Untergangsphantasien. Das Ende des Kalten Krieges bedeutet für viele schlicht auch das Ende der atomaren Bedrohung, und die Opfer von uranummantelter Munition vermögen keine fundamentale Skepsis einer ganzen Technologie gegenüber zu entfachen. Aus diesem Grund werden auch einzelne Desaster, wie etwa der Absturz der Concorde, aber auch der noch immer strahlende Reaktor von Tschernobyl, nicht mehr als symbolkräftige Anzeichen der großen Katastrophe gelesen, sondern schlicht als Un- oder Störfälle verbucht, die höchstens Anlaß geben, über die technische Verbesserung von Sicherheitsbedingungen für riskante Technologien nachzudenken. Auch die Terroranschläge vom 11. September 2001 in New York und die darauf folgende Sorge, daß auch atomare Anlagen Ziele solcher Attacken mit ungeahnten Folgen sein könnten, löste keinerlei prinzipielle technikskeptische Reflexionen mehr aus, ebensowenig wie die Angst vor bakteriologischen Waffen. Die Probleme der Technik, so glauben wir heute, sind in der Regel durch (Sicherheits-) Technik lösbar.

Unser Verhältnis zur Technik hat sich grundlegend geändert. Sie stellt zumindest vordergründig kein philosophisches oder politisches Problem mehr dar. Denn es kommt nur mehr darauf an, die Technik zu nutzen. In der nicht nur sprachlich vollzogenen Transformation des mit Technik konfrontierten Menschen zum Nutzer deutet sich eine grundlegende Verschiebung zu einem Pragmatismus an, der Technik entschärft, indem sie dem Nutzen des einzelnen überantwortet wird. Warum und daß sie funktioniert, mag eine Sache der Experten sein. Relevant ist dabei allein, ob der Nutzen ihren Einsatz lohnt. Das Höchstmaß an Technikkritik, das etwa Geistesmenschen zur Zeit formulieren können, besteht dann auch im Lamento darüber, daß das Computerbetriebssystem des Marktbeherrschers den Bedürfnissen von Kulturwissenschaftlern nicht angepaßt sei, und viel mehr, als daß es unübersichtlich sei, die Suchmaschinen verbessert und Qualitätsstandards eingeführt werden müßten, kann und darf man auch gegen das Internet nicht sagen. Unmöglich, das neue Medium Internet etwa so fundamental zu kritisieren, wie Anders einstens das neue Medium Fernsehen kritisiert hatte, ohne sich lächerlich zu machen. Und doch wäre genau dies die Aufgabe für eine philosophische Reflexion der neuen Medien, die den Anspruch auf Reflexion, auf Begreifen noch ernst nähme. Ob diese bereitwillige Affirmation des Bestehenden und Kommenden auch mit einer nachlassenden Denkkraft zu tun hat, bleibe einmal dahingestellt. Bei prekären Fragen der Biotechnologien zeichnen sich ähnliche Einstellungswandel ab: Dort, wo vom Nutzen des einzelnen für seine Gesundheit und seine Reproduktionschancen geredet werden kann, verblassen alle ethischen Argumente, wie hell- und weitsichtig sie auch sein mögen. Nur noch dort, wo für das Innerste des einzelnen, seinen Magen, eine Gefahr droht, der er sich hilflos ausgeliefert wähnt, wächst zwar nicht das Rettende, sondern die Angst vor der technisch veränderten Lebenswelt: Beim Gen-Mais, beim Rindfleisch und bei den Schwermetallen in den Fischen.

Ist damit unser Verhältnis zur Technik tatsächlich entspannt, rein pragmatisch geworden? Oder schwingt in der überbordenden Euphorie, schwingt in den utopischen, mit religiöser Inbrunst vorgetragenen Erwartungen, die man an Technologien heranträgt, nicht ebensoviel Irrationalismus mit wie in den apokalyptischen Ängsten vergangener Tage? Denkt man darüber nach, stößt man auf ein Paradoxon: Einerseits erscheint die moderne Technik als Resultat unserer rationalen Wissenschaft, als reine Anwendung naturwissenschaftlicher Erkenntnisse, andererseits haben wir immer größere Schwierigkeiten, rational nachzuvollziehen, wie diese Technik funktioniert und was mit uns im Rahmen dieser Technik geschieht. In einem gewissen Sinn ist die von Günther Anders angesichts der atomaren Bedrohung diagnostizierte «Apokalypse-Blindheit» in eine generelle Technik-Blindheit umgeschlagen: sowohl die Funktionsweise von Technologie als auch die komplexen kausalen Interferenzen zwischen Technologien, Lebenswelt und Umwelt entziehen Technik dem rationalen Horizont ihrer Benutzer und Adressaten. Die Reaktion auf Technik ähnelt dann auch frappierend den Reaktionsweisen anderer Kulturen auf vermeintliche supranaturale Ereignisse: Man beschwört, nimmt hin, bringt Opfer, spricht von höherer Gewalt. Das Bild eines Jugendlichen, der seinem Computer immer wieder ein ungeduldiges «Komm endlich» zuflüstert, zeigt keinen aufgeklärten Technikanwender, sondern ein quasireligiöses Subjekt vor seinem Kultgegenstand. Der Sachzwang ersetzt den Willen Gottes als Metapher für das Unvermeidliche, die Kämpfe um Technologien ähneln – egal, in welcher Weise sie geführt werden – früheren Religionskämpfen: Die Technik wird einerseits verklärt, zum Kultobjekt gemacht, mit einer quasisakralen Aura umgeben, andererseits verteufelt und dämonisiert. Und als Kulturpessimist wird heute nicht jemand bezeichnet, der den kulturellen Niedergang beklagt, sondern der nicht glauben mag, daß die Technik alle Probleme lösen wird: Er ist ein Ketzer. Es gehört zu den großen Paradoxien unserer Kultur, daß über Produkte technischer Rationalität oft nur in nichtrationalen Weisen kommuniziert werden kann. Das macht auch unser scheinbar entspanntes Verhältnis zur Technik prinzipiell zumindest anfällig für nicht zuletzt durch die neuen Kommunikationstechnologien jederzeit provozierbare Hysterien angesichts vermeintlicher oder wirklicher Katastrophen. Die Sprache der Nüchternheit, die Günther Anders vor allem gegenüber den Folgen monströser Technologien immer wieder eingefordert hat, täte auch in diesen Fällen dringend not.

Tatsächlich muß deshalb die neue Akzeptanz des technischen Fortschritts doch auch ein wenig verwundern. Denn natürlich ist die Technik nicht plötzlich harmlos oder ungefährlich geworden, aber sie hat ihre Gestalt verändert. Sie ist, so banal das auf den ersten Blick auch klingen mag, vor allem kleiner und damit unscheinbarer geworden. Auch wenn schon Günther Anders mit dem Problem zu kämpfen hatte, daß eine ungeheure Diskrepanz zwischen der Erscheinungsform technischer Geräte und ihrer Leistungs- bzw. Zerstörungskaft liegt – die harmlos aussehenden Zyklon-B-Gas-Dosen, mit denen in Auschwitz die Vernichtung der Juden perfektioniert wurde, waren, wie erinnerlich, für Anders dafür das erschreckendste Beispiel –, entzündete sich zumindest die emotionale Aversion gegen die Technik an jenen spektakulären Katastrophen, bei denen auch der megalomanische Zug der Technik zu Tage trat. Die silbrig glänzenden Kühltürme der Kernkraftwerke signalisierten ebenso eine technische Hybris wie gigantische Staudämme, bedrohlich dampfende Fabrikschlotansammlungen und Riesenraketen. Technik wird offensichtlich um so leichter akzeptiert, je kleiner, gefälliger und unscheinbarer sie wird und je mehr sie der vermeintlichen Verfügungsgewalt des Einzelnen überantwortet bleibt. Nichts demonstriert dies besser als das paradoxe Phänomen, daß Menschen zwar die Flugangst kennen, kaum aber die Angst, ein Automobil zu besteigen, obwohl die statistische Chance zu Schaden oder zu Tode zu kommen bei letzterem ungleich höher ist. Aber das Auto kann als Gerät der eigenen Körper- und Lebenssphäre zugeordnet werden; was geschieht, wird nicht dem Risiko der Technik, sondern dem individuellen Vermögen und Schicksalshorizont zugerechnet.

Überall dort, wo es gelingt, die Technik im Wortsinn dem Menschen nahe zu bringen, steigen die Chancen für deren Akzeptanz. Daß anstelle gigantischer Großcomputer die immer kleiner und handlicher werdenden Personal-Computer traten, hat zum Siegeszug der Digitalisierung entscheidend beigetragen, und die Tatsache, daß die Mobiltelephone schon nahezu als Körperteil empfunden werden, hat geholfen, die Kommunikationsstrukturen zu revolutionieren. Die *Personalität* der Geräte ist zumindest vordergründig an die Stelle der von

Günther Anders diagnostizierten *Monströsität* des Technischen getreten. Dadurch wird vor allem eine Illusion genährt: daß der Mensch seine Souveränität und seine Freiheit gegenüber dem Gerät behält. Die Faszination der kleinen, handlichen Apparate täuscht darüber hinweg, daß sie nur als Moment eines komplexen Systems funktionieren, das praktisch niemandem die Chance gibt, diese Apparate nicht zu benutzen.

Günther Anders hat einmal angemerkt, daß mit Technik alles leichter gehe – der Alltag und die großen Verbrechen. Je komplexer die eingesetzte Technik, desto geringer die moralischen Hemmschwellen. Der nur mit Mühe industriell betriebene Massenmord der Nazis erscheint uns ungleich schlimmer als die elegante sekundenschnelle Auslöschung einer Stadt durch eine Atombombe. Mit diesem Problem wurde Anders ein Leben lang nicht fertig. Heute lohnt es sich offenbar kaum mehr, darüber nachzudenken. Nicht die Menschenwürde gibt den Rahmen technischer Manipulationen vor, sondern diese verlangen, daß die Menschenwürde eben unter den neuen Bedingungen neu definiert werden muß. Und solange diese Umwertung alter Werte nicht als staatliches Oktroi erscheint, sondern der Freiheit der Entscheidung des Einzelnen überlassen bleibt, scheint das von Anders befürchtete chiliastische Reich des technischen Totalitarismus in weite Ferne gerückt. Die reibungslose technische Aufrüstung verlangt als Begleitmusik die Illusion der Freiheit. Diese artikuliert sich gegenwärtig in der Rhetorik vom «Nutzer». Wer etwas nur benutzt, steht diesem souverän gegenüber. Nur der Terminus «Fernbedienung» läßt noch ahnen, wer hier eigentlich wen bedient. Natürlich wird niemand gezwungen, ein Automobil oder einen Computer zu benutzen, natürlich wird niemand gezwungen werden, sein Kind genetisch zu gestalten oder sich zu klonen. Aber denjenigen, die wollen, wird die Möglichkeit dazu, sofern es eine technische Möglichkeit ist, nicht verwehrt werden dürfen. Wenn, dann entscheidet das Marktverhalten über informelle Zwänge und sublime Imperative, denen sich dann letztlich ganze Gesellschaften zu unterwerfen haben – aber dieses schreckt so lange nicht, solange diese Unterwerfung unter die Technik einerseits als Resultat eines Prozesses von Angebot und Nachfrage, andererseits als ein Schritt zur Verbesserung, vielleicht sogar zur Überbietung des Menschengeschlechts gesehen werden kann. Das, was unter totalitären gesellschaftlichen Bedingungen als Verbrechen erscheint – Euthanasie etwa oder gezielte eugenische Maßnahmen –, kann, als Konsequenz einer Technologie und Resultat einer Marktbewegung, offensichtlich relativ problemlos zu einer informellen Norm werden. Und die Frage, die Günther Anders angesichts der Überantwortung der Kunst an den Markt stellte – ob sie damit nicht auch gleichzeitig zum Verschwinden gebracht wird –, wäre angesichts der Delegierung der Menschenwürde an die durch das Marktgeschehen favorisierten Biotechnologien wohl mit noch größerem Recht zu stellen. Zu sagen, daß der technische Fortschritt auch in dieser Frage keine Hemmnisse dulden werde, bedeutet nur, der fundamentalanthropologischen These Günther Anders' von der Antiquiertheit des Menschen im technologischen Zeitalter recht zu geben. Auch wenn diese Diagnose triftig erscheint: einen Prozeß zu erkennen und ihn anzuerkennen sind immer noch zwei unterschiedliche Weisen, sich der Wirklichkeit zu stellen. Auch wenn die von Anders skizzierte Perspektive einer Welt ohne Mensch als letzte Konsequenz der immanenten Logik des technischen Fortschritts zutreffend sein sollte, bedeutet dies noch lange nicht, daß darauf mit Jubel reagiert werden muß. Dort aber, wo zumindest die Differenz zwischen dem, was Mensch-Sein einmal war und was es jetzt und in naher Zukunft bedeuten könnte, im Bewußtsein bleiben soll, wird man auch weiterhin auf die Lektüre der Schriften von Günther Anders weniger denn je verzichten können.

Anmerkungen

Vorwort: Der störrische Philosoph

1 Vgl. dazu Margret Lohmann: Philosophieren in der Endzeit. Zur Gegenwartsanalyse von Günther Anders. München: Fink, 1996.
2 Günther Stern: Aktualität. In: Das Dreieck 2/1924 (Berlin), S. 38.
3 Konrad Paul Liessmann: Günther Anders – Zur Einführung. Hamburg: Junius, 1988/1993.

Ein Leben – ein Jahrhundert

1 Eric Hobsbawm: Das Zeitalter der Extreme. Weltgeschichte des 20. Jahrhunderts. München/Wien: Hanser, 1995.
2 Die erfolgversprechende Arbeit des österreichischen Historikers und Biographen Raimund Bahr-Kremlicka wird erst in einigen Jahren abgeschlossen sein.
3 Detlef Clemens: Günther Anders. Eine Studie über die Ursprünge seiner Philosophie. Frankfurt/Main: Haag + Herchen, 1996, S. 26 f.
4 Detlef Clemens etwa vertritt diese These mit Nachdruck. Vgl. Clemens, Anders, S. 37 ff.
5 Günther Stern-Anders: Geleitwort zu William Stern: Psychologie der frühen Kindheit bis zum sechsten Lebensjahr. Darmstadt: Wissenschaftliche Buchgesellschaft, 1993 (Reprographischer Nachdruck der 7. Aufl. Heidelberg 1952), S. XII.
6 Mündliche Mitteilung vom Juni 1982.
7 Hannah Arendt/Martin Heidegger: Briefe 1925 bis 1975 und andere Zeugnisse, hg. von Ursula Ludz. Frankfurt/Main: Klostermann, 1998, S. 77.
8 Brief vom 27. August 1963 (Günther Anders Archiv Wien).
9 Vgl. dazu die von Jan Strümpel, Gregor Ackerman und Werner Reimann erarbeitete Bibliographie der publizierten Arbeiten von Anders in Text+Kritik 115/1992, S. 95 f.
10 Clemens, Anders, S. 46.
11 Thomas Macho: Die Kunst der Verwandlung. In: Konrad Paul Liessmann (Hg.): Günther Anders kontrovers. München: Beck, 1992, S. 101 f.
12 Hannah Arendt/Heinrich Blücher: Briefe 1936–1968. München/Zürich: Piper, 1996, S. 545.
13 Vgl. dazu das instruktive Nachwort von Dieter Thomä zu Günther Anders: Über Heidegger (S. 407 f.).
14 Vgl. zum Verhältnis von Günther Anders etwa zu Max Horkheimer: Werner Fuld: Walter Benjamin. Eine Biographie. Frankfurt/Main: Fischer, 1981, S. 267.
15 On the Pseudo-Concreteness of Heidegger's Philosophy. In: Philosophy and Phenomenological Research 3/1948, S. 337 ff. und Nihilismus und Existenz. In: Neue Rundschau 5/1946, S. 48 ff. Jetzt in: Über Heidegger, S. 72 ff. und S. 39 ff.

[16] Adorno wird allerdings später, in der *Negativen Dialektik*, auf Anders' Heidegger-Kritik zurückgreifen. (Vgl. Adorno, Gesammelte Schriften 6, S. 82 f.).

[17] Mündliche Mitteilung.

[18] Dieser Briefwechsel ist, neben anderen frühen Arbeiten zur atomaren Frage, 1982 unter dem Titel «Hiroshima ist überall» wiederaufgelegt worden.

[19] Mündliche Mitteilung.

[20] Günther Anders im Gespräch mit Konrad Paul Liessmann (13. Oktober 1990).

Von der Weltfremdheit des Menschen

[1] Der Vortrag «Die Weltfremdheit des Menschen» (1930), dessen Typoskript im Nachlaß von Anders gefunden wurde, deckt sich allerdings nur im ersten Teil mit den französischen Aufsätzen, zu denen offensichtlich noch eine andere deutsche Fassung existierte. Wo es möglich ist, zitieren wir deshalb aus dem unveröffentlichten Vortragstyposkript, ansonsten aus der Rückübersetzung der französischen Fassung, die Werner Reimann für die projektierte Ausgabe der «Philosophischen Frühschriften» von Günther Anders angefertigt hat.

[2] Vgl. dazu auch die Rezension der *Recherches Philosophiques* von Walter Benjamin in: Zeitschrift für Sozialforschung 6/1937 (Nachdruck München 1980), S. 173 f. – Einer der wenigen, der dann später diese Arbeiten von Anders berücksichtigte, war Wolfgang Fritz Haug in seiner Analyse des Absurden bei Sartre: Wolfgang Fritz Haug: Jean-Paul Sartre und die Konstruktion des Absurden. Berlin 1966, bes. S. 103 und Anm. 75.

[3] Werner Reimann: Verweigerte Versöhnung. Zur Philosophie von Günther Anders. Wien: Passagen, 1990, S. 23.

[4] Peter Sloterdijk hat in seinen *Sphären* die griechische Leitfrage «Erkenne dich selbst» mit der römischen «Erkenne die Lage» kontrastiert. Der frühe Anders wäre unter diesem Gesichtspunkt eher als römisch denn als griechisch denkender Anthropologe zu verstehen, was auch insofern Sinn gibt, als die politische Konnotation der Frage nach der *Lage* bei Anders sich als durchaus zentral erweisen wird (Peter Sloterdijk: Sphären II, Globen. Frankfurt/Main: Suhrkamp, 1999, S. 334).

[5] Immanuel Kant: Über ein vermeintes Recht aus Menschenliebe zu lügen. In: Werkausgabe, hg. von Wilhelm Weischedel, Frankfurt/Main: Suhrkamp, 1974, Band VIII, S. 637; vgl. dazu auch Konrad Paul Liessmann: Philosophie des verbotenen Wissens. Friedrich Nietzsche und die schwarzen Seiten des Denkens. Wien: Zsolnay, 2000, S. 72 ff.

[6] Friedrich Nietzsche: Über Wahrheit und Lüge im außermoralischen Sinn. KSA 1, S. 873 ff.

[7] Antiquiertheit I, S. 331, Anm. 69/2.

[8] Aurel Kolnai: Der Ekel. Jahrbuch für Philosophie und phänomenologische Forschung 10/1929, S. 515–569. Kolnai (1905–1973) war nach der Machtergreifung Hitlers nach England emigriert und hatte 1938 in London unter dem Titel «War Against the West» eine Analyse des Nationalsozialismus vorgelegt, die diesen als prinzipiell gegen das westliche Zivilisationsmodell gerichtete Ideologie verstand – eine These, die interessanterweise im Zusam-

menhang mit Analysen des islamischen Terrorismus wieder an Aktualität gewonnen hat (Vgl. dazu Avishai Margalit/Ian Buruma: Occidentalism. In: The New York Review of Books, 17.1.2002).

[9] Reimann, Verweigerte Versöhnung, S. 57. – Zum Problem des Nihilismus vgl. auch die große Studie von Ludger Lütkehaus: Nichts. Abschied vom Sein. Ende der Angst. Zürich: Haffmans, 1999.

[10] Bei Nietzsche heißt es: «Aber dass ich euch ganz mein Herz offenbare, ihr Freunde: *wenn* es Götter gäbe, wie hielte ich's aus, kein Gott zu sein! *Also* giebt es keine Götter.» (Friedrich Nietzsche: Also sprach Zarathustra. KSA 4, S. 110).

[11] Als jüngstes Beispiel dafür sei auf die großartige, weil ironisch gebrochene literarische Herkunftsvergewisserung verwiesen, wie sie der Schriftsteller Péter Esterházy durch die pointierte Bearbeitung seiner fürstlichen Familiengeschichte vorgelegt hat: Harmonia caelestis. Berlin: Berlin Verlag, 2001.

[12] Arnold Gehlen: Urmensch und Spätkultur. Frankfurt/Main: Athenaion, 1975.

[13] Vgl. dazu Gabriele Althaus: Der Blick vom Mond. In: Merkur 1/1985, S. 15–23.

Der beschämte Prometheus

[1] Vgl. dazu auch: Günther Anders antwortet, S. 104.

[2] Vgl. dazu Volker Kempf: Günther Anders. Anschlußtheoretiker an Georg Simmel? Frankfurt am Main: Lang, 2000.

[3] Kempf, Anders, S. 85.

[4] Zu diesem Begriff und seinem philosophischen Kontext vgl. auch: Wolfgang Kramer: Technokratie als Entmaterialisierung der Welt. Zur Aktualität der Philosophien von Günther Anders und Jean Baudrillard. Münster: Waxmann, 1998, S. 187 ff.

[5] Vgl. dazu auch: Konrad Paul Liessmann: Im Schweiße deines Angesichts. Zum Begriff der Arbeit in den anthropologischen Konzepten der Moderne. In: Ulrich Beck (Hg.): Die Zukunft von Arbeit und Demokratie. Frankfurt/Main: Suhrkamp, 2000, S. 85–107, sowie Wolfgang Kramer, Technokratie als Entmaterialisierung der Welt, S. 92 ff.

[6] Stanislaw Lem: Summa technologiae. Frankfurt/Main: Suhrkamp, ²1982, S. 575.

[7] Vgl. dazu unter anderem: Herta Nagel-Docekal und Helmuth Vetter (Hg.): Tod des Subjekts. Wien/München: Oldenbourg, 1987; Konrad Cramer u.a. (Hg.): Theorie der Subjektivität. Frankfurt/Main: Suhrkamp, 1987; Manfred Frank: Die Unhintergehbarkeit von Individualität. Frankfurt/Main: Suhrkamp, 1986.

[8] Vgl. dazu Sabine Palandt: Die Kunst der Vorausschau. Günter Anders' methodische und psychologische Ansätze zur Technikkritik. Berlin: Wissenschaft&Technik, 1999.

[9] Zumindest Detlef Clemens vertritt, wenn auch an manchen Stellen lediglich spekulativ-einfühlend, diese These (Clemens, Anders, bes. S. 37 ff.).

[10] Vgl. dazu Franz-Josef Knelangen: Günther Anders und die Musik. In: Text+Kritik 115/1992, S. 73 ff.

[11] Theodor W. Adorno: Prismen. Frankfurt/Main: Suhrkamp, 1976, S. 15.

Die virtuelle Realität

1 Clemens, Anders, S. 99.

2 Ein Beispiel unter vielen: Frank Hartmann: Medienphilosophie. Wien: WUV/UTB, 1999.

3 Günther Stern: Philosophische Untersuchungen über musikalische Situationen (1929). Unveröffentlichtes Manuskript.

4 Über den Stellenwert von Anders' Musikphilosophie ist das letzte Wort wohl noch immer nicht gesprochen. Vgl. dazu auch Thomas Macho: Die Kunst der Verwandlung. In: Konrad Paul Liessmann (Hg.): Günther Anders kontrovers. München: Beck, 1992, S. 89 ff. und Franz-Josef Knelangen: Günther Anders und die Musik. In: Text+Kritik 115/1992, S. 73 ff.

5 Mündliche Mitteilung vom Juni 1982.

6 Theodor W. Adorno: Gesammelte Schriften, Bd. 15, Frankfurt/Main: Suhrkamp, 1976, S. 371.

7 Vgl. Walter Benjamin: Das Kunstwerk im Zeitalter seiner technischen Reproduzierbarkeit. In: Gesammelte Schriften, Bd. I/2, Frankfurt/Main: Suhrkamp, 1980, S. 435 ff.

8 Mündliche Mitteilung vom Juni 1982.

9 Gregory Bateson: Ökologie des Geistes. Frankfurt/Main: Suhrkamp, 1983, S. 488.

10 Robert Pfaller (Hg.): Interpassivität. Studien über delegiertes Genießen. Wien: Springer, 2000.

11 Theodor W. Adorno: Minima Moralia. Frankfurt/Main: Suhrkamp, 1979, S. 57; vgl. dazu auch: Jürgen Langenbach: Günther Anders. Eine Monographie.Wien: Falter, 1986, S. 31 f.

12 Theodor W. Adorno: Prolog zum Fernsehen, und ders.: Fernsehen als Ideologie. In: Eingriffe. Frankfurt/Main: Suhrkamp, 1974, S. 69 ff. und S. 18 ff.

13 Theodor W. Adorno: Musik im Fernsehen ist Brimborium. In: Gesammelte Schriften, Bd. 19, S. 559 ff. Ursprünglich in: Der Spiegel 9/1968, S. 116–125; vgl. dazu auch die Leserbriefe in den Folgenummern und Adornos Replik «Antwort des Fachidioten». In: Der Spiegel 17/1968, S. 182 (= Gesammelte Schriften, Bd. 19, S. 570 ff.).

14 Katharina Rutschky: Über das Fernsehen. An die Gebildeten unter seinen Verächtern. In: Merkur 2/1982, S. 211.

15 Bernd Guggenberger: Sein oder Design. Zur Dialektik der Abklärung. Berlin: Rotbuch, 1987, S. 110.

16 Hans Magnus Enzensberger: Das Null-Medium. In: Der Spiegel 20/1988, S. 234–244.

17 Vgl. dazu: Marshall McLuhan: Die magischen Kanäle. Understanding Media. Dresden/Basel: Verlag der Kunst, 1995.

18 Neil Postman: Wir amüsieren uns zu Tode. Frankfurt/Main: Fischer, 1985.

Das Monströse

1 Vgl. dazu das noch immer entscheidende Buch: Dan Diner (Hg.): Zivilisationsbruch. Denken nach Auschwitz. Frankfurt/Main: Fischer, 1988, das auch

einen kritisch-instruktiven Beitrag von Micha Brumlick über Günther Anders und dessen «Existenzialontologie der Emigration» enthält (S. 111 ff.).

[2] Wolfgang Fritz Haug hatte seinerzeit darauf hingewiesen, daß das «Monströse» bei Anders zwar einen ähnlichen Stellenwert und ein ähnliches Pathos besitze wie die Kategorie des Absurden bei Sartre, sich aber darin unterscheide, daß es «sozialkritisch-analytisch» gebraucht werden kann (Die Konstruktion des Absurden, Anm. 71).

[3] Zum Problem der Freiheit vgl. neuerdings Peter Bieri: Das Handwerk der Freiheit. Die Entdeckung des eigenen Willens. München: Hanser, 2001.

[4] Ähnlich auch in: Die atomare Drohung, S. 129.

Die Frist

[1] Vgl. dazu unter anderem Ulrich Horstmann: Das Untier. Konturen einer Philosophie der Menschenflucht. Frankfurt/Main: Suhrkamp, 1985; Rigo Baladur: Piktogramme des humanen Terrors. Gedanken zur anthropofugalen Ethik. Essen: Blaue Eule, 1988 sowie vom selben Autor: Gründe, warum es uns nicht geben darf. Frontbericht von einem sterbenden Stern mit Motiven des Widerstands. Essen: Blaue Eule, 1991.

[2] Vgl. dazu auch: Ludger Lütkehaus: Philosophieren nach Hiroshima. Über Günther Anders. Frankfurt/Main: Fischer, 1992, bes. S. 25 ff.

[3] Vgl. dazu auch Konrad Paul Liessmann (Hg.): Der Vater aller Dinge – Nachdenken über den Krieg. Wien: Zsolnay, 2001.

[4] Karl Jaspers: Die Atombombe und die Zukunft des Menschen. München: Piper, [2]1960 (1. Auflage 1958), S. 131.

[5] Jaspers, Atombombe, S. 229.

[6] Jaspers, Atombombe, S. 501.

[7] Vgl. dazu etwa Magister Mundi. In: Forvm 411/412, 1988, S. 64.

[8] André Glucksmann: Philosophie der Abschreckung. Stuttgart: DVA, 1984, S. 120.

[9] Ernst Tugendhat: Nachdenken über die Atomkriegsgefahr und warum man sie nicht sieht. Berlin: Rotbuch, 1986, S. 45 ff. und S. 42 ff.

[10] Kritisch gegen diese Formel hatte schon damals etwa Jürgen Langenbach argumentiert: «Nichts gegen die Rettung der Verstorbenen, aber erst einmal geht es um das Leben vor dem Tod.» (Langenbach, Günther Anders, S. 25).

[11] Vgl. dazu auch: Mein Judentum, S. 244.

[12] Ernst Bloch: Das Prinzip Hoffnung, Bd. I, Frankfurt/Main: Suhrkamp, 1985, S. 258ff.

[13] Vgl. dazu auch Wolfgang Kramer: Technokratie als Entmaterialisierung der Welt. S. 333 ff.

Die verdampfte Moral

[1] Vgl. etwa die Ablehnung des Andreas-Gryphius-Preises und des Ehrendoktorats der Universität Wien durch Günther Anders sowie seine Reaktionen auf die Rede des damaligen Oberbürgermeisters von Frankfurt, Walter Wallmann, anläßlich der Verleihung des Adorno-Preises im Jahre 1983 (Günther Anders antwortet, S. 174 f.).

[2] Theodor W. Adorno: Gesammelte Schriften, Bd. 6. S. 314.

3   Vgl. dazu und zum folgenden: Konrad Paul Liessmann: Hot Potatoes. Zum
    Briefwechsel zwischen Günther Anders und Theodor W. Adorno. In: Zeit-
    schrift für Kritische Theorie 6/1998, S. 29–38.
4   Norbert Huppertz (Hg.): Zu den Sachen selbst. Phänomenologie in Pädago-
    gik und Sozialpädagogik. Mit Auszügen aus unveröffentlichten Briefen von
    Edith Stein, Günther Anders und Hans Reiner. Oberried: Pais, 1992, S. 22 f.
5   Adorno, Minima Moralia, S. 42 f.
6   Vgl. dazu Kursbuch 145/2001 «Der laufende Schwachsinn», und: Jürgen
    Wertheimer/Peter V. Zima: Strategien der Verdummung. Infantilisierung in
    der Fun-Gesellschaft. München: Beck, 2001.
7   Vgl. dazu noch immer: Niklas Luhmann: Ökologische Kommunikation. Op-
    laden: Westdeutscher Verlag, 1986.
8   Hans Jonas: Das Prinzip Verantwortung. Versuch einer Ethik für die techno-
    logische Zivilisation. Frankfurt/Main: Insel, 1980, S. 36.
9   Schon bald nach Erscheinen des Briefwechsels wurde Anders vorgeworfen, er
    sei einem moralischen Simulanten aufgesessen, der am Abwurf der Bombe gar
    nicht beteiligt war und dies durch gespielte Reue kompensieren wollte. Daß
    Eatherly die Bombe geworfen hätte, hatte Anders allerdings nie behauptet.
    Von der moralischen Integrität Eatherlys war er bis zuletzt überzeugt (vgl. die
    Einleitung zu: Hiroshima ist überall, S. XVII ff.).
10 Vgl. dazu die gesammelten Stellungnahmen in: Günther Anders: Gewalt – ja
    oder nein.

Der andere Anders

1   Günther Anders erinnerte sich in einem späten Interview auch an einen ge-
    planten Untertitel «Unterricht im Lügen» (Günther Anders antwortet, S.
    31).
2   Anders hat die *Molussische Katakombe* zweimal überarbeitet und gekürzt, zu-
    letzt 1938 in New York. Diese Fassung gelangte dann 1992 zum Druck.
3   Vgl. dazu auch Konrad Paul Liessmann (Hg.): Der listige Gott. Über die Zu-
    kunft des Eros. Wien: Zsolnay, 2002.
4   Vgl. auch die Rilke-Interpretation, die Günther Anders gemeinsam mit Han-
    nah Arendt 1932 versucht hatte: Rilkes Duineser Elegien. In: Ulrich Fülle-
    born/Manfred Engel (Hg.): Rilkes ‹Duineser Elegien›. Frankfurt/Main:
    Suhrkamp, 1982, Bd. 2, S. 45 ff.
5   Vgl. die Rezension von Wolfgang Emrich in: Erasmus 5/1952, S. 435 – Im-
    merhin hatte Emrich die Arbeit von Anders eine «geniale Fehlinterpretation»
    genannt. Seit den 80er Jahren hat sich aber auch der Blick der Germanistik
    auf Anders’ Kafka-Deutung gewandelt: «Die Lektüre dieser schmalen Schrift
    lohnt sich heute um ihrer selbst willen», meinte etwa Wendelin Schmidt-
    Dengler (Ein Modell der Kafka-Rezeption: Günther Anders. In: Was bleibt
    von Franz Kafka, Hg. v. W. Schmidt-Dengler, Wien 1985, S. 196).
6   Zu Anders’ Kritik am Pluralismus vgl. auch Burkhard Biella: Zur Toleranz
    verurteilt? In: Text+Kritik 115/1992, S. 64 ff.
7   Peter Sloterdijk: Kritik der zynischen Vernunft. Frankfurt/Main: Suhrkamp,
    1983, Bd. II, S. 571.

Zeittafel

1902   Am 12. Juli wird Günther Siegmund Stern, der sich später Anders
       nennen wird, als Sohn des Psychologenehepaares Clara und William
       Stern in Breslau geboren.

1915   Umzug der Familie Stern nach Hamburg.

1917   Kriegserlebnisse in Frankreich als Mitglied eines paramilitärischen
       Verbandes; antisemitische Ausschreitungen gegen Anders.

1919   Abitur; Beginn des Philosophiestudiums in Hamburg.

1921   Studien bei Husserl und Heidegger in Freiburg.

1924   Dissertation bei Husserl über *Die Rolle der Situationskategorie bei
       den «Logischen Sätzen»*. Erste Veröffentlichungen; Arbeit als Kunst-
       journalist in Berlin und Paris; Zeichnungen.

1925   Studien bei Heidegger in Marburg; Bekanntschaft mit Hannah
       Arendt.

1926   Assistent bei Max Scheler.

1927   Erste selbständige philosophische Publikation: *Über das Haben*.

1929   Vorträge in den Kantgesellschaften von Hamburg und Frankfurt
       über *Die Weltfremdheit des Menschen;* am 26. September Heirat mit
       Hannah Arendt; ein Versuch, sich mit der Abhandlung *Philosophi-
       sche Untersuchungen über musikalische Situationen* bei Paul Tillich
       zu habilitieren, scheitert.

1930   Umzug nach Berlin; Arbeit beim «Börsen-Courier»; Arbeit am
       Roman *Die molussische Katakombe*.

1933   Emigration nach Paris.

1936   Novellenpreis der Emigration des Querido-Verlages in Amsterdam
       für die Erzählung *Der Hungermarsch;* Trennung von Hannah
       Arendt; die Ehe wird am 9. August 1937 brieflich in Berlin ge-
       schieden; Weiterflucht in die USA; verschiedene Fabrikarbeiten;
       Gedichte im New Yorker «Aufbau».

1939   Mit einer befreundeten Schauspielerin geht Anders nach Holly-
       wood; Drehbuchentwürfe; Arbeit in den Requisitenkammern der
       Filmstudios.

1942   Teilnahme an Diskussionen des Instituts für Sozialforschung (mit
       Horkheimer, Adorno, H. Marcuse, Brecht, Eisler); Anders lebt
       vorübergehend im Haus von Herbert Marcuse in Santa Monica.

1943   Arbeit in New York beim «Office of War Information».

1944   Bekanntschaft mit der österreichischen Schriftstellerin Elisabeth
       Freundlich, die er am 21. Mai 1945 in New York heiratet.

1945   Obwohl oder weil er sich der Dimension dieses Ereignisses bewußt
       ist, reagiert Anders auf den Abwurf der ersten Atombomben mit
       Sprachlosigkeit.

1949/50	Vorlesungen über Kunstphilosophie an der New School of Social Research in New York.
1950	Rückkehr nach Europa, und zwar nach Wien, Beginn einer intensiven Publikationstätigkeit.
1951	Verleihung der österreichischen Staatsbürgerschaft; Veröffentlichung einer kritischen Arbeit über Kafka, die auf einen Pariser Vortrag von 1934 zurückgeht (*Kafka-Pro und Contra. Die Prozeßunterlagen*).
1954	Mitinitiator der Anti-Atombewegung.
1955	Die Ehe zwischen Günther Anders und Elisabeth Freundlich wird am 7. Juni geschieden.
1956	Der erste Band von *Die Antiquiertheit des Menschen* erscheint; verstärkte Auseinandersetzung mit der atomaren Drohung.
1957	Günther Anders heiratet am 20. September die polnisch-amerikanische Pianistin Charlotte Lois Zelkowitz (Zelka).
1958	Teilnahme an einem Kongreß gegen Atom- und Wasserstoffbomben in Japan; Seminare über «Moral im Atomzeitalter»; Besuch von Hiroshima und Nagasaki; das Reisetagebuch erscheint ein Jahr später unter dem Titel *Der Mann auf der Brücke*.
1959	Beginn eines Briefwechsels mit dem Hiroshima-Piloten Claude Eatherly; er erscheint 1961 unter dem Titel *Off limits für das Gewissen*.
1962	Begegnung mit Eatherly in Mexico-City; Premio Omegna der «Resistanza Italiana».
1964	Offener Brief an Klaus Eichmann über den Zusammenhang von Auschwitz und Technik (*Wir Eichmannsöhne*).
1965	*Philosophische Stenogramme*.
1966	Reise nach Breslau; Besuch von Auschwitz. Das Reisetagebuch erscheint mit anderen Aufzeichnungen 1967 unter dem Titel *Die Schrift an der Wand*, 1979 unter dem Titel *Besuch im Hades*.
1967	Juror im War Crimes-Tribunal von Bertrand Russell; Kritikerpreis.
1968	*Visit beautiful Vietnam* und ein Band Fabeln (*Der Blick vom Turm*) erscheinen.
1970	Anders widmet seine Reflexionen über Weltraumflüge (*Der Blick vom Mond*) Ernst Bloch.
1972	Reise nach Israel; geschichtsphilosophische Aufsätze über die atomare Drohung (*Endzeit und Zeitenende*).
1978	Erzählungen aus den Jahren 1933 bis 1973 erscheinen unter dem Titel *Kosmologische Humoreske;* Literaturpreis der Bayerischen Akademie der schönen Künste.
1979	Österreichischer Staatspreis für Kulturpublizistik.
1980	Der zweite Band von *Die Antiquiertheit des Menschen* erscheint; Preis für Kulturpublizistik der Stadt Wien.
1982	Die *Ketzereien* erscheinen; Anders verläßt nach dem Einmarsch Israels in den Libanon die Israelitische Kultusgemeinde Wien.
1983	Theodor W. Adorno-Preis der Stadt Frankfurt.
1985	Ablehnung des Andreas-Gryphius-Preises aus politischen Gründen.

1986	Tagebuchaufzeichnungen aus dem amerikanischen Exil erscheinen unter dem Titel *Lieben gestern;* die Thesen von Anders zur Frage der Gewalt im Kampf gegen die atomare Rüstung lösen heftige Kontroversen aus.
1989	Anders verläßt die Berliner Akademie der Künste, als diese eine Lesung von Salman Rushdies *Satanischen Versen* ablehnt.
1992	Sigmund-Freud-Preis für wissenschaftliche Prosa der Deutschen Akademie für Sprache und Dichtung in Darmstadt; Ablehnung des Ehrendoktorats der Universität Wien.
1992	Am 17. Dezember stirbt Günther Anders in einem Pflegeheim in Wien.

Bibliographie

Werke und Schriften von Günther Anders

Die folgende chronologische Auflistung der Schriften von Günther Anders ist nicht vollständig. Nicht aufgenommen wurden Rezensionen, Gelegenheitsartikel, einzelne Gedichte und kleinere journalistische Arbeiten, die Anders für Zeitschriften wie etwa «Das Dreieck», den Berliner «Börsen-Courier», den New Yorker «Aufbau» und die «Zeitschrift für Sozialforschung», später dann für «Das Argument» und das Wiener «Forvm» verfaßt hatte. Über diese Artikel gibt die von Jan Strümpel, Gregor Ackermann und Werner Reimann erarbeitete umfassende Anders-Bibliographie Auskunft (Text+Kritik 115/1992). Wir begnügen uns mit der Nennung jener Buchpublikationen sowie veröffentlichten und unveröffentlichten Schriften, die für die vorliegende Monographie von Bedeutung sind. Die im Text zitierten Titel von Anders sind zur besseren Orientierung des Lesers hervorgehoben.

Die Rolle der Situationskategorie bei den ‹Logischen Sätzen›. Unveröffentlichte Dissertation, Freiburg 1923 (unter: Günther Stern)

Zur Phänomenologie des Zuhörens. In: Zeitschrift für Musikwissenschaft, 1927, S. 614 ff. (unter: Günther Stern)

Über das Haben. Sieben Kapitel zur Ontologie der Erkenntnis. Bonn: Cohen, 1928 (Unter: Günther Stern)

Philosophische Untersuchungen über musikalische Situationen. Unveröffentlichtes Typoskript, 1929 (unter: Günther Stern)

Die Weltfremdheit des Menschen. Unveröffentlichtes Typoskript, 1930 (Unter: Günther Stern)

Über die sogenannte «Seinsverbundenheit» des Bewußtseins. In: Archiv für Sozialwissenschaft und Sozialpolitik 64/1930 (unter: Günther Stern). Wiederabdruck in: Volker Meja/Nico Stehr (Hg.): Der Streit um die Wissenssoziologie. Frankfurt/Main: Suhrkamp, 1982

Spuk und Radio. In: Anbruch XII, 2/1930, S. 65 (unter: Günther Stern)

Rilkes Duineser Elegien. In: Neue Schweizer Rundschau 1932 (unter: Günther Stern; mit Hannah Arendt). Wiederabdruck in: Ulrich Fülleborn, Manfred Engel (Hg.): Rilkes Duineser Elegien, Bd. 2, Frankfurt/Main: Suhrkamp, 1982

Une Interprétation de l'Aposteriori. In: Recherches Philosophiques 4/1934, S. 65 ff. (unter: Günther Stern)

Pathologie de la Liberté. In: Recherches Philosophiques 6/1936, S. 22 ff. (Unter: Günther Stern)

Homeless Sculpture. In: Philosophy and Phenomenological Research 2/1944 (Unter: Günther Stern). Neuausgabe: Obdachlose Skulptur. München 1994

Der «Tod des Vergil» und die Diagnose seiner Krankheit. In: Austro-American Tribune 1945/46. Wiederabgedruckt in: Mensch ohne Welt, 1984

Nihilismus und Existenz. In: Neue Rundschau 5/1946, S. 48 ff. Wiederabgedruckt in: Über Heidegger, 2001

On the Pseudo-Concreteness of Heidegger's Philosophy. In: Philosophy and Phenomenological Research 3/48, S. 337 ff. (Unter: Günther Stern). Deutsche Rückübersetzung in: Über Heidegger, 2001

The Acoustic Stereoscop. In: Philosophy and Phenomenological Research 4/1949, S. 238 ff.

Bild meines Vaters. In: William Stern: Allgemeine Psychologie, 2. Aufl. 1950, The Hague (unter Günther Stern-Anders)

Emotion and Reality. In: Philosophy and Phenomenological Research 4/1950, S. 553

Kafka – Pro und Contra. Die Prozeßunterlagen. München: Beck, 1951. Wiederabdruck in: Mensch ohne Welt, 1984

Geleitwort zur 7. Auflage von William Stern, Psychologie der frühen Kindheit. Heidelberg 1952 (Unter: Günther Stern-Anders)

Philosophie – für wen? In: Die Sammlung. Zeitschrift für Kultur und Erziehung, Nr. 11/1952. Wiederabdruck unter dem Titel: Über die Esoterik der philosophischen Sprache. In: Merkur 322/1975; und in: Das Argument 128/1981

Dichten heute. In: Rudolf Ibel (Hg.): Das Gedicht. Jahrbuch für zeitgenössische Lyrik 1954/55. Hamburg

Über die Nachhut der Geschichte. In: Neue Schweizer Rundschau, Dezember 1954

Die Antiquiertheit des Menschen. Über die Seele im Zeitalter der zweiten industriellen Revolution. Bd. I, München: Beck, 1956. Durch ein Vorwort erweiterte, 5. Auflage 1980; zahlreiche weitere Auflagen und Ausgaben

Gebote des Atomzeitalters. In: Frankfurter Allgemeine Zeitung vom 13. 7. 1957. Enthalten in: Hiroshima ist überall, 1982, S. 218–226

Faule Arbeit und pausenloser Konsum. In: Homo ludens, Januar 1959

Der Mann auf der Brücke. Tagebuch aus Hiroshima und Nagasaki. München: Beck, 1959. Wiederabdruck in: Hiroshima ist überall, 1982

George Grosz. Zürich: Arche, 1961. Wiederabdruck in: Mensch ohne Welt, 1984

Die Komplizen. In: Das Argument 18/1961

Offener Brief an Präsident Kennedy über die Affäre Eatherly. In: Das Argument, Flugblatt-Sonderausgabe Nr. 2/1961

Off limits für das Gewissen. Der Briefwechsel zwischen dem Hiroshima-Piloten Claude Eatherly und Günther Anders. Hg. und eingeleitet von Robert Jungk, Hamburg: Rowohlt, 1961. Wiederabdruck in: Hiroshima ist überall, 1982

Der schleichende Atomkrieg. Erklärung. In: Das Argument, 20/1961

Bert Brecht. Gespräche und Erinnerungen. Zürich: Arche, 1962. Wiederabdruck in: Mensch ohne Welt, 1984

Siamo tutti come Eichmann? In: Mondo Nuovo, 6. 1. 1963

Wir Eichmannsöhne. Offener Brief an Klaus Eichmann. München: Beck, 1964 (2. erweiterte Auflage 1988)

Philosophische Stenogramme. München: Beck, 1965 (Neuausgabe 1993)

Die Toten. Rede über die drei Weltkriege. Köln 1965. Wiederabdruck in: Hiroshima ist überall, 1982

Der verwüstete Mensch. Über Welt- und Sprachlosigkeit in Döblins «Berlin Alexanderplatz». In: Festschrift zum achtzigsten Geburtstag von Georg Lukács, hg. von F. Benseler, Neuwied/Berlin 1965. Wiederabdruck in: Mensch ohne Welt, 1984

Warnbilder. In: Uwe Schultz (Hg.): Das Tagebuch und der moderne Autor. München: Hanser, 1965.

Brechts «Leben des Galilei». In: Programmheft des Wiener Burgtheaters, 30. Oktober 1966. Wiederabdruck in: Mensch ohne Welt, 1984

Über George Grosz. Vorwort. In: G. Grosz, Ecce Homo. Faksimile-Ausgabe nach der 1923 im Malik-Verlag erschienenen Ausgabe, Hamburg 1966. Wiederabdruck in: Mensch ohne Welt, 1984

Der Schrecken. Gedichte aus den Jahren 1933–1948. In: Wilhelm R. Beyer (Hg.): homo homini homo. Festschrift für Joseph E. Drexel, München 1966. Mitabgedruckt in: Tagebücher und Gedichte, 1985

Die Schrift an der Wand. Tagebücher 1941–1966. München 1967. Wiederabdruck von Teil 1 in: Tagebücher und Gedichte, 1985; von Teil 2 in: Besuch im Hades, 1979

Der Blick vom Turm. Fabeln. München: Beck, 1968 (2. Auflage 1984)

Visit beautiful Vietnam. ABC der Aggressionen heute. Köln: Pahl-Rugenstein, 1968

Der Blick vom Mond. Reflexionen über Weltraumflüge. München: Beck, 1970 (2. Auflage 1994)

Eskalation des Verbrechens. Aus einem ABC der amerikanischen Aggression gegen Vietnam. Berlin 1971. Teilabdruck aus: Visit beautiful Vietnam, 1968, teilweise Originaltexte

Endzeit und Zeitenende. Gedanken über die atomare Situation, München 1972. Zweite, durch ein Vorwort erweiterte Auflage unter dem Titel: Die atomare Drohung. München 1981

Die falschen Samariter. In: Walter Jens (Hg.): Der barmherzige Samariter. Stuttgart 1973

Über die Esoterik der philosophischen Sprache. In: Merkur 322/1975. Auch in: Das Argument 128/1981, und in: Günther Anders antwortet, 1987

Die Konsequenzen der Konsequenzen der Konsequenzen. Jedes Kraftwerk ist eine Bombe. In: Neues Forum Wien, April/Mai 1977

Lieben gestern. In: Merkur 7/1977. Mitabgedruckt in: Lieben gestern, 1986

Kosmologische Humoreske. Erzählungen. Frankfurt/Main: Suhrkamp, 1978

Mein Judentum. In: Bernhard Lassahn (Hg.): Das Günther Anders Lesebuch. Zürich: Diogenes, 1984 (Erstmals in: Hans Jürgen Schultz (Hg.): Mein Judentum. Stuttgart 1978)

Bertolt Brechts «Geschichten von Herrn Keuner». In: Merkur 376/1979. Wiederabgedruckt in: Mensch ohne Welt, 1984

Besuch im Hades. Auschwitz und Breslau 1966. Nach «Holocaust» 1979. München: Beck, 1979. Vgl.: Die Schrift an der Wand, 1967

Die Antiquiertheit des Menschen, Bd. II. Über die Zerstörung des Lebens im Zeitalter der dritten industriellen Revolution. München: Beck, 1980. (Zahlreiche weitere Auflagen und Ausgaben)

*Die atomare Drohung. Radikale Überlegungen. München: Beck, 1981. Neuaus-
gabe von: Endzeit und Zeitenende, 1972*
Hiroshima ist überall. München: Beck, 1982. Enthält nach einer wichtigen Ein-
leitung: Der Mann auf der Brücke (1959), Off limits für das Gewissen
(1961), Die Toten. Rede über die drei Weltkriege (1965)
Ketzereien. München: Beck, 1982
Die Tröstung. In: Tintenfisch 210/1982
Erzählungen. Frankfurt/Main: Suhrkamp, 1984. Nachdruck von: Kosmologi-
sche Humoreske
*Das Günther Anders Lesebuch. Hg. von Bernhard Lassahn. Zürich: Diogenes,
1984*
*Mensch ohne Welt. Schriften zur Kunst und Literatur. München: Beck, 1984. (2.
Auflage 1993)* Enthält außer unveröffentlichten Texten die folgenden Nach-
drucke: Kafka – Pro und Contra, 1951; Bert Brecht, 1962; Brechts ‹Leben
des Galilei›, 1966; Bertolt Brecht. Geschichten von Herrn Keuner, 1979;
Der verwüstete Mensch, 1965; Über Bloch, 1945/46; George Grosz, 1961;
George Grosz, 1966
Tagebücher und Gedichte. München: Beck, 1985
Die Antiquiertheit des Hassens. In: Kahle/Menzner/Vinnai (Hg.): Haß. Die
Macht eines unerwünschten Gefühls. Reinbek: Rowohlt, 1985
Über die Pflege ostdeutschen Kulturerbes. Ablehnungsbescheid. Offener Brief
zur Ablehnung des Andreas-Gryphius-Preises. In: Frankfurter Rundschau
vom 14. 6. 1985
*Lieben gestern. Notizen zur Geschichte des Fühlens. München: Beck, 1986 (2. Auf-
lage 1989)*
*Gewalt – ja oder nein. Eine notwendige Diskussion. Hg. von Manfred Bissinger.
München: Knaur, 1987.* (Enthält von Günther Anders: Das Gespräch: Vom
‹Notstand zur Notwehr›; Die Zuspitzung I: Vom Ende des Pazifismus; Die
Zuspitzung II: Die Atom-Resistance – neue ausgewählte Stücke zum Thema
‹Notstand und Notwehr›; Ein Nachtrag: Nur an Wochenenden)
*Günther Anders antwortet. Interview und Erklärungen. Hg. von Elke Schubert,
Berlin: Bittermann, 1987.* Enthält unter anderem folgende in verschiedenen
Zeitschriften publizierte Arbeiten: Die Atomkraft ist die Auslöschung der
Zukunft; Die Besudelung; Hoffnung ist nur ein anderes Wort für Feigheit;
Notstand und Notwehr
*Mariechen. Eine Gutenachtgeschichte für Liebende, Philosophen und Angehörige
anderer Berufsgruppen. Mit einer Günther-Anders-Bibliographie. München:
Beck, 1987* (Neuausgabe 1993)
Sprache und Endzeit I–VI. In: Forvm 423/1989 – 432/1989; 435/1990
Die Antiquiertheit des Proletariats. In: Forvm 462/1992
Die molussische Katakombe. Roman. München: Beck, 1992 (Fassung 1938)
*Über philosophische Diktion und das Problem der Popularisierung (1949). Göttin-
gen: Wallstein, 1992*
Patologia della Libertá (Italienische Übersetzung der Aufsätze aus den Recher-
ches Philosophiques 1934/36). Mit einer Einleitung von Konrad Paul Liess-
mann und einem Nachwort von Rosarita Russo. Bari: Palomar, 1993
*Obdachlose Skulptur. Über Rodin. Aus dem Englischen von Werner Reimann. Hg.
von Gerhard Oberschlick. München: Beck, 1994*

Über Heidegger. Hg. von Gerhard Oberschlick, mit einem Nachwort von Dieter Thomä. München: Beck, 2001. (Enthält unter anderem die Aufsätze «Nihilismus und Existenz» und «Die Schein-Konkretheit von Heideggers Philosophie» sowie die bislang unveröffentlichten Typoskripte «Die Trotz-Philosophie: ‹Sein und Zeit›» und «Frömmigkeitsphilosophie»)

Sekundärliteratur zu Günther Anders

Altbaus, Gabriele: Leben zwischen Sein und Nichts. Drei Studien zu Günther Anders. Berlin: Metropol, 1989

Arnold, Heinz Ludwig (Hg.): Günther Anders. Text+Kritik 115, München 1992 (mit umfassender Bibliographie der Primär und Sekundärliteratur)

Bormann, Thomas: Die Medienkritik von Günther Anders. Dissertation der Universität Hamburg, 1994

Clemens, Detlef: Günther Anders. Eine Studie über die Ursprünge seiner Philosophie. Frankfurt/Main: Haag+Herchen, 1996

Dijk, Paul van: Anthropology in the age of technology. The philosophical contribution of Günther Anders. Amsterdam: Rodopi, 2000

Ellensohn, Reinhard: Der andere Anders. Günther Anders als Musikphilosoph. Diplomarbeit der Universität Wien, 2000

Fuld, Werner: Günther Anders. In: Kritisches Lexikon zur Deutschsprachigen Gegenwartsliteratur, hg. von H. L. Arnold, 21. Nlg., 1985, S. 1 ff.

Geiger, Georg: Der Täter und der Philosoph – Der Philosoph als Täter. Die Begegnung zwischen dem Hiroshima-Piloten Claude R. Eatherly und dem Antiatomkriegphilosophen Günther Anders oder: Schuld und Verantwortung im Atomzeitalter. Bern: Lang, 1991

G'schrey, Oliver: Günther Anders: «Endzeit»-Diskurs und Pessimismus. Cuxhaven: Junghans, 1991

Hildebrandt, Helmut: Weltzustand Technik. Ein Vergleich der Technikphilosophien von Günther Anders und Martin Heidegger. Berlin: Metropol, 1990

Huppertz, Norbert (Hg.): Zu den Sachen selbst. Phänomenologie in Pädagogik und Sozialpädagogik. Mit Auszügen aus unveröffentlichten Briefen von Edith Stein, Günther Anders, Hans Reiner. Oberried bei Freiburg: Pais, 1997

Kempf, Volker: Günther Anders. Anschlußtheoretiker an Georg Simmel? Frankfurt/Main: Lang, 2000

Kramer, Wolfgang: Technokratie als Entmaterialisierung der Welt. Zur Aktualität der Philosophien von Günther Anders und Jean Baudrillard. Münster: Waxmann, 1998

Langenbach, Jürgen: Günther Anders. Wien: Falter, 1986

Le Rider, Jacques/Pfersmann, Andreas (Hg.): Günther Anders. Austriaca 35/1992 (Rouen). (Enthält die Vorträge des Pariser Anders-Kolloquiums vom Februar 1992)

Liessmann, Konrad Paul (Hg.): Günther Anders kontrovers. München: Beck, 1992

Liessmann, Konrad Paul/Thomas Macho (Hg.): Themenheft «Günther Anders». Zeitschrift für Didaktik der Philosophie 3/1992

Lohmann, Margret: Philosophieren in der Endzeit. Zur Gegenwartsanalyse von Günther Anders. München: Fink, 1996

Lütkehaus, Ludger: Philosophieren nach Hiroshima. Über Günther Anders. Frankfurt/Main: Fischer, 1992

Palandt, Sabine: Die Kunst der Vorausschau. Günther Anders' methodische und psychologische Ansätze zur Technikkritik. Berlin: Verlag Wissenschaft und Technik, 1999

Reimann, Werner: Verweigerte Versöhnung. Zur Philosophie von Günther Anders. Wien: Passagen, 1990

Schubert, Elke: Günther Anders. Reinbek: Rowohlt, 1992

Wittulski, Eckhard: Kein Ort, Nirgends – Zur Gesellschaftskritik Günther Anders'. Frankfurt/Main: Haag+Herchen, 1989

Wittulski, Eckhard: Günther Anders – Treue nach vorn. Von der Phänomenologie zur Diskrepanzphilosophie. Dissertation der Universität Hannover, 1992